*Untersuchungen
zur deutschen
Literaturge-
schichte
Band 42*

HANS BÄNZIGER

Frisch und Dürrenmatt

Materialien und Kommentare

Max Niemeyer Verlag
Tübingen 1987

CIP-Kurztitelaufnahme der Deutschen Bibliothek

Bänziger, Hans:
Frisch und Dürrenmatt : Materialien u. Kommentare / Hans Bänziger. – Tübingen : Niemeyer, 1987.
(Untersuchungen zur deutschen Literaturgeschichte ; Bd. 42)
NE: GT

ISBN 3-484-32042-7   ISSN 0083-4564

© Max Niemeyer Verlag Tübingen 1987
Alle Rechte vorbehalten. Ohne Genehmigung des Verlages ist es nicht gestattet, dieses Buch oder Teile daraus photomechanisch zu vervielfältigen.
Printed in Germany.
Satz: Bernhard Walter, Tübingen
Druck und Bindearbeiten: Voralpendruck, Sulzberg im Allgäu

Vorwort

Dieses Buch ist, ähnlich wie sein Vorläufer *Frisch und Dürrenmatt* (Bern und München: Francke, ^{7}1976) vor allem aus praktischen Gründen entstanden. Seinerzeit war es der durch persönliche Erfahrungen bestimmte Eindruck, die besprochenen Autoren hätten keinen Sinn fürs Archivieren, der mich die verschiedensten Dokumente sammeln ließ und außerdem zu Versuchen führte, besondere Themen aufzugreifen. An Material hat sich nun im Verlauf der Jahre allerlei angehäuft, was ich, wenigstens zum Teil, allgemeiner zugänglich machen möchte. Es handelt sich dabei unter anderem um Kuriosa aus nah und fern und um in geographisch und sachlichem Sinne Abgelegenes. Nicht immer sind ja die voluminösen und akademisch akzeptierten Abhandlungen am aufschlußreichsten für ein Werk; in der Wirkungsgeschichte jedes Autors gibt es immer wieder theoretisch schwer Erfaßbares, was für das Verständnis des Werkes trotzdem wichtig ist.

Bemerkungen über die Fragwürdigkeit meines Doppeltitels spare ich für das letzte Kapitel auf.

Mehr als in den früheren Versionen meines Buches darf ich jetzt zahlreichen freundlichen Helfern danken: den verschiedenen Kulturattachés unserer Botschaften in Ost und West, besonders denjenigen in Budapest und Warschau, der Direktion für internationale Organisationen (Sektion kulturelle und UNESCO-Angelegenheiten) und der Schweizer Theatersammlung in Bern, Rätus Luck von der Schweizerischen Landesbibliothek, vielen Kollegen und Freunden, Gemeindekanzleien und anderen offiziellen Instanzen (den Dank vermerke ich an den betreffenden Stellen), dem Archiv der *Neuen Zürcher Zeitung*, dem Max Frisch-Archiv, vor allem aber Max Frisch für die Erlaubnis, die Briefe zu drucken, Klára Csepregi-Horváth (Budapest) und Hubert Orłowski (Poznań), daß sie mir ihre Spezialbibliographien zur Verfügung stellten.

Glücklicherweise haben mir diesmal außer meiner Frau zwei weitere Mitleser geholfen, schwerere oder dumme Fehler auszumerzen: Karl Pestalozzi (Basel) und Birgitta Zeller vom Max Niemeyer Verlag. Was mangelhaft blieb, habe ich natürlich ganz allein zu verantworten. Dem Verlag danke ich für die sorgfältige Betreuung der Drucklegung.

September 1986 H. B.

Inhalt

Vorwort V

I Die *Neue Zürcher Zeitung* und Max Frisch.
  Etappen eine Entzweiung 1
  »Bewundert viel und viel gescholten« (1) – Fast eine Freundschaft (9) – Wachsende Spannungen (15) – Animositäten, das Zerwürfnis (24) – Zwei Parteilose, aber linientreue Praeceptores Helvetiae – oder die Kunst der Insinuationen und des Verschweigens (34)

II Die glaubwürdigeren Partner. Vom Sinn literarischer Anleihen, Anspielungen, Zitate in Frischs Werken 45
  Wunsch nach Kommunikation (45) – *Blätter aus dem Brotsack* (49) – *Biografie* (51) – *Montauk* (56) – Wahrhaftigkeit (59)

III »Das war Tillys Geschoß«. Zum Vorwurf der Witwe Wedekinds, Dürrenmatts *Ehe des Herrn Mississippi* sei ein Plagiat 65
  Angriff, Gegenangriff, Versöhnung (65) – Nachahmung oder Originalität? (68) – Dürrenmatts Autorschaft (74)

IV Turner, Maos Witwe und die Alte Dame. Zur Vielfalt der Reaktionen auf Dürrenmatts Hauptwerk 80
  Der Protest der Turner (80) – Sport und Literatur (84) – Die Alte Dame und China (88) – Dorf und Welt – Quellen für Mißverständnisse? (93)

V Schlupfwinkel, Betten, Höhlen. Anmerkungen zu einem Dürrenmatt-Motiv und zum *Meteor* 98
  Politische, philosophische, psychologische Assoziationen (98) – Das Bett-Motiv (101) – Das Lager, auf dem ein Meteor einfällt (105)

VI Frisch und Dürrenmatt. Der Gegensatz in der schweizerischen
    Zeitgenossenschaft 109
    Das ungleiche Paar (110) – Der schwierige Zürcher und der populäre
    Berner – Andorra und Güllen (113)

VII Briefe 119
    Frisch an Dürrenmatt über eine Vorform des *Mississippi* (1949) (119) –
    Dürrenmatt an Frisch über *Graf Öderland* (1950) (120) – Frisch über
    Dürrenmatts Rezension des *Öderland* in der *Weltwoche* (1951) (124)

VIII Ergänzungen zu Standard- und Spezialbibliographien 127

    Max Frisch
    A. Interviews, Diskussionen 128
    B. Allgemeine Arbeiten 130
    C. Zu einzelnen Werken 133
    D. K. Csepregi-Horváth: Rezeption Max Frischs in Ungarn bis 1975 . 147

    Friedrich Dürrenmatt
    A. Interviews, Diskussionen 155
    B. Allgemeine Arbeiten 157
    C. Zu einzelnen Werken 161
    D. H. Orłowski: Dürrenmatt in Polen. Artikel, Rezensionen und Auf-
       führungen einzelner Stücke in Warschau (1956–1978) 172

    Frisch und Dürrenmatt 179

Namenregister 181

I Die ›Neue Zürcher Zeitung‹ und Max Frisch

Etappen einer Entzweiung

Der Ruhm der *Neuen Zürcher Zeitung* im internationalen Pressewesen und derjenige Max Frischs in der Literatur der Gegenwart ist unbestritten. Die Zeitung ist in verschiedenen Expertisen als eines der seriösesten und zuverlässigsten Presseorgane der Welt beurteilt und mit verschiedenen Preisen ausgezeichnet worden; Frischs Unbestechlichkeit und seine kritische Verständnisbereitschaft werden auf ähnliche Weise in allen Kontinenten hochgeschätzt. Ich kenne verschiedene Schweizer, die ihre *NZZ* so andächtig lesen wie religiöse Leute ihre Bibel, und ich kenne eine Menge Literaturfreunde in Ost und West, die sich von keinem Autor der Gegenwart so gut verstanden glauben wie von Frisch. (Hier würde der Vergleich mit der Bibel natürlich hinken; Frisch-Gläubigkeit ist eine Contradictio in adjecto). Natürlich gibt es auch in Amerika *Times*-Hörige, die Sonntag für Sonntag zu ihrem Drugstore pilgern und dann wie Kirchgänger mit dem Zeitungspaket nach Hause zurückkehren. Der Ruhm, der aus den Redaktionsstuben Zürichs wie von einem kleinen heimlichen Imperium in die Weite strahlt, ist aber doch etwas Besonderes. Und selbstverständlich sehr verschieden vom Ruhm, der von Frischs kritischen Kommentaren über Zürich den Namen der Stadt der weiten Welt geläufig gemacht hat.

»Bewundert viel und viel gescholten«

Die *Neue Zürcher Zeitung* steht dazu, ein Gesinnungsblatt zu sein und wehrt sich entschieden, politisch sogenannt neutrale Informationen zu liefern, um damit besser ins Geschäft zu kommen. Im Auslandsteil ist der Informationswert außerordentlich; eine überdurchschnittlich große Anzahl kompetenter eigener Korrespondenten orientiert die Leser über die wichtigsten oder scheinbar weniger wichtigen Ereignisse. Ob dabei in gewissen Krisensituationen willkürlich selektioniert wird, bleibe hier dahingestellt. Urs Jaeggi und seine Kollegen haben das im Zusammenhang mit der Berichterstattung über den Vietnamkrieg untersucht und sind zu negativen Resultaten gekommen.[1] Die Amerikafreundlichkeit des Blattes ist offensichtlich.

---

[1] Urs Jaeggi, R. Steiger, W. Wyniger: *Der Vietnamkrieg und die Presse*, Zürich (EVZ-Verlag) 1966, Besonders S. 11-31.

Niemand wird der Zeitung, sowenig wie Frisch, Wetterwendigkeit vorwerfen. Zur Zeit des Dritten Reiches, als verschiedene konservative Schweizer denn doch nicht so ganz sicher waren, ob Hitler nicht für sie das schlimmere Übel des Kommunismus verhindern könnte, blieb die Haltung der Redaktion stets eindeutig. Und dabei stets außerordentlich souverän-selbstkritisch. 1967 schrieb Fred Luchsinger, der spätere Chefredaktor, in der Festschrift für seinen damaligen Vorgesetzten Willy Bretscher, Vorsicht gegenüber dem eigenen Urteil sei durchaus angebracht.»Die 188 Jahre der *NZZ* sind jedenfalls keine Garantie für die Richtigkeit der in ihr vertretenen Interpretationen. Wir können uns verhauen, wie andere auch, und müssen dieses Berufsrisiko gefaßt auf uns nehmen, auch wenn wir uns Mühe geben, es in Grenzen zu halten. Wir wissen nicht, wohin die Reise geht.«[2]

Auf einem anderen Blatt steht die Verantwortung der Redaktion des Handelsteils. Weiterum gilt die *NZZ* als Sprachrohr der schweizerischen Hochfinanz. Tatsächlich und verständlicherweise beschäftigen sich die zuständigen Journalisten eingehender mit den Großen als mit den Kleinen. Was in diesen Sparten analysiert wird, hat eminent praktische Bedeutung, sicher mehr als die literarischen Themen. Frisch, und natürlich nicht nur ihm, ist das sehr klar. Im *Zeit*-Interview mit Fritz Raddatz (17.4.81) sagte er: »Unsere politischen Konfessionen in euren gediegenen Feuilletons sind Spiegelfechterei«, und er zitiert seinen Freund Bichsel, der stolz sei, sogar im Wirtschaftsteil der *NZZ* angegriffen worden zu sein.

Gediegenheit ist auch in diesem Ressort die Devise. Ein Wirtschaftsredaktor hat in der eben erwähnten Festschrift für Bretscher geschrieben, die Tradition der Londoner City, daß wichtige Geschäftsleute ihren ›Bowler‹ tragen, sei als Sinnbild für Treu und Glauben (und damit für Zuverlässigkeit im Wirtschaftsteil, darf der Leser denken) immer noch nachahmenswert. Die Integration von Wirtschaftsfragen im großen Nachrichtenkomplex eines Presseorgans ist relativ neu. 1780, als die *Neue Zürcher Zeitung* das erstemal erschien – einige Jahre ritt der Vignetten-Postbote nach rechts, dann nach links – kam eine solche Integration nicht in Frage. Man konzentrierte sich in jener Epoche, wie August Welti in seiner Chronik für die Jubiläumsaus-

---

[2] Fred Luchsinger, in: *Unsere Zeitung. Willy Bretscher zum 70. Geburtstag*, hg. von der Redaktion der *NZZ*, Zürich (Verlag der Neuen Zürcher Zeitung) 1967, S. 91. Luchsinger, Chefredaktor 1968–1984, ein renommierter Publizist, hat auch in der Jubiläumsausgabe *200 Jahre Neue Zürcher Zeitung* 1980 die allgemeine Haltung beschrieben, z. B. mit den Untertiteln »Ein Meinungsblatt« und »Kein Parteiblatt« die relative Unabhängigkeit von der Freisinnig-demokratischen Partei der Schweiz stichwortartig angegeben. Ein Chefredaktor ist normalerweise Mitglied der Partei, bei den Aktionären ist das die Regel, von den übrigen Redaktoren gehören schätzungsweise eher weniger als ein Drittel zur Partei.

gabe 1930 dargelegt hat, wohlweislich noch auf die Haupt- und Staatsaktionen, und zwar die des Auslands. Die Gewohnheit, mehr zu referieren als zu kommentieren, hing damals zur Hauptsache mit der Macht der Zensurbehörde zusammen; diese konnte ja nach 1798 Kritik an den französischen Machthabern oder gar an den Besatzungstruppen nicht wohl durchgehen lassen. Dem Chronisten ist außerdem die Franzosenfreundlichkeit und die manchmal beinahe revolutionäre Gesinnung einiger der ersten Redaktoren aufgefallen. Dies und die betonte Pareiungebundenheit in innenpolitischen Fragen verursachte immer wieder Feindschaften, nicht nur in den konservativen Kantonen, sondern auch in Zürich. In Bern und Uri war zu Beginn des letzten Jahrhunderts sogar das Lesen der *NZZ* mitunter verboten. Jakob Stämpfli, der Hauptredaktor der *Berner Zeitung* und spätere Bundesrat, griff während der Auseinandersetzungen kurz nach der Bundesgründung 1848 das Blatt gern und heftig an, und der originell streitsüchtige Nationalrat Ueli Dürrenmatt, Herausgeber der *Berner Volkszeitung*, Großvater des Dramatikers Friedrich Dürrenmatt, fand an der Zeitung wie an anderen nach seiner Meinung allzu konformen überhaupt keinen Gefallen. In einem Titelgedicht des Jahrgangs 1889 mit der Überschrift »Die alte Buhle N. Z. Z. (Sprich Aenn'Zät-Zät)« spielt er zuerst auf die während und kurz nach der Französischen Revolution extrem progressive Haltung an. Hier die ersten vier Strophen:

> Die alte Buhle N. Z. Z.
> Liegt schwach und krank und siech im Bett;
> Nach ausgelass'ner Jugendzeit
> Uebt sie sich in der Heiligkeit.
>
> Einst war sie ein jung frisches Blut,
> Trieb manchen tollen Uebermuth
> Mit ihrem Schwager Bakunin,
> Doch jetzt hat sie den Geldsackspleen.
>
> Sie ist nicht vornehm von Geblüt,
> Von Geist noch minder und Gemüth,
> Doch plutokratisch eingeschult,
> Weil mit dem Mammon stets verbuhlt.
>
> Sie wär' noch reizend anzuseh'n,
> Nur fehlen ihr die Vorderzähn',
> Die Schneidezähn': die Schneid' ist futsch,
> Das kommt vom Demokratenputsch.[3]

---

[3] Ulrich Dürrenmatt: »Die alte Buhle N. Z. Z.«, in: *Das Liederbuch der »Buchsi-Zeitung«* [...] von Ulrich Dürrenmatt, Redaktor der *Berner Volkszeitung*, Herzo-

Weniger bissig hatte Gottfried Keller, der zwar selber durch einige Beiträge im Feuilleton vertreten war, schon früher gegen die sogenannte Systemtreue der Zeitung gespottet, zum Beispiel noch sehr mild 1860 im Berner *Bund*, zur selben Zeit, als dort die Novelle »Das Fähnlein der sieben Aufrechten« vorabgedruckt wurde, aggressiver in den »Randglossen« bald darauf im *Zürcher Intelligenzblatt*. Hier schreibt er, endlich könne man nun sehen, »daß die verschnittene Toga, das Hemd der *Neuen Zürcher Zeitung*, nicht ein Garibaldihemd« sei, »sondern lediglich das rote Zeigerhemd des politischen Standschützentums, geschnitten aus einem alten Bettvorhang«. Das zielt in eine ähnliche Richtung wie Ueli Dürrenmatts Äußerung im Gedicht »Freisinnige Realpolitik«, dem »System« fehle die Liebe.[4]

Das Blatt blieb ein solider Pfeiler im solid gewordenen Schweizerhaus, ja wurde allmählich eine geistige Macht, auf die man sich verlassen konnte, wohlinformierend, liberal, selbstbewußt, international anerkannt. Eine

---

genbuchsee (Buchdruckerei und Buchhandlung von U. Dürrenmatt) 1889, S. 325.
Die folgenden Strophen lauten:

> Die Volksherrschaft, o Schreckenswort,
> Es plagt und quält sie immerfort;
> Man hört sie gar um Hülfe schrei'n
> Im Eidsgenössischen Verein.
>
> Die alte Buhle N. Z. Z.,
> Sie lud ihn gar zu sich in's Bett;
> Doch als er sprach: Ich komme nit,
> Das Tafeltuch sie rasch zerschnitt.
>
> Sie schrie zum Militärmoloch:
> Mein lieber Freund, so hilf mir doch,
> Zerstör' das Demokratenthum –
> Dafür sing' ich Dir Heil und Ruhm.
>
> So buhlt sie überall um Gunst,
> Sie macht in Politik und Kunst,
> Es ist kein hochgestellter Mann,
> Sie stellt sich hin und singt ihn an.
>
> Dem Börsenmann, dem Spekulant
> Verschrieb sie sich mit Herz und Hand.
> Sie schlich und strich um's Bundeshaus
> Bis man sie warf zum Haus hinaus.

Seine Bemerkung über das Zürcher »System« auf S. 274 im Gedicht »Freisinnige Realpolitik«.

[4] Um Kellers Angriffe verstehen zu können, müßte man eine Menge Details der lokalen und europäischen Geschichte der 60er Jahre vor Augen haben. So verzichte ich hier auf weitere Belege und verweise auf Band 21 der kritischen Gesamtausgabe mit den betreffenden Sacherklärungen.

»Institution«, wie selbst Fred Luchsinger in der Jubiläumsschrift für das Jahr 1955 formulierte. Ist es die Eigenschaft des soliden Machtgefüges (mit der Devise des Liberalismus), die in der Schweiz immer wieder Opposition, ja Feindseligkeit wachrief und wachruft? Ich denke an meinen Vater, einen Liberalen der Zwischenkriegszeit, der die *NZZ* las und schätzte. Geliebt aber hat er die *Appenzeller Zeitung* und andere kleinere Blätter. Keine Institution. Auch die Vorbehalte des vornehmen Liberalen Jean Rudolf von Salis sind ernst zu nehmen. Von Salis hat in seinen Memoiren einige Schwierigkeiten im Umgang mit der Redaktion, ja ein gewisses Mißtrauen gegenüber ihrer Haltung in den Jahren des Dritten Reichs angedeutet, außerdem sehr negativ von einem Monopol in der politischen Gesinnungsbildung gesprochen.[5]

Keine Devise wird von den verantwortlichen Redaktoren so gern und häufig hervorgehoben wie die, man wolle sich an die Tatsachen halten und niemals Botschaften verkünden. Aber bedeutet die öffentliche Verbreitung eines »konservativen Liberalismus« (so umschreibt Willy Bretscher die Haltung im Interview mit Erich Kuby — der seinerseits die Objektivität einiger Berichterstattungen in Frage zu stellen geneigt war[6]) nicht doch eine Botschaft? Die Aura vornehmer Zurückhaltung muß stets gewahr bleiben; mit Überzeugungen zu hausieren, wäre allzu plebejisch. Ein Idealist indessen scheut sich nicht, die Zurückhaltung in gewissen Momenten aufzugeben. Albin Zollinger hat es oft getan und darum den Vorwurf des damaligen Feuilletonschefs Korrodi, er ziere sich mit einer Märtyrerrolle, schmerzlich empfunden. Davon und von den Gefühlen anderer Schriftsteller gleich mehr.

Zum Nationalfeiertag 1971, also 680 Jahre nach der Bundesgründung, veröffentlichte das deutsche Nachrichtenmagazin *Der Spiegel* eine Extranummer zum Thema Schweiz. Nur wenige Intellektuelle wie Karl Barth, Marcel Beck, Herbert Lüthy hätten die Notwendigkeit der Selbstbesinnung erkannt, der Mehrheit im Lande fehle die Einsicht dazu ganz. Daß die

---

[5] J. R. v. Salis: *Grenzüberschreitungen;*, Zürich (Orell Füssli) 1975, S. 334–337. S. 335 über die verklausulierte Absage bei seiner Bewerbung um eine Anstellung an der *NZZ*-Redaktion; *Grenzüberschreitungen II* (1978), S. 150. Zur Monopolstellung: *Notizen eines Müssiggängers* (1983), S. 429: seine Radiosendungen im Zweiten Weltkrieg seien den hohen Chargen der Armee, manchen Politikern und gewissen Zeitungen ein Dorn im Auge gewesen. »Sie trugen mir vom damaligen Chef- und Auslandsredaktor der *NZZ*, die für sich das Monopol der politischen Meinungsbildung beanspruchten, eine Gegnerschaft bis weit in die Ränge der Freisinnigen Partei ein«.
[6] W. Bretscher, in: *Interview mit der Presse. 12 internationale Zeitungen stellen sich vor*, hg. von R. H. Wiegenstein und F. J. Raddatz. Reinbeck (Rowohlt) 1964 (S. 11 über den konservativen Liberalismus, S. 15 über das Problem Objektivität).

Schweiz und die Welt sich auseinandergelebt hätten, habe auch die *Neue Zürcher Zeitung* nicht gemerkt. Im Zusammenhang mit dem Thema Waffenhandel wird die Zeitung detaillierter aufs Korn genommen, vor allem mit den Worten Becks, der gesagt habe, sie, die Bibel vieler Eidgenossen, wolle mit ihrer Informationstechnik stets zensieren und klassifizieren, übersehe aber doch geflissentlich allerlei. Die ganze Extraausgabe ist eine an sich beachtenswerte, wenn auch im üblichen penetranten Ton des Magazins vorgetragene Tadelsmotion. Besonders in Zürich reagierte man recht ungehalten auf die Angriffe. (Ähnlich wie seinerzeit auf den »offenen Brief« von C. F. Ramuz in der Oktobernummer 1937 der französischen Zeitschrift *Esprit*. Einzig Albin Zollinger hatte sich damals gegen die Nervosität seiner Schriftsteller-Kollegen gewehrt).

Geistreich hat Ende August des gleichen Jahres Rolf R. Bigler im Zürcher *Sonntags-Journal* die große Nebenbuhlerin charakterisiert. Nach dem Einwand, im innenpolitischen Teil herrsche immer noch eine Art Stalinismus, folgen die Bemerkungen: »Fast ein Star. Das Fast steht dafür, dass die Pressefreiheit des Sagens zuweilen zur Pressepflicht des Verschweigens verkümmert. [...] Ein Star doch irgendwie. Glückliches Land, das zweimal am Tage die Welt, also verkleinert, betrachten kann. Noch glücklicher das Land, das diese Zeitung nur fast ernst nimmt.«

Auf die wichtige Charakterisierung in Fritz René Allemanns Buch *25mal die Schweiz* (1965) muß ich zurückkommen, weil seine Gedanken über das Zürcher Problem Regionalismus-Kosmopolitismus im Hinblick auf Frischs Werk und Einstellung eine besondere Relevanz gewinnen. Bei Klara Obermüllers ebenso wichtigem Aufsatz »Das Phänomen NZZ. Bewundert viel und viel gescholten« im Januar-Heft 1975 des *Merian* trifft das nicht zu. Klara Obermüller war eine Zeitlang Redaktorin der *NZZ* gewesen. Ein geistreicher Autor, der selbst großen Wert auf die Besprechung seiner Bücher in diesem Blatt legte, habe einmal von einem Oedipus-Komplex der Schweizer Intellektuellen in bezug auf die Zeitung gesprochen. Gegen den Schluß heißt es:»Wer am Wert des Monopolkapitalismus, der totalen Landesverteidigung oder der schweizerischen Neutralität zu zweifeln wagt, wird von ihrem Bannstrahl getroffen und wird den Makel bis ans Ende seiner Tage nicht mehr los. Die *NZZ* hält mehr von Sippenhaft denn von der Vergebung der Sünden, und wer einmal ihrer Gnade verlustig gegangen ist, gewinnt sie so schnell nicht wieder.«

Die Erörterungen innerhalb der Sparte Literatur und Kunst stünden an sich abseits von ausgesprochen patriotischen und politischen Erwägungen. Was bedeute die Sparte im allgemeinen? Eine idyllische Aussparung innerhalb garstiger politischer Auseinandersetzungen und schwieriger wirtschaftlicher Analysen? Oder gar, wie schon definiert wurde, »Zimt mit Gesinnung«?[7]

Die entscheidenden Männer im Feuilleton vor und nach der Jahrhundertwende, in den Jahren des Ersten Weltkriegs und späteren waren: der Nobelpreisträger Carl Spitteler für etwa zwei Jahre, der als erfolgreicher Unterhaltungsschriftsteller in Fachkreisen meist etwas geringschätzig registrierte Verfasser des Romans *Der König der Bernina* Jakob Christoph Heer – er gab anschließend die *Gartenlaube* heraus –, der heute als Erzähler vergessene Fritz Marti, dann 1915–1950 der für Frischs Anfänge sehr wichtige Eduard Korrodi. Später Werner Weber und Hanno Helbling.

Über Korrodi schrieb ein ihm sicher ebenbürtiger Zürcher Essayist, Max Rychner: »Unter der Leserschaft seines Blattes hielt er eine zahlreiche Gemeinde aufmerksam auf alles, was er im Ungefährlichen einfallsreich vorbrachte, die Gedanken flink, mitunter in Rösselsprüngen bewegend, mit Witz, noch den Flüchtigkeiten anregende Reize verleihend.« Und anspielend auf seinen Auslandsaufenthalt während des Studiums: Erich Schmidt habe ihn überprovinzielle Maßstäbe sehen lassen, »die ihm später, wenn er es wollte, auch verfügbar waren«.[8] Im Nebensatz ist der kritische Vorbehalt von Rychners Lob spürbar. Korrodi hat sein Amt während des Ersten Weltkriegs angetreten, und die Sorge um die Heimat hat das Urteil des trotz eines großen Freundeskreises Einsamen manchmal mitbestimmt.

Kein Zweifel, das Feuilleton wurde unter Korrodi und seinen Nachfolgern eine Großmacht, der im Kleinstaat Schweiz nicht nur Provinzler oder Kleinkarierte mit Mißtrauen begegneten. Bezeichnenderweise sind es vor allem Schweizer, die solchen Gefühlen Ausdruck gaben und geben: deutsch schreibende Ausländer reagieren auf literarische Machtpositionen weniger empfindlich. Bei Robert Walsers allem Institutionellen entgegengesetzter Natur verstehen sich die Zeichen der Abneigung[9] von selbst, und sein

---

[7] Wilmont Haacke: *Handbuch des Feuilletons*, Bd. 2, Emsdetten (Lechte) 1952, S. 342. Dort auch längere Zitate aus Paul Fechters Vortrag 1929, in dem die politische Indifferenz vieler Feuilletonisten diskutiert wird.

[8] M. Rychner, »Vorwort«, in: Eduard Korrodi. *Aufsätze zur Schweizer Literatur*, Frauenfeld (Huber) 1962, S. 15, S. 9. Die überprovinziellen Maßstäbe konnte er offenbar 1937 in der Auseinandersetzung mit Thomas Mann über die (literarische) Emigrantenfrage nicht ganz »verfügbar« haben. Vgl. dazu und überhaupt das wichtige Buch von Gustav Huonker: *Literaturszene Zürich* [...], Zürich (Unionsverlag) 1985, S. 163f. (Korrodi, Mann, Hesse), S. 177 (Frischs *Nun singen sie wieder*), S. 180 (Frischs Anfänge bei der *NZZ*).

[9] Trotz sehr positiver Würdigung z. B. des »Spaziergangs« von R. Walser als eines kleinen Meisterwerks durch Korrodi und dem Zugeständnis Walsers im Brief an Frieda Mermet vom 20.9.1927, er lese das »Bourgeoisblatt« eigentlich »von Zeit zu Zeit gern«.

Schmollen, Spotten, die Trotzreaktionen richten sich weniger speziell gegen die renommierte Zeitung als gegen die bürgerlich seriöse Einrichtung an sich. Das hinter Witzeleien à la Mozart versteckte Beleidigtsein, beziehungsweise das patzige oder bärentatzige Benehmen, dessen er sich im Schreiben an Max Rychner im nächsten Jahr selbst bezichtigt, zeigt sich zum Beispiel im Brief an Frieda Mermet von April 1926:

> Zwischen diesem Herrn Korrodi oder Krokodilödeli der Neuen Höseli- oder Zürcher Zeitung und dem Absender dieses Briefes besteht seit der Stunde, da ich ihm Kenntnis eines Prager Presse-Artikels gab, der sich mit Löwenbändigung befaßt, Feindschaft von sehr delikater Sorte. Außerdem schrieb ich einem Zürcher Verlagshaus einen Berndeutschbrief, in dem von Korrödeli die Rede gewesen ist. Diesen Brief hielt der Verlagsvertreter dem Tit. Korrodibus unter die Nase, die entrüstet ob dem bebte, was in dem Briefe Liebenswürdiges zu lesen stand. Krokus ersuchte mich, mich bei der Verlagsfirma zu verexküsieren; ich ließ ihn jedoch wissen, daß ich eine solche *démarche* nicht für sehr passend hielte.

Albin Zollinger schmerzten in erster Linie die politischen Vorbehalte des Feuilletonchefs gegen sein von großem Idealismus getragenes Publikationsorgan *Zeit*. Zwei Sätze aus dem Beitrag »In eigener Sache« des Jahres 1936 mögen die Reaktion des gescheiten, empfindsamen und Frisch so wesensverwandten Zürcher Intellektuellen veranschaulichen:

> Wenn er [Korrodi] nach allem nicht gemerkt hat, daß es mir, so wahr ich lebe, um mehr als mein bißchen Privatperson geht, dann gibt es hiefür nur zwei Erklärungen: entweder die Möglichkeit solcher geistigen Leidenschaft ist seinem Pessimismus unfaßbar oder er weigert sich zu verstehen. Die Unversöhnlichkeit eines Mannes von seinem Geiste hat mich tief erschreckt.[10]

Ludwig Hohl, seit 1937 wieder in der Schweiz ansässig, sprach den zuständigen Redaktoren der *NZZ* rundweg literarisches Urteilsvermögen ab und warf ihnen vor, Texte Robert Walsers zurückgeschickt und statt dessen mittelmäßige akzeptiert zu haben.

Schon früh zeichnete sich das Feuilleton der *NZZ* durch eine geschickte Selektionstechnik aus. Der namhafte Zürcher Dichter Johann Martin Usteri (1763–1827), der Verfasser des Volkslieds »Freut euch des Lebens«, wurde, wie ein Zeitungschronist denkt,[11] vor allem wegen seiner Franzosenfeindlichkeit in der franzosenfreundlichen Zeitung mit Stillschweigen bestraft. Das ist erstaunlicher als die spätere, auch bei literarisch aufgeschlossenen Zeitgenossen nicht unübliche Ablehnung Heinrich von Kleists. Literaturkri-

---

[10] Albin Zollinger: *Werke, Bd. 6: Politische und kulturkritische Schriften. Kleine Prosa*, hg. von Gustav Huonker, Zürich (Artemis) 1984, S. 90.
[11] August Welti: *Aspekte der NZZ 1780–1914*. Separatdruck der Jubiläumsschrift 150 Jahre *NZZ* (1930, S. 15, S. 44).

tiker können niemals so objektiv sein wie ihre Kollegen in anderen Ressorts, das liegt in der Natur der Sache, wird höchstens anfechtbar, wenn die Subjektivität als Hintergrund den allgemeinen Anspruch fast allumfassender Informationen hat.

Aber überall, außer bei extremen Außenseitern, wurde und wird das Blatt auch im Feuilletonteil außerordentlich ernst genommen. Wenn ich hier mehr kritische Stimmen über die Zeitung als lobende zitiert habe, hängt das mit dem Wunsch zusammen, Frischs Verhältnis zur Zeitung besser zu verstehen, das heißt, die Unstimmigkeiten weniger isoliert betrachten zu müssen.

Das Blatt hat, fast in jeder Sparte, seine Gesinnung. Es wird wie jede Zeitung unter den drei Medienerzeugnissen, Fernsehen, Radio und Presse politisch-kulturell ernster genommen als die anderen Medien, weil es mehr Kontinuität beansprucht und besitzt. Ein Thema »Max Frisch und das Schweizer Radio« oder »Frisch und das Schweizer Fernsehen« wäre sicher keiner Bearbeitung wert.

Fast eine Freundschaft

Der erste Beitrag in Frischs *Gesammelten Werken in zeitlicher Folge*, die 1976, im Jahre seines 65. Geburtstags, herauskamen, trägt den Titel »Mimische Partitur?«. Er ist 1931 in der *Neuen Zürcher Zeitung* erschienen, als Frisch 20 Jahre alt war, und ist der erste gedruckte Text des Dichters. Soll man das als Zeichen der Wahlverwandtschaft oder als reinen Zufall verstehen?

Seine frühe Prosa und die frühen Theaterstücke paßten gut in den Rahmen des Zürcher Feuilletons und der Zürcher Kulturszene. Während der drei Semester Germanistikstudium an der Universität war er gut zürcherisch geschult worden. Seine Lehrer waren neben dem verehrten Privatdozenten Walter Muschg Emil Ermatinger und Robert Faesi. Bei Ermatinger konnte er unter anderem hören, welche entscheidende Rolle die Persönlichkeit beim literarischen Schaffensprozeß seit jeher besessen habe.[12]

Die Theorien der Hochschulgermanisten und die Überzeugungen der *NZZ*-Redaktoren ergänzten sich aufs beste; man konnte ohne weiteres von einer Allianz sprechen; selten gab es Widersprüche zwischen dem, was oben an den Hängen des Zürichbergs gelehrt, und dem, was unten in der City an der Falkenstrasse geschrieben wurde. Realistische Literatur wurde von den

---

[12] Vgl. dazu und zum folgenden die bearbeiteten Dissertationen von Walter Schmitz: *Max Frisch: Das Werk (1931–1961). Studien zu Tradition und Traditionsverarbeitung*, Bern (Lang) 1985, bes. S. 13ff., und von Daniel de Vin: *Max Frischs Tagebücher*, Köln (Böhlau) 1977.

Professoren gerühmt, und volksnahe Dichtung lag nicht nur dem Vorgänger Korrodis, J. C. Heer, nahe, sondern, in differenzierter Form, auch seinen Nachfolgern. In der renommierten Zeitung fand Frisch nach dem plötzlichen Tod des Vaters 1932 die Möglichkeit, den Lebensunterhalt zum mindesten teilweise zu bestreiten. Robert Faesis Empfehlung hatte ihm die Tore in die geweihten Räume geöffnet, und Frisch bot seine Skizzen oder Berichte künftig fast immer zuerst hier an. Sie waren teils für das Ressort Literatur, teils für den Reise- oder den Lokalteil bestimmt. Daneben gab es freilich noch andere Mentoren wie Arnold Kübler, der ihm zum Beispiel die Mitarbeit an der *Zürcher Illustrierten* ermöglichte.

Frisch war damals eng — später noch enger durch die Verehelichung mit Constance von Meyenburg — mit dem Bürgertum, ja Großbürgertum verbunden. Die Gefühle der Dankbarkeit, aber auch gewisser Vorbehalte in bezug auf den Reichtum eines Freundes, seines damaligen Mäzens, werden in manchen wichtigen Werken dargestellt. Geld erschien als eine nicht zu vernachlässigende Voraussetzung des kulturellen Lebens. Eine verständnisvollkritische Glosse zu diesem Thema findet sich in *Montauk* unter dem Titel »Money«.

Die Zusammenarbeit mit dem angesehenen Publikationsorgan zu Beginn der dreißiger Jahre stand so unter einem günstigen Stern; die literarische Umwelt tat das ihre, die Beziehung — sie scheint mir von der Art der Liaisons gewesen zu sein — zu fördern. In Zürich waren damals nicht nur einheimische Kritiker wie Korrodi und Dichter wie Kurt Guggenheim zu treffen, sondern eine bedeutende Anzahl deutscher Emigranten. Franz Werfels Einfluß auf Frisch muß zum Beispiel groß gewesen sein. Der als Romancier und als Vertreter der sogenannten »Oh Mensch Lyrik« sehr populäre Autor galt nach dem Ersten Weltkrieg weiterum als Prototyp des etablierten großbürgerlichen Schriftstellers.

Die frühen Arbeiten Frischs bis hin zu den Romanen *Jürg Reinhart* (1934), *Antwort aus der Stille* (1937) und *Blätter aus dem Brotsack* (1940) sind von gut zürcherischen Qualitäten mitgeprägt: Belesenheit, Heimatverbundenheit, Weltoffenheit. Die Belesenheit führt, wie Walter Schmitz dargelegt hat[13], zur offensichtlichen Abhängigkeit von der damals marktgängigen Belletristik; die Heimatverbundenheit, zum Beispiel im Bergsteigerroman *Antwort aus der Stille*, zur angestrengten Überwindung der naiveren Alpenunterhaltungsliteratur, die Weltoffenheit zu nicht weniger sentimentalen Bildern des Fernwehs, zu Stimmungen vager Horizonte vor faszinierenden

---

[13] W. Schmitz im ersten Kapitel der eben erwähnten Dissertation: »Die Imitation (1931–1938)«, S. 2–57, mit Beispielen literarischer Ähnlichkeiten z. B. mit Hermann Hesse, Rudolf Kuhn, Meinrad Lienert, Franz Werfel.

Meeren. Kurz vor den ersten Romanen sind zwei journalistische Beiträge erschienen, auf die sich einzugehen lohnt.[14] Ich meine die für Frischs Inland-Situationen interessante Skizze »Frohe Festtage: hinter dem Schalter gesehen« und die seine Gefühle für die Ferne und für das Weibliche repräsentierende Skizze »Wenn Frauen verhüllt sind« aus den ersten Monaten des Jahres 1933.

Die erste Skizze. Frisch hat anscheinend über die Weihnachtstage etwas Geld verdienen wollen und erinnert sich später an die vier Tage Aushilfsdienst hinter dem Postschalter. Zuerst macht es ihn, den Träumer, sehr nervös, den anderen so rasch an die Hand gehen zu müssen, das heißt Paket um Paket richtig weiterleiten zu müssen. Doch nach einer guten Viertelstunde fühlt er sich sicherer und beginnt die Paketbringer und die Adressen auf den Paketen genauer ins Auge zu fassen. Burschikos und übermütig-spöttisch – ohne jegliche tiefenpsychologischen Nebengedanken wie in der Paket-Ballast-Szene des Romans *Stiller* – äußert er sich über diese Pakete als »Stücke menschlicher Charaktere« (I, 35).

Ein Gehilfe fragt nach seinem Beruf. Frisch erinnert sich an die Rekrutenschule, wo die Information, er sei Student, plötzlich die früher so harmonische Eintracht und das »Gutkameradsein« gestört habe. Darum gibt er jetzt nur ausweichend Antwort – und denkt sich:

> wie lächerlich verkehrt ist der Vorwurf, daß sich der Akademiker für zu gut halte und sich isoliere. Sondern vielmehr: wir werden isoliert! Ulkigerweise gerade von diesen, die uns jenen Vorwurf machen. Denn warum kann ein Student mit Arbeitern eins sein, solange sie nicht wissen, daß er Student ist? Und warum geht es nachher nicht mehr? Sie selber machen immer den sozialen Riß. (I, 36)

Solche Risse, menschliche Entfremdungen, gesellschaftliche Klassifizierungen sind Gefahrenherde innerhalb einer Gemeinschaft, die man sich stets

---

[14] Abgesehen vom naturgemäß oberflächlich gehaltenen »Schaufenster-Rundgang« der gleichen Zeit, der von der Redaktion im Hinblick auf die »Schweizerwoche« in Auftrag gegeben worden war und der Hoffnung Ausdruck geben wollte, daß das Vaterland in der Gefährdung der Zeit nicht untergehen sollte; Bücher könnten auch helfen. »Ringsum ein stürmisches Meer und in seiner Mitte steht nun riffartig unser Vaterland, das aber nicht zerbröckeln soll durch dieses tosende Umspültwerden, sondern sich abklären durch Selbstbesinnung.« So der Patriot Frisch in: *NZZ* 31.10.1933. Nicht in *Gesammelte Werke in zeitlicher Folge*, hg. von Hans Mayer und Walter Schmitz, Frankfurt (Suhrkamp) 1976 aufgenommen; auch nicht in die umfangreichen Bibliographien 1976 und 1986, was allerdings weniger erstaunt als das ursprüngliche Fehlen des noch zu erwähnenden Aufsatzes »Was das eigentliche Wunder ist« (Er wird erst 1986 bibliographisch erfaßt). Die vom Autor nicht verworfenen Schriften, d. h. die in die Gesammelten Werke aufgenommenen Texte sind im folgenden jeweils nur durch Angabe von Band und Seite innerhalb meiner Ausführungen angegeben. Wichtige, von Frisch offenbar anerkannte Ergänzungen brachte 1983 der von W. Schmitz herausgegebene Band *Forderungen des Tages*.

lebendigbildsam wünscht. Später sieht Frisch die Schuld für die Risse, die Dissoziierungen eher beim Bürgertum als bei der Arbeiterklasse, bei den »Inhabern«, wie er sie zu apostrophieren lernt, bei Reichen oder militärischen Befehlshabern. Was im frühen Beitrag dargelegt wird, entspricht noch recht gut den alten liberalen Überzeugungen und, nimmt man alles nur in allem, der Haltung der *Neuen Zürcher Zeitung* damals und heute. Auch hinter den Schaltern sind Menschen: das Unheil der modernen Gesellschaft ist nicht in erster Linie ökonomisch erklärbar, durch die Arbeitsteilung und die Machtposition der Bourgeoisie, sondern durch allgemein menschliche Verhärtungen, auch des Proletariats. Ob man vor oder hinter dem Schalter stehe, hängt bestimmt nicht von der Einkommensklasse ab.

Allgemein gesprochen: Der Liberalismus ist dem Marxismus in der Ablehnung der früheren mittelalterlich feudalen Standesgliederung verwandt, unterscheidet sich aber von ihm in der Hochachtung der Persönlichkeit und der Wertschätzung schöpferischer, freier Verantwortlichkeit jedes Einzelnen. Der Liberale glaubt an die Möglichkeit eines menschenwürdigen Daseins ohne viel staatliche Eingriffe.

Der junge Postgehilfe fühlt sich trotz aller Betriebsamkeit um sich herum ziemlich frei. Außerdem verhindert der Schalter in seinem Falle die übliche, banale Alltagsperspektive. Distanz befreit:

> Durch so einen Schalter sieht man die Gesichter etwas anders als sonst; wie zum Beispiel dieser Herr seinem Päcklein nachschaut: mit einem offenen und maskenlosen Gesicht und mit kindhaftem Lächeln. Wie er es auf der Straße niemals wagen würde. Aber hier, so durch den Schalter hereinblickend, vergessen manche, daß wir auch hinausblicken können (I, 37).

Die Distanz läßt die Maske und den Zwang, immer an seine Rolle zu denken, vergessen. Anatol Stiller wird krampfhaft versuchen, die Rollen zu vertauschen, dem Zwang zu entfliehen.

Schreibt so ein geborener Liberaler? Jedermann weiß, daß Frisch später stets mit der sozialdemokratischen Partei sympathisierte, ohne der Partei allerdings je beizutreten. Würde Parteizugehörigkeit für ihn eine zu bestimmte Rollenfixierung bedeuten? Im Mehrparteiensystem eines mitteleuropäischen, einigermaßen liberalen Staates ist die Parteizugehörigkeit natürlich weniger verbindlich als in einem totalitären Staat, aber das Einverständnis mit einer größeren Gruppe Gleichgesinnter setzt sie doch voraus. Ein solches oder ein ähnliches Einverständnis mit irgendwelchen bestimmten Richtungen liegt jemandem, der dem Mann hinter dem Schalter gleicht, denkbar fern.

Das zweite Beispiel. Der »Brief aus Sarajewo«: »Wenn Frauen umhüllt sind« beginnt wiederum mit der Vorstellung des Abgetrenntseins. Hier ist es ein exotisch anmutendes Gitterfenster, das für einen jungen Türken einen besonderen Reiz besitzen muß, weil er durch ein solches Gitterfenster seine Geliebte zu sprechen hoffen kann. Der Berichterstatter kommt sich allerdings wie ein Casanova vor, als er einmal in einem dieser orientalischen Häuser empfangen wird. Das Haus ist voller Teppiche, und die fremde Häuslichkeit fasziniert ihn über die Maßen; es ist, als ob das Haus ein Märchen erzähle, »aber nicht in Worten, sondern in Teppichen« (I, 47). Das Fremdartige wird in der Skizze ähnlich romantisiert wie in Frischs erstem Roman oder in den Reiseberichten über Ungarn und Griechenland in der gleichen Zeitung: Auch dort das Glück der Distanz, oder wie im »Brief aus Sarajewo«, die Freude an der Verhüllung:

> Denn nie ist eine Mode weniger verführerisch und damit ihrem teuflischen Zwecke zuwiderlaufend, als wenn sie heikle Halsausschnitte und schamlose Kurzröcke pflegt, so daß der Mann, der immer ein Träumer ist, dadurch bestohlen wird um alles Erahnen. Und Überschätzen. (I, 49)

Im Gespräch mit Gerhard Roth[15] erinnert sich Frisch beim Anblick des Hauses seiner Schwiegereltern, der Vertreter schweizerischen aristokratischen Bürgertums: »Ich habe damals versucht, an die Bürgerlichkeit zu glauben und eifrig zu sein als Bürger«. Dieser Versuch ist indessen schon 1946, in der Silvesterglosse »Lasst uns positiv werden!« für das Schauspielhaus Zürich nicht sehr ernst genommen worden: »Gott ist ein alter Herr; warum sollte er nicht ebenfalls bürgerlich denken?«.

Nur zwei weitere Beispiele für Frischs damals so offensichtliche Einsatzfreudigkeit. Das Plädoyer für das Schauspielhaus 1938 und der Bericht über die Eröffnung der schweizerischen Landesausstellung im Frühjahr 1939 scheinen mir sehr typisch für die Art des Engagements und auch dafür, was er später zu verwerfen für gut befand. Im Artikel zur Schauspielhausfrage »Ist Kultur eine Privatsache?« wird unter anderem der Wunsch ausgedrückt nach »einer männlicheren und fruchtbareren Haltung« und nach der Überwindung des weitverbreiteten Pessimismus.

> Wir wollen keine Werbetrommel und kein Festspielhaus; wie wollen keinen vaterländischen Weihrauch, der uns mit dem Gefühl entläßt, daß wir eigentlich ein Völklein sind, das sich gar nicht mehr bessern muß. Aber ebensowenig wollen wir jenen unfruchtbaren Ungeist, der sich nur an den Mängeln weidet, jene Wollust eidgenössischer Selbstzerfleischung, die in unserem Lande stets nur die Schwä-

---

[15] G. Roth, in: *Zeit-Magazin*, 15.5.1981. H. L. Arnold gegenüber sagte Frisch 1974, er sei damals ein »bewußter Bürger« gewesen, sprach allerdings auch von einer gewissen Don Quixoterie; er sei »mit allem Goodwill, also wie ein Don Quixote« in die bürgerliche Ehe »eingestiegen« und habe die »belletristischen Wörter und Werte« damals für bare Münze genommen (Heinz L. Arnold: *Gespräche mit Schriftstellern*, München (Beck) 1975, S. 12, 17).

chen sieht [...]. Wir wollen eine männlichere und fruchtbarere Haltung, die uns die Gefahren nicht verschweigt, aber die zugleich an die gesunden Kräfte rührt, die in unserem Volke sind [...]. (I, 100)

Kulturpolitische Einsatzfreudigkeit nun scheint dem älteren Frisch weniger fragwürdig zu sein als die rein politische, denn im Namen der Vaterlandsliebe sind sehr viele Kriege entfacht worden. Im Unterschied zum Plädoyer fürs Schauspielhaus ist der Bericht über den Beginn der Landesausstellung weder in den *Gesammelten Werken* noch im Literaturverzeichnis der Bände I–VI zu finden. Er wurde für die *Neue Zürcher Zeitung* geschrieben, erschien dort am 21. Mai 1939 und trägt den Titel »Was das eigentliche Wunder ist«. Wenn ein Volk sich im Spiegel sehen dürfe, sei das fast ein Wunder, schrieb der Autor, der die nächste Landesausstellung (1964) später so unnötig finden konnte. Früher hätten er und seine Freunde gern die Nase gerümpft über eine patriotische Selbstdarstellung; jetzt tue er es nicht mehr. Die ewigen Nörgler müßte man eigentlich an den Pranger stellen. Frisch schildert im folgenden begeistert, ja zum Teil überschwenglich die verschiedenen Ausstellungsorte, den originellen »Schifflibach« zum Beispiel, bringt Impressionen von Begegnungen mit Kameraden aus der letzten Militärdienstzeit, mit Bauern, Miteidgenossen. Man hört hier Italienisch, Französisch und die verschiedenartigsten Mundarten des deutschsprachigen Landesteils. An sich empfindet zwar jedermann im allgemeinen ein selbstverständliches Bedürfnis, an höhere Wert zu glauben, denkt Frisch; aber das Verschwinden der hierzulande notorischen Nörgelsucht ist denn doch ein kleines Wunder.

Begeisterungsfähigkeit und patriotische Einsatzbereitschaft waren in den Jahren des Widerstands gegen das Dritte Reich von eminenter Bedeutung. Die *Neue Zürcher Zeitung* war sich dessen bewußt und setzte sich auf Grund ihrer engen Beziehungen zu wichtigen Magistraten in der Praxis für eine möglichst umfassende Integrität des Landes ein. Der junge Autor hatte weder die Mittel noch das Zeug zu realpolitischem Einsatz. Während des Krieges tat er seinen Militärdienst als Kanonier, schrieb einfühlsame patriotische Skizzen wie die *Blätter aus dem Brotsack* (1940), wovon verschiedene Passagen in der *NZZ* zum Vorabdruck kamen und worüber Eduard Korrodi eine geradezu enthusiastische Kritik schrieb: diese Betrachtungen hätten schon durch das Weglassen des Nichtigen Anspruch auf Dauer; der Autor zeige jetzt in seinen reiferen Jahren »die schönste Mannszucht« in der deutschen Sprache und in den Gedanken.[16]

---

[16] E. K., in: *NZZ*, 24.3.40. Außerdem verweise ich wenigstens noch auf drei unter den zahlreichen positiven schweizerischen Rezensionen. Der Rezensent der *Tat* vom 27.6.40 nennt die Sprache fast schlackenlos; sie habe das Klima, das etwa an

Frischs vaterländische Impressionen glichen jenem hochgemuten Pessimismus, von dem der Zürcher Historiker Karl Meyer so oft und gern sprach und wofür er ein gutes Echo fand, Darstellungen von Gefühlen des Standhaltens selbst in der Enge und in Zeiten der Angst.

Walter Schmitz hat das Frühwerk als »reine Literatur«, als Nachahmung der damals gängigen Belletristik gekennzeichnet. Ich weiß nicht, ob man das politische Element des jungen Frisch damit nicht bagatellisiert. Das enge Verhältnis zur *Neuen Zürcher Zeitung* war kein Zufall, es war doch wieder mehr als eine Liaison; er ist der Devise des Blattes, der eines aufgeklärten, individualistischen Konservatismus, wie es eine Amerikanerin formulierte[17], im Grunde für Jahre treu geblieben.

Doch das Einverständnis war nicht von Dauer, ebensowenig wie das mit seinem Heimatland.

Wachsende Spannungen

Nach dem Krieg änderte sich die weltpolitische Lage rasch. Auf den Kampf der wichtigsten Nationen – der westlichen wie der östlichen, vom Marxismus geprägten – gegen eine zum mindestens teilweise aus dem Bürgertum herausgewucherten Ideologie des Rassismus und einen neuen »Mythos« folgte die realpolitische Ernüchterung; die für einige Jahre Verbündeten wurden zu rivalisierenden Großmächten, und man begann hüben wie drüben erneut Kriegspropaganda zu treiben, im kalten Krieg zwischen früher Befreundeten, durch nur allzu leicht errichtbare Mauern aus Vorurteilen und aus Beton.

In den Vereinigten Staaten begann schon 1947, vorläufig relativ harmlos durch ein Programm Präsident Trumans, die Zeit der schwarzen Listen gegen subversive Personen im Staatsdienst, dann die der Aktivitäten Senator McCarthys und damit der eigentlichen Hexenjagden gegen vermeintliche

---

den Hängen des Zürichberges herrsche. Im *Berner Student* vom Januar 1941 wird mit Carossas Kriegstagebuch verglichen. Charly Clerc, 1932–1952 Professor für französische Literatur an der ETH Zürich, schreibt in der *Gazette de Lausanne* vom 30.6.40, solche Erinnerungen kämen an sich zu früh, aber man sei dann sehr angenehm überrascht.

[17] Elisabeth Wiskemann: *A great Swiss Newspaper* [...], London (Oxford University Press) 1958. Im Vorwort schrieb sie: »The *Neue Zürcher Zeitung* is rightly proud of the continuity of its policy: precisely this has transformed it from an almost revolutionary radical paper in the midnineteenth century into a pillar of enlightened, individualistic conservatism in the mid-twentieth. It is interesting to observe that, while it took exception to the general tenor of Mr. George Kennan's views on disengagement, it does in fact follow his practical advice, taking the lead in Europa in fighting ›an informational war of indefinite duration‹.« S. 59 und S. 61 Belege für die Aufklärungsarbeit der Zeitung gegen das Hitler-Regime.

und wirkliche Kommunisten. Der Einmarsch der Nordkoreaner in den Süden 1950 schien den politisch Kompromißlosen recht zu geben. In Europa wuchs die Bereitschaft zum kalten Krieg ebenfalls. Unter anderem in der »Kanzler-Demokratie« Adenauers (seit 1949), von der sicher mit gutem Recht behauptet worden ist, in dieser Ära seien weltanschauliche Kontroversen sehr selten geworden.[18]

Der Antikommunismus im Schweizervolk war schon während der Kriegszeit gewachsen und hatte teilweise leider eine gewisse Ähnlichkeit mit dem des Dritten Reichs. Einige gute Patrioten ärgerten sich über die großartigen Brecht-Uraufführungen im Zürcher Schauspielhaus (1941 *Mutter Courage*, 1943 *Der gute Mensch von Sezuan* und *Galilei*), und selbst unter Schriftstellern gab es vom Erfolg nicht Verwöhnte, die sich von diesem Forum Hochtalentierter und den dort arbeitenden Emigranten vernachlässigt fühlten. Doch die *Neue Zürcher Zeitung* blieb vornehm-objektiv. Jakob Welti, Feuilletonredaktor und Theaterrezensent, lobte den dichterischen Wert aller erwähnten Brecht-Texte und die Aufführungen durchwegs[19] – und unterschied sich damit übrigens von den meisten seiner Kollegen. Im politischen Bereich der Zeitung war die Situation anders. Dem Redaktionsteam lag das politische System Amerikas und auch die Adenauerpolitik natürlich viel näher als irgendeine Abart des Marxismus. Das Blatt, früher ein geradezu progressives Organ und längere Zeit dem radikalen Fortschritt verschrieben, betonte jetzt den bürgerlich-liberalen Standpunkt. Max Frisch spürte sicher jetzt schon die Diskrepanz, ohne sich damit abfinden zu können.[20]

Als vehementer Gegner politischer Vorurteile wandte er sich seit jeher gegen jede Aufrüstung, die russische wie die amerikanische. In den ersten Nachkriegsjahren äußerte er sich indessen vor allem zum Problem des Nihilismus. Solche grundsätzlichen Beiträge schienen wichtig zu werden, nachdem das Werk Sartres auch im deutschen Sprachraum bekannt wurde.

---

[18] Jost Hermand, »Streit in den fünfziger Jahren?«, in: *Kontroversen, alte und neue. Akten des VII. Kongresses der IVG, Bd. 10*, Tübingen (Niemeyer) 1986, S. 207–211. Hermand spricht von einem ästhetischen Supermarkt der literarischen Meinungen; er habe wirkliche Kontroversen verhindert.

[19] J. Welti in der *NZZ* vom 21. April 1941 über *Mutter Courage*, am 6. Februar 1943 über den *Guten Menschen von Sezuan*, am 11. September 1943 über *Galilei*. Weltis spezielles Lob »erfreulich abseits vom Parteiprogramm« bei der *Mutter Courage* war für den Autor und dessen späteren Freund Frisch wohl nicht sehr angenehm. Von *Mutter Courage* gab es nur 9 Aufführungen, von *Galilei* immerhin 12, vom *Guten Menschen von Sezuan* 20.

[20] Frisch im Interview mit Paul Ignaz Vogel, in: *Neutralität* 5 (1964), S. 3: »Der Kalte Krieg, wenn dafür einmal ein Denkmal gesetzt wird, da werden viele schweizerische Namen draufstehen. Nicht nur Redaktoren.« S. 4: »Gibt es ein Blatt, das Adenauer treuer war als die *Neue Zürcher Zeitung*?«

Ein erstes Anzeichen, daß die guten Beziehungen Frischs zur *NZZ* gefährdet seien, zeigte sich in der Reaktion eines Journalisten auf jenes Theaterstück, das als erstes von Frisch auf die Bühne gekommen war: »Nun singen sie wieder«. Es war Ende März 1945, also noch vor der Kapitulation Deutschlands, in Zürich uraufgeführt worden, und Jakob Welti hatt das Ereignis in der *NZZ* kurz darauf (31.3.) sehr verständnisvoll gewürdigt.

Ernst Bieri, damals Kandidat im Fach Theologie (1940–1966 Inlandredaktor der *NZZ*, 1966–1970 Finanzvorstand der Stadt Zürich, 1967–1971 freisinnig-demokratisches Mitglied des Nationalrats, hoher Offizier), schrieb in der Abendausgabe des 23. Mai 1945, also rund zwei Wochen nach der Kapitulation, einen Leitartikel unter dem Titel »Verzeihen oder verdammen?«. Er unternahm nichts Geringeres, als das Problem Deutschland auf historischem Hintergrund journalistisch zu erfassen, und tat das brillant und souverän. Die Einschränkung auf den Schweizer Standpunkt war klar. Da war zu lesen, die Diskussion über Deutschland, die man jahrelang nur im Stillen habe führen können, »wache« jetzt zur Öffentlichkeit auf. Möge über dieser Diskussion, heißt es, »der Geist der Entschiedenheit und Klarheit, der Zurückhaltung und der Festigkeit, nicht der Ungeist sentimentalen Verzeihens oder anmasslicher Schulmeisterei walten!« Als geborener Taktiker nennt Bieri das Naheliegende zuerst: die Notwendigkeit, die Schweiz zu »säubern«. Da habe man zwischen Polizei-Maßnahmen und dem Verhalten gegenüber den juristisch nicht faßbaren Mitläufern zu unterscheiden. Im Bereich der Wirtschaft sei die Lage komplizierter; man dürfe die zum Überleben der Schweiz seinerzeit notwendigen Wirtschaftsbeziehungen mit dem Dritten Reich nicht im nachhinein als Landesverrat verunglimpfen. Eine wirtschaftliche autarke Schweiz sei seit je eine Illusion gewesen. Peripher im Vergleich zu solchen realistisch faßbaren Fragen sei die grundsätzliche Einstellung zu Deutschland«. Und wiederum fällt das Wort von der (süffisanten) Schulmeisterei und das der Sentimentalität in der Beurteilung. Weiter: »Es regen sich die Anwälte der ›Irregeführten‹ und die Vertreter einer die klaren Grenzen verwischenden allgemeinen Schuldtheorie.« Dann der Hinweis auf Frischs Schauspiel *Nun singen sie wieder*. Bieri beanstandet, daß im Stück der Terror als Hervorlocker des Geistes beschönigt werde. Das seien Anfänge »einer unbewussten Strömung, die wiederum Recht und Unrecht und wahr und falsch verkehren« wolle.

Soweit das Verdikt eines Pragmatikers über einen Dichter, der keine klaren Grenzen sehe. Eines ist schon richtig: eine Dichtung verallgemeinert stets und ist deshalb politisch tatsächlich vage. Mit dem Stück *Andorra*, das unter anderem vom Antisemitismus handelt, hat Frisch später die entsprechenden Erfahrungen gemacht; von jüdischen Kreisen wurde es bekanntlich als Verharmlosung des wirklichen Antisemitismus abgelehnt. Anderes in Bieris Artikel ist falsch. Frisch setzte sich einige Monate danach in der *Neuen Schweizer Rundschau* zur Wehr. Die Publikation einer Entgegnung in der *NZZ* war vom Chefredaktor Willy Bretscher mit der Begründung abgelehnt worden — so jedenfalls der Betroffene —, Ernst Bieri bleibe bei seiner Meinung.[21] Entschieden protestiert Frisch gegen den Vorwurf, beschönigt zu haben; Menschen wie Heydrich oder im Stück Herbert, die klassische Kunst liebten und doch Unmenschen seien, müsse man mehr fürchten als die primitiven Verbrecher. Dann folgt eine Bemerkung, die den von Bieri verschiedenen Ausgangspunkt sehr deutlich macht:

> Daß er [Herbert] sich selber beschönigt, indem er sich als Hervorlocker des wirklichen Geistes betrachtet, als Bote, als Peitsche, als Bringer des Lichtes, das haben Sie deutlich gehört und mit Empörung vermerkt, die ich teile. Es ist eine mephistophelische Anmaßung, Gott zu zwingen durch das Böse, zu erfahren, ob es ihn gibt. Nicht alle Menschen wissen Gott in ihrer Tasche so sicher wie eine Schweizer Uhr. (II, 293)

Frisch mahnt Bieri im folgenden, Einzelnes nicht aus dem Zusammenhang zu reißen und nicht zu meinen, die Überzeugen einer fiktionalen Figur entspreche der Überzeugung des Autors; er erinnert ferner an die Problematik des Verzeihens:

> Die Bedenken, ob wir unter den gleichen Umständen nicht ebenso schuldig hätten werden können, sind noch kein Grund, daß wir jene Schuld übersehen oder gar verzeihen. Auch Verzeihen ist eine Anmaßung. (II, 294)

Gegen Schluß konzentriert sich die Replik auf die Verantwortlichkeit des Geistes — mit Gedanken über Lucifer im Unterschied zum primitiv Bestialischen — und stellt den Umstand zur Diskussion,

> daß unsere gesamte schweizerische Presse, solange es unser Vaterland hätte gefährden können, zu eben jenen Massakern schweigen mußte und schwieg. Nur daß wir es beim Nachbar als Mangel an bürgerlichem Mut bezeichnen, somit als Schuld, im eigenen Lande aber als Staatsraison. Das meiste, was heute die öffentliche Empörung weckt, hätte auch unser Volk schon lange wissen können und müssen; die Zensur hat uns davon dispensiert. (II, 295)

Die Darlegung der gegensätzlichen Standpunkte war jetzt noch einigermaßen sachlich; später wurde aus der Auseinandersetzung Feindschaft und Feindseligkeit, doch die erste, persönlich bestimmte Etappe der Entzweiung ist für die Beziehung zwischen Zeitung und Autor von entscheidender

---

[21] Frisch: II, 768, mit Hinweis auf die Wiederholung der Vorwürfe 1966 in: »Was steht zur Wahl?« Vgl. Literaturverzeichnis VI, 813.

Bedeutung geblieben. Es ist bezeichnend, daß Ende des gleichen Jahres im Feuilleton hohe Anerkennung zum Ausdruck kam: Eduard Korrodi pries am 22. Dezember den großen künstlerischen Wert der Dichtung (des Buches). Die in jeder Hinsicht gelungene Schauspielhaus-Aufführung der *Chinesischen Mauer* vom Herbst 1946 führte zu keinen Seitenhieben aus der Inlandredaktion. Werner Weber, der 1948 ganz in die Redaktion eintrat und nach zwei Jahren Feuilletonchef wurde, schrieb am 21. Oktober einen begeisterten Bericht über die Uraufführung und die Zustimmung der Zuschauer.[22] Im Jahr darauf, am 27. November 1947, erschien von ihm eine ebenso positive und eindrückliche Würdigung des *Tagebuchs mit Marion*. Weber schrieb unter anderem: »Wir lieben diesen Max Frisch«, und die Rede war von einem »Könner«, einem »klugen Frondeur«.

Anfang 1948 irritierte der Schlußsatz von Frischs *NZZ*-Notizen aus Berlin und Wien (Gefühl der »Irrelevanz unserer schweizerischen Existenz«, das bei jedem Grenzübertritt stärker werde) anscheinend mehrere Leser der Zeitung. Am klarsten artikuliert aber wurde die Enttäuschung, und das ist bezeichnend, gleichsam nebenan. Der von seiner Heimat nicht gerade verwöhnte originelle Zürcher Schriftsteller und Herausgeber der freien (hektographierten) Monatsschrift *Unsere Meinung*, Rudolf J. Humm, reagierte in der Mainummer ungehalten, ja sarkastisch-boshaft. Er empfand Frischs Äußerungen überhaupt als selbstgerecht und faßte das Ganze als Kniefall vor dem Ausland auf. Humms Entgegnung enthielt aber auch die Bemerkung, Frisch sehe die Schweiz größer, als er den Lesern vormachen wolle: »Ihr Gefühl hebt sich auf, indem Sie es aussprechen«. Man war mit Humms Attacke weitherum einverstanden; Ludwig Hohls Zustimmung zu Frisch bildete die Ausnahme.[23]

Heftiger, allerdings weniger offen wurde die nächste Kontroverse ausgetragen. Im Spätsommer des gleichen Jahres besuchte Frisch zusammen mit Professor Linus Birchler den Friedenskongreß in Breslau und fuhr anschließend nach Warschau. (Mehrere dieser Eindrücke werden im ersten Tagebuch wiedergegeben: II, 601ff.). Darüber erschienen Korrespondenten-Berichte, mit geringfügigen Anzeichen des politischen Mißtrauens gegen die Teilnehmer am Friedenskongreß, in der *Neuen Zürcher Zeitung* und

---

[22] Walter Schmitz geht offenbar zu sehr von der Ablehnung Hermann Hiltbrunnes oder Passagen der Lokalpresse aus, wenn er in seiner Dissertation S. 157 von einer »brüsken« Ablehnung des Stücks durch das Zürcher Publikum schreibt.

[23] Auch »Philius« im keineswegs erzpatriotischen *Nebelspalter* lehnte die Wendung von der »Irrelevanz als allzu elegante Raschheit« ab: *Nebelspalter* (Rorschach), 1.7.1948. Hohls Brief vom Juli 1948 aus Genf im Frisch-Archiv Zürich. Auf solche Dokumente beziehe ich mich, wenn Angaben auf eine Veröffentlichung fehlen, sehr oft.

anderswo. Frisch wollte einiges richtigstellen; seine Berichtigungen wurden aber im Gegensatz zur Einsendung Birchlers stark gekürzt. Darauf beschwerte sich Frisch sehr zornig bei drei Redaktoren. Deren Reaktion, wenn es überhaupt eine gab, war im Fall Korrodis barsch, bei einem anderen sehr verständnisvoll.[24]

Kurz vor der Gründung der NATO 1949 kam es in der Zeitschrift *Der Monat* zu einer ähnlichen Auseinandersetzung mit Peter Schmid über Frischs Vortrag »Kultur als Alibi«. Frisch warnte da vor Churchills Aufforderung, bei einem Mann wie Rundstedt und den Deutschen ganz allgemein das Geschehene geschehen sein zu lassen, was Schmid als Deutschlandfeindlichkeit interpretierte.[25] Das mit Bieri in einer gewissen Vorläufigkeit diskutierte Thema Verzeihen wurde also in variierter, verschärfter Form aufgenommen.

Frisch witterte hinter Churchills Vorschlag die Absicht, »Bundesgenossen für einen nächsten Krieg zusammenzutrommeln« (II, 338). In der Tat hatte Churchill, nachdem er als Premier in England abgelöst worden war, 1946 durch seine Reden in Fulton und Zürich Anstöße zur Gründung der NATO gegeben. Die *Neue Zürcher Zeitung* stand natürlich ganz hinter dieser Politik der Abwehr gegen Osten. Sie hatte zum Beispiel im Herbst 1948 viele Seiten aus den Memoiren Dwight D. Eisenhowers unter dem Titel »Kreuzzug in Europa«, im Frühjahr 1949 in 47 Fortsetzungen die wichtigsten Kapitel aus dem zweiten Memoirenband Winston S. Churchills wiedergegeben (im Vorabdruck, auf deutsch natürlich).

Frischs Vorbehalte dem Blatt des Zürcher Freisinns gegenüber sind sicher nicht nur auf die Eskalation des kalten Krieges und die prowestliche Haltung der Redaktoren zurückzuführen. Im *Tagebuch 1946–1949*, das bekanntlich auf manchen früheren Eintragungen beruht, stoßen wir oft auf verallgemeinernde polemische Äußerungen gegen die gehobenen Gesellschaftsschichten Zürichs, gegen die Andorraner mit ihrer anfechtbaren

---

[24] Der Briefwechsel Korrodi-Frisch (im Frisch-Archiv) bezeugt den Wechsel in der Stimmung. Anfang 1943 war es wegen des Vorabdrucks von »J'adore ce qui me brûle« zu einem kurzen Hin und Her gekommen. Ende 1945 war Frisch etwas enttäuscht über Korrodis Zürückhaltung gegenüber seiner letzten Dichtung, erhielt allerdings bald darauf eine herzliche Antwort (und Einladung). Am 2. März 1948 beanstandete Frisch, recht höflich, die nach seiner Ansicht etwas knausrige Honorierung für den Bericht über Deutschland; sein Lohn sei geringer als der eines ungelernten Arbeiters.

[25] Schmids Vorwurf ist ein kleiner Beleg, wie Schweizer Kollegen Frisch bald Unversöhnlichkeit, bald Hörigkeit gegenüber Deutschland vorwerfen konnten. – Der Nordatlantikpakt wurde unter dem Vorzeichen des Prager Coups (Februar 1948), der Blockade Westberlins (Juni 1948) usw. am 4. April 1949 von 12 westlichen Staaten unterzeichnet.

schwarz-weiß-Perspektive und die bürgerliche Gesinnung im ganzen. Hinter der Figur des prominentesten andorranischen Kulturträgers Cesario ist, vielleicht mit Recht, der Feuilletonchef Eduard Korrodi vermutet worden.[26] Die zwischen Bewunderung und Spott schwankende Schilderung zielt allerdings theoretisch keineswegs auf eine einzelne Person: »Man müßte ihn übrigens schildern können, ohne daß man an diesen oder jenen denkt, und zugleich so, daß jeder verschnupft sein kann, der ihm ähnelt!« schreibt der Tagebuchautor (II, 775).

Mindestens so aufschlußreich wie die betreffenden Charakterisierungen: »Cesario, das Urteil von Andorra« – eine Vorform der späteren Bezeichnung Korrodis als »literarisches Bundesgericht«[27] – oder die Anerkennung Cesarios als strengen, aber überaus gerechten Helfer scheint mir die Tatsache, daß verschiedene Passagen aus dem *Tagebuch mit Marion* für die spätere umfassendere Ausgabe *Tagebuch 1946–1949* eliminiert wurden. Die gestrichenen Stellen stammen aus den ersten Monaten des Jahres 1947. Sie sind jetzt auch im Anhang der *Gesammelten Werke* zu finden und zeigen die Versuche, Cesarios Einsamkeit zu erfassen. »Café de la Terrasse« zum Beispiel bezieht sich auf das Lokal, wo Frisch jeweils während der kurzen Arbeitspausen seine Einfälle notierte und wohl mehrmals Korrodi sah. Der Grundton ist Mitleid mit dem begabten Kritiker: »Cesario ist Essayist, er liebt die Kunst und bekommt keine Kinder von ihr, keine eigenen.« Ferner: »Die Andorraner, wenn sie seine Nachwörter lasen, sind stolz auf Cesario und mit Recht«. (Hier darf man bestimmt an das berühmte Nachwort zur Anthologie »Geisteserbe der Schweiz«, 1929, denken). Oder: »Es blieben ihm wirklich nur die Großen, nur die Alten, die ihn verstehen. Fast jeden Tag verkehrt er mit Racine, mit Mozart, mit Hölderlin, mit Tizian, und meistens kommt Goethe dazu« (II, 773f.).

Es würde sicher nicht weiter führen, alle politischen, fiktionalen und halbfiktionalen Schriften Frischs der folgenden Jahre im Hinblick auf die *Neue Zürcher Zeitung* zu durchforschen. Im ersten Tagebuch (1950) war, wie gesagt, unter anderem Frischs NZZ-Beitrag vom Frühjahr 1948 über seine Deutschlandreise verwendet worden, aber die Zeitung brachte im Unterschied zu Würdigungen wie die der *FAZ*, der *Welt*, der *Frankfurter Hefte*

---

[26] Die Charakterisierung Korrodis als »Kulturdiktator« durch W. Schmitz in: *M. F. Das Werk (1931–1961)*, Bern (Lang) 1985, S. 393 ist übertrieben; Frischs Charakterisierungsversuche Cesarios »das Urteil von Urteil von Andorra« und Cesario als strenger, gerechter Helfer stehen GW II 353 und 357. Für unseren Zusammenhang ist Cesarios an sich interessante Bemerkung GW II, 448 über den aphoristischen Stil als einer »Ruine nach der Zukunft« weniger relevant.

[27] Korrodi-Literarisches Bundesgericht, zitiert nach Gustav Huonker, »Nachwort« zu A. Zollingers *Werken*, Bd. 6. Zürich (Artemis) 1984, S. 366.

keine Rezension, vermutlich wegen der offensichtlich gewordenen Entzweiung.[28] Vergessen schien das Lob des erstens Teils, des *Tagebuchs mit Marion*, das Ende 1947 erschienen war.

Nach dem Rücktritt Korrodis als Feuilletonchef 1950 hat sich Frischs Verhältnis zur Zeitung, in der Korrodi eben doch eine Art Vaterfigur verkörperte, etwas entschärft. Den Mißerfolg mit der Moritat *Graf Öderland* (1951) konnte er natürlich nicht gänzlich dem Zürcher Bürgertum oder dessen Leiblatt ankreiden: selbst der ihm damals freundschaftlich verbundene Friedrich Dürrenmatt hatte privat und offiziell gewichtige Bedenken geäußert.

Der Amerika-Aufenthalt 1951/52 brachte Frisch einerseits Distanz, andererseits auch neue Kriterien für die Einschätzung gewisser Eigenarten seiner Heimat. Nach der Rückkehr reagierte er vor allem als Architekt recht negativ auf die beschränkten Möglichkeiten im Bausektor und damit auf den schweizerischen Konservatismus im allgemeinen; er vermißte Großzügigkeit im Planen und Zeitgemäßes in staatlichen Aufträgen. Verschiedene Äußerungen wie »Cum grano salis« 1953 und die entsprechenden Äußerungen Anatol Stillers im bald weltbekannten Roman zeugten davon. 1953 schrieb er für die Broschüre Lucius Burckhardts und Markus Kutters »Wir selber bauen unsere Stadt« ein Vorwort, und für das heftiger diskutierte Manifest »achtung: die schweiz« (1955), das unter anderem die nächste Landesausstellung in Frage stellen sollte, zeichnet er mit den genannten Basler Autoren mitverantwortlich.

Die erste Publikation wurde wenig beachtet; die *Neue Zürcher Zeitung* nahm keine Notiz davon. Die zweite, rot eingebundene Broschüre platzte laut der Zürcher Landesring-Zeitung *Die Tat* vom 15. Januar 1955 »wie eine Sprengbombe in die helvetische Sattheit und Trägheit«. Am gleichen Tag schrieb Nationalrat Jaeckle hier einen Leitartikel, in dem trotz seinem persönlichen Nein der Vorschlag, eine moderne Modellstadt statt einer Landesausstellung zu bauen, grundsätzlich sehr begrüßt wurde. Eine Auseinandersetzung um städtebauliche Probleme tue jetzt not. Und sie kam, trotz dem Schweigen der breiteren Öffentlichkeit. Die technische Kommission der schweizerischen Landesplanung begrüßte den Plan und kam mit den Verfassern ins Gespräch. Im Frühjahr fand im Zürcher Albisrieden-Haus eine

---

[28] Dem Tagebuch 1946–1949 hat Helbling durch seine Besprechung der Ausgabe beider Tagebücher am 30. April 1983 nachträglich zu einer Würdigung in der *NZZ* verholfen. W. Schmitz schreibt im *Materialienband zu »Don Juan oder Die Liebe zur Geometrie«*, Frankfurt (Suhrkamp) 1985, S. 32 vom endgültigen Bruch mit Korrodi seit 1947 (statt richtig 1948) und der *NZZ*. Ganz so endgültig war der Bruch mit der Zeitung nicht, wie im folgenden noch zu zeigen sein wird.

öffentliche Diskussion statt, im Sommer darauf in Bad Lauterbach eine längere Tagung; die Neue Helvetische Gesellschaft half die Tagung organisieren. Im Herbst des gleichen Jahres gab es eine Ausstellung in den Zürcher Räumlichkeiten der Grand Magazins Jelmoli S. A.. Über solche Ansätze brachte die *NZZ* ausführliche Berichte und räumte den prinzipiellen Diskussionen über Städtebau, in denen meist auch auf die Basler Schriften bezug genommen wurde, einigemal auffallend viel Platz ein (z. B. 5.2. und 25.4.1955). Trotzdem schien die Haltung der Zeitung durch den Artikel Ernst Bieris mit dem Titel »Ein fragwürdiges Pamphlet« vom 29. Januar 1955 irgendwie vorgeprägt.

Der »mutwillige Streich der Knaben« aus Basel und Zürich wird zwar in diesem Artikel als sympathisch und prüfenswert taxiert, dann aber kommen Bemerkungen wie die vom »mühsam hervorgekeuchten Fordern« der Initianten und ähnliche Sticheleien. »Und so plätschert das Plaudermäulchen [...] über 54 Seiten seine Philippika gegen die ›lächerliche Schweiz‹ fort«, heißt es im letzten Drittel des Kommentars; es frage sich, »aus welchem geistigen Urschlamm solche Blasen aufstiegen«; das Ganze sei wohl »masochistische Stilbefriedigung«. Anläßlich der Ausstellung der »Gesellschaft neue Stadt« klangen die Berichterstattungen der Zeitung wieder milder.

In der nächsten Schrift »Die neue Stadt« (1956) zitieren Burckhardt, Frisch und Kutter mit sichtlicher Schadenfreude typische Passagen aus Bieris Elaborat. Zitiert wird ebenfalls eine Einsendung Hans Carols an die *NZZ*, aus der die Redaktion allzu zustimmende Stellen gestrichen habe, ohne den Verfasser zu informieren. Carols Beitrag war am 25. April 1955 erschienen. In der Broschüre »Die neue Stadt« werden die Ziele der Planer und die Gefahren des Nicht-Planens gründlich erörtert, und es wird gezeigt, daß »organisches Wachstum« nicht nur Freiheit bedeute, sondern auch Kapitulation vor Spekulantentum. Doch die Positionen waren schon bezogen. Im Nein des freisinnigen Presseorgans zeigt sich, allgemein gesprochen, der offenbar fast unüberwindliche Gegensatz von Wirtschaftsliberalismus und Planwirtschaft. (Wenn auch in der erwähnten Schrift zwischen Planung und Planwirtschaft klar unterschieden wird.) Die Planer haben Angst vor der Ausbeutung von Grund und Boden durch verantwortungslose Geldmenschen, die Gegner vor staatlichen Zugriffen und der Infragestellung des Privateigentums.

Bemerkenswert beim Blick auf Bieris Angriff ist weniger dessen Substanz als der jetzt offensichtlich gewordene Kontrast zwischen politischen und literarischen Gesichtspunkten der *NZZ*. Das Werk Frisch wird höchstens im literarischen Teil mit international geltenden Maßstäben gemessen;

anderweitig gilt die Perspektive der Inlandredaktion. Zwei Monate vor Bieris Attacke hatte Emil Staiger den Roman *Stiller* in der *NZZ* aufs höchste gelobt. Schon 1945 war seine sehr positive Rezension von *Bin* in den *Schweizer Monatsheften* erschienen. Emil Staiger, für manche Zürcher und zahlreiche Deutschsprechende überhaupt damals die Verkörperung humanistischer Bildung − mit Sinn sogar für moderne Strömungen der Philosophie − und auch der Repräsentant der guten Gesellschaft der Stadt und überhaupt dessen, was als geschmackvoll galt, bescheinigte in der Besprechung vom 17. November 1954 dem Roman »beinahe spielerisch wirkende Meisterschaft«, schrieb, vielleicht zum Erstaunen heutiger Leser, vom Zusammenschluß des weitverzweigten Geschehens zu »gediegener Einheit«, gegen den Schluß von einem »Prosakonzert, dem wir nichts Ähnliches in unserem Schrifttum zur Seite zu stellen wüssten«.

Außer Staiger hatte sich auch Werner Weber, jetzt Feuilletonchef, über *Stiller* geäußert, und zwar im Schweizer Radio. Trotz allem Wohlwollen spürte man bei ihm ein gewisses Mißbehagen am »Jungenhaften« und am »Sauren über die Schweiz«. Das Dilemma eines Dichters, der sich zu Tagesfragen äußert, bleibt für ihn selbst und für sein Publikum bestehen. Selbst Erwin Jaeckle, der den Plan des Architekten ernst nahm, meldete seine Zweifel an, ob ein Mann, der als Romancier im Ausland das Klischee von der Lächerlichkeit der Schweiz verbreite, als Planer einer besseren Zukunft dieser Schweiz von den Landsleuten ernst genommen werden könnte.[29]

Animositäten, das Zerwürfnis

Nachdem Frisch in der zweiten Hälfte der 50er Jahre noch einige Male versucht hatte, städtebaulich mitzuplanen, kamen die Jahre der Resignation; das Utopische ließ sich in der Schweiz offensichtlich nicht verwirklichen.

---

[29] Erwin Jaeckle, »Die Schweiz der Langeweiler«, in: *Die Tat*, 29. Januar 1955. Frischs Pamphlet ist weiterhum vergessen − obwohl es bestimmt ein entscheidendes Zeugnis für sein Verhältnis zur Schweiz ist. Hanno Helbling hat dies gesehen, außerdem festgestellt, die Reaktion sei unangemessen gewesen (*NZZ*, 28.5.1976 über die GW) oder, die Opposition habe nicht das gleiche Niveau gehabt (M.F. und die Schweiz, *NZZ* 16./17. 5. 1981); hier auch die Bemerkung: »Es [achtung: die schweiz] enthält die Aufforderung, etwas zu tun. ›Und zwar nicht irgend etwas, sondern etwas Eigenes, etwas Schweizerisches, etwas, womit wir als Schweizer in lebendiger und verbindlicher Weise zur heutigen Welt gehören.‹ − Rückblickend meinen wir, dass in diesem Satz der Keim des Konfliktes steckt.« Weitere Literaturangaben und Kommentare zu Frischs architektonischen Plänen bei Petra Hagen: *Städtebau im Kreuzverhör. M.F. zum Städtebau der fünfziger Jahre.* Ch-Baden (LIT Verlag), 1986.

Die Spannungen wurden, indirekt, durch die üblen Angriffe der Inlandredaktion der *NZZ* — Ernst Bieri vertrat darin seit jeher eine harte Linie — auf den kommunistischen Philosophen Konrad Farner kurz nach der Ungarn-Krise im Herbst 1956 verschärft. In *Montauk* wird Farner zu den Freunden gezählt (VI,630). Ein anonymer Artikel vom 13. November enthielt unter anderem die Adresse des Angegriffenen in Thalwil; das war mit ein Anlaß für die unwürdigen, ja grausamen Ausschreitungen aufgebrachter Bürger. Natürlich konnte man die Hetzkampagne mit dem heiligen Zorn des Volkes gegen die russischen Unterdrücker erklären; aber Frisch wird die Diffamierungen doch eher als Beispiel andorranischer Agressivität gegen Andersgeartete oder Andersgesinnte empfunden haben.

Die Spannungen wichen seltsamerweise keineswegs anläßlich der Verleihung des Literaturpreises der Stadt Zürich 1958. Man war sich in den zuständigen Gremien nicht einig, ob die Ehrung jetzt fällig sei. Werner Weber hatte Frisch zwar am Vortag durch ein schönes Essay gewürdigt, und im Frühjahr desselben Jahres, am 31. März, hatte Hanno Helbling die Uraufführung des Stücks *Biedermann und die Brandstifter*, die Frisch mit *Stiller* zusammen zu Weltruhm verhalf, verständnisvoll und scharfsinnig besprochen. (Helbling wurde 1960 Redaktor im Feuilleton, 1973 dessen Chef). Die Presse berichtete, die Literaturkommission habe den Preis nicht einstimmig zuerkannt, und Frisch habe zwei Tage gezögert, ob er ihn annehmen wolle. In der Tonhalle hielt dann statt eines Germanisten ein Historiker, der sozialdemokratische Nationalrat Valentin Gitermann, die Festrede. In der Ansprache Frischs hörte man meist Wiederholungen der Reden, die er kurz vorher in Frankfurt und Darmstadt gehalten hatte. Er bekannte sich wie in Darmstadt zur Absicht, als Dichter Ideologien zu zersetzen und nach Möglichkeit das Arsenal der Waffen durcheinanderzubringen. Abschließend dankte er der Stadt für die Preisverleihung, der Literaturkommission, Professor Gitermann für das »Plädoyer«, ferner Professor Robert Faesi und Eduard Korrodi für ihren ersten ermutigenden Zuspruch, Martin Hürlimann vom Atlantisverlag für das Wagnis der Drucklegung, Emil Staiger, Walter Muschg und Karl Schmid für stetige Förderung, Kurt Hirschfeld und Oskar Wälterlin für ihren Einsatz bei den Aufführungen am Schauspielhaus (Bericht über die Feier: haj. in der *NZZ* vom 15.12.58).

Ein Dank relativ kurz vor dem Wegzug aus der Schweiz. 1960—1965 hatte Frisch seinen Wohnsitz in Rom.

Den Auslandsschweizer bezichtigte die *Neue Zürcher Zeitung* dann später einmal, sich schlecht informiert zu haben. In einem Interview mit Paul Ignaz Vogel in der Zeitschrift *Neutralität* hatte Frisch gesagt, die Schweizer Presse unterrichte die Leser über den Auschwitz Prozeß auffallend spärlich. Im anonymen Beitrag vom 10. Januar 1965 unter dem Titel »Legenden und Fakten« wurde ihm entgegnet:

> Wir wissen nicht, welche schweizerischen Zeitungen Max Frisch in seiner römischen Zuflucht liest – offenbar nicht die, die wir zu Gesicht bekommen. Wir müssen ihm auf Grund unserer Kenntnis mit Entschiedenheit widersprechen und feststellen, daß seine Behauptung eine Unwahrheit ist; jeder, der schweizerische Zeitungen im Laufe des letzten Jahres mit einiger Regelmäßigkeit zur Hand genommen hat, kann ihm das Gegenteil beweisen und bestätigen.

In Wirklichkeit hatte Frisch im Hinblick auf die Kommentare der Schweizer Presse zum Weltgeschehen gesagt: »Vor kurzem war ich beim Auschwitz-Prozess in Frankfurt, wenn ich mich nicht täusche, ist die schweizerische Berichterstattung sehr sparsam, als ginge uns das nichts an.« Diese Bemerkung war recht beiläufiger Natur, im Unterschied zu anderen, von der Zeitung nicht erwähnten wie »Ich war innerlich immer mit den Alliierten verbündet.« »Gibt es ein Blatt, das Adenauer treuer als als die *Neue Zürcher Zeitung*?« oder: »Ich meine nicht, dass die Schweiz ein hoffnungsloser Fall sei, hingegen bin ich für die Schweiz ein hoffnungsloser Fall. Ich bin abgestempelt.«

Ende der 50er und der 60er Jahre hielt sich die Entfremdung aber noch in Grenzen; die »Notizen von den Proben« anläßlich der Uraufführung von *Andorra* 1961 in Zürich wurden in der *NZZ* gedruckt, und ebenda veröffentlichte er die Kritik an der Haltung seines verehrten Lehrers Peter Meyer (im Zusammenhang mit einer möglichen Giacometti-Stiftung) in Form eines Leserbriefes (21.1.65). Im Frühjahr 1966 stieg die Spannung durch die Kandidatur Ernst Bieris fürs Stadtpräsidentenamt. Frisch, den einige Parteifreunde vergeblich aufgefordert hatten, sich als Kandidat zur Verfügung zu stellen, griff Bieri in der *Zürcher Woche* vom 4. März heftig an, und Bieri unterlag, natürlich nicht nur wegen Frischs Opposition. Im gleichen Monat wurde von m-z in der *NZZ* (28.3.) Frischs Vorwort zu Alexander J. Seilers Band *Siamo Italiani* unter die Lupe genommen und dem Verfasser Bildungslücken vorgeworfen.

Die Auseinandersetzung mit seinem Freund Emil Staiger Ende 1966 – auch in der entscheidenden Entgegnung schrieb Frisch »Ich kam als Freund« (I, 461) – führte zur Eskalation der Feindseligkeiten, nicht zuletzt weil Frischs Mitläufer die Gelegenheit zu einem Kesseltreiben gegen den bisher hochangesehenen Hochschullehrer sattsam ausnutzten. Voraussetzungen und einzelne Etappen des Zürcher Literaturstreits sind so gut bekannt und so oft dargestellt worden, daß ich mich hier auf die uns berührenden Sonderaspekte beschränken kann. Zunächst aber doch eine darüber hinausgehende Vorbemerkung.

Es ist meines Erachtens zu wenig beachtet worden, daß Emil Staiger, einer von Frischs Studienkollegen, schon sehr früh das Thema vom Bildnis-Machen erörtert hat. In der Interpretation des Lustspiels *Der Schwierige* von Hofmannsthal (*Meisterwerke der deutschen Sprache*, 1943) liest man unter anderem, es sei wohl für den Alltag nützlich, sich von jemandem ein präzises Bild zu machen, aber das erweise sich meist »als eine Quelle aller Missverständnisse«.

Als Staiger Ende 1966 der Literaturpreis der Stadt Zürich überreicht wurde, acht Jahre nach der Verleihung des Preises an Frisch, hielt Werner Weber die Laudatio; als Kritiker und Freund zeitgenössischer Dichtung fühlte er sich auch Frisch sehr verbunden. Seine erste Beurteilung der Auseinandersetzung fiel denn auch recht unverbindlich aus, und Peter Bichsel hielt ihm das am gleichen Tag, als Weber im nachhinein deutlich Stellung gegen Frisch bezog, nämlich am 6. Januar 1967, in aller Deutlichkeit vor.[30] (Die Stellungnahme erschien auf der gleichen Seite wie Frischs Attacke »– nicht immer, aber oft –«; das war nun doch ein großartiges Beispiel redaktioneller Toleranz).

Der erste Kommentar war aber so bezeichnend für die Zeitung, in der er erschien, daß eine der Reaktionen erwähnt werden muß. Elisabeth Endres schrieb im *Merkur* unter dem Titel »Fragen an einen parteilosen Kritiker«, es gebe ihres Erachtens nach der Publikation des unverbindlichen Kommentars jetzt einen Fall Weber. »Natürlich gibt es Gründe«, schreibt sie, »die Weber entschuldigen. Die enge Verbindung zwischen *NZZ*, der Universität Zürich und der Literarischen Gesellschaft der Stadt ist ein Faktum, an dem nicht gerüttelt werden kann.« Ferner: »Max Rychners herrenhafte Noblesse konnte ein entschiedenes Nein zu seinen Überlegungen provozieren, Friedrich Sieburgs selbstbezogenes Grollen konnte als Zumutung empfunden werden, über Staigers Rede kann man sich aufregen. Bei Werner Weber ist die Sache ganz einfach ärgerlich: denn man glaubt dem zornigen Kritiker, der dem geprügelten Kind sofort wieder Zucker gibt, seine Entrüstung nicht.«

Die versuchte Parteilosigkeit eines Feuilletonschefs in einem ausgesprochen freisinnig-bürgerlichen Presseorgan bleibt ein Dilemma. Im Feuilleton spielen unbürgerliche Autoren naturgemäß eine große Rolle, da in unserem Lande einer liberal-konservativen Mehrheit die opponierenden Schriftsteller repräsentativer sind als die affirmativen.

---

[30] P. Bichsel, »Unverbindlichkeiten«, in: *Die Weltwoche* 6.1.1967. Diese und die anderen Reaktionen, wie Endres, in: *Sprache im technischen Zeitalter* Nr. 22 (1967).

Was 1966 im literarischen Bereich zu reden gab, kam 1968 in der ganzen Welt durch die Jugend- und Studentenrevolten zu heftigstem Austrag; Nonkonformisten lehnten sich gegen Einrichtungen auf, die ihnen veraltet schienen. Frisch hatte schon vor dem Krisenjahr seine Meinung zu verschiedenen politischen Fragen in der *Weltwoche* vertreten; seine Kritik betraf zum Beispiel den Vietnamkrieg und gewisse Konsequenzen des amerikanischen Imperialismus.[31] So war es keineswegs verwunderlich, daß er während der Zürcher Globus-Krawalle im Sommer 1968 viel Verständnis für die Rebellierenden aufbrachte. Unter dem Titel »Von der großen Devotion« erschien am 12. Juli in der *Weltwoche* ein Artikel, der später zum Teil ins zweite Tagebuch integriert wurde. Frisch plädierte für Dialog statt Polizei und warf der *Neuen Zürcher Zeitung* vor, die autoritätssüchtige Mehrheit aufzuwiegeln und zur Ächtung der rebellierenden Minderheit angespornt zu haben. Ein heftiger und dazu anonym gehaltener Angriff erschien zwei Tage darauf in der *NZZ* unter dem Titel »Biedermann und die Brandstifter«. Frisch wurde mit Gottlieb Biedermann verglichen, der durch seine Pseudotoleranz dem Bösen die Bahn ebne. Das vom Dichter und anderen Reformbereiten unterzeichnete Zürcher Manifest bringe ja keine konstruktiven Vorschläge; Frisch habe auch in seinem Artikel lediglich »mit Worten Wind gemacht«, statt Neuerungen »ernsthaft und im Rahmen des Möglichen« ins Auge zu fassen. (Die Zeitung hatte am 18. Juni im Leitartikel »Wehret den Anfängen!« zur Vorsicht gemahnt.)

Das Ausland beurteilte die Ereignisse natürlich anders; zum Teil zeigte sich Schadenfreude in den Berichterstattungen, daß selbst junge Hirtenknaben auflüpfisch würden. Petra Kipphoff indessen verglich in der *Zeit* (9.8.1968) sachlich mit den Berliner Unruhen. Die Reaktion der Offiziellen und der Bevölkerung sei ähnlich wie in Deutschland, »nur noch ein bißchen mehr«, und sie verwies dabei auf Frischs Befürchtung, die Bürger könnten einen freiwilligen Volkssturm gegen die Jugendlichen organisieren. Frisch sei nicht weniger schweizerisch gesinnt, schrieb sie, als die aufgebrachten Leserbriefschreiber der *NZZ*.

---

[31] Details dazu bei Daniel de Vin: *Max Frischs Tagebücher*, Köln (Böhlau) 1977, S. 64ff. Eine recht sachliche Auseinandersetzung mit Frischs Oppositionswillen brachte Hg. (Hanno Helbling) am 16.6.1968 im Inlandteil unter dem Titel »Zeitgemässe Systemkritik?« Er hatte schon ein Jahr früher (13.7.1967) auf der Seite »Zürcher Lokalchronik« seinen »Kleinen Kommentar« (mit dem Untertitel »Dieser Stein, der stumm ist ...«) mit dem Satz begonnen: »Sollte die Gottfried Keller-Gesellschaft dereinst, wie es mit ihren Statuten durchaus zu vereinbaren wäre, eine historisch-kritische Ausgabe der Werke Max Frischs mit Unterstützung von Kanton und Stadt Zürich veranstalten, so dürfte darin die Inschrift nicht fehlen, die Frisch für die Brunnenstele auf dem Rosenhof hinter dem Limmatquai aufgesetzt hat.« (Text der Inschrift: VI, 59)

Das Bild, das man sich wechselseitig von einander zu machen gelernt hatte, blieb sich gleich. In einem Leitartikel »Zum 1. August« versuchte der damalige Chefredaktor der *NZZ*, Fred Luchsinger, anläßlich des schweizerischen Nationalfeiertags 1970 gute und fragwürdige Kritik an unserem Land auseinanderzuhalten. Er schrieb, es gebe auch bei uns Leute,

> die helvetische Ruhe als helvetische Stickluft empfinden, das Land von stärkeren und stärksten Selbstzweifeln geschüttelt wissen möchten und ihm übelnehmen, daß es sich anscheinend *nicht radikal genug in Frage stellt*, pauschal mit seinem gesamten Tresor von Institutionen und Traditionen, von Gesellschaftsform und Mentalität. Max Frisch zum Beispiel hat den Seinen Texte radikaler Absage vorgesprochen und einen Ton der Auseinandersetzung angegeben, der keineswegs mehr auf »temperiert« gestimmt ist, als er etwa bekennend öffentlich erklärte: »Dieser Staat ist nicht mein Vaterland, er ist ein Apparat und einer, der leerläuft, um zu funktionieren.«

Das isolierte Zitat gibt natürlich einen falschen Eindruck von Frischs politischer Einstellung, und die Wendung »den Seinen vorsprechen« gehört zu jener Kunst der Insinuation, von der gleich noch die Rede sein soll. Am 31. Januar 1971 griff Luchsinger Frisch, zusammen mit Dürrenmatt und der »Oltener Sezession«, im Leitartikel »Nicht verteidigungswürdig?« noch einmal an.

Nach der zweiten Reise Frischs in die UdSSR, einem Aufenthalt in Japan und den Vereinigten Staaten erschien 1971 das Büchlein *Wilhelm Tell für die Schule*, ein Versuch der Demontage des nachgerade ein wenig verstaubten Tell-Bildes, das man sehr lange im Unterricht vorgesetzt bekommen hatte. Im Ausland nahm man das Werk teils so, wie es gemeint war, als eine ironische Spielerei mit dem Vorgefundenen und als Aufforderung, in Sachen Helvetica etwas umzudenken, teils als nicht ganz gelungenes Nebenwerk mit polemischen Absichten (Harald Hartung), teils doch wieder als »originelles Capriccio« (Karl Korn). In der Schweiz hingegen herrschte das Gefühl der beleidigten Betroffenheit vor. Hermann Burgers entschiedenes Ja war eine der Ausnahmen. Man schrieb von ermüdender Nörgelei oder von dem sattsam bekannten Vaterkomplex gegenüber dem Vaterland (Gerhart Schürch). Eine Dichterin aus der Innerschweiz, der man gewiß nicht verstockte Bürgerlichkeit oder Chauvinismus vorwerfen kann, Gertrud Leutenegger, empfand Frischs Werklein als modisch-modernistischen Säuberungsversuch (Peter von Matt hat auf die wenig beachtete Stelle in ihrer Erzählung »Das verlorene Monument« (1979) aufmerksam gemacht):

> [...] aber jetzt hat ihn [nämlich den als »überflüssig deklarierten Tell«] einer, einer von hier, der sich in dieser Sache so ausländisch verhält, daß ihm Tell die Augen verbunden hätte, mit vielgerühmter lakonischer Souveränität von seinem

Zwielicht entlastet, ihm nur unermüdlich reaktionäre Breitbeinigkeit und sture Sommersprossen attestiert, so ist unser Land auch noch vom letzten beunruhigenden Stachel, von einem Attentäter, einem Anarchisten gereinigt, gesäubert, nicht einmal mehr das Aufbegehren eines Einzelnen traut man uns zu, liebe Mutter [...].[32]

Und doch fiel die sehr frühe und beleidigende Ablehnung durch den sonst sachlichen Hanno Helbling (dessen Würdigung des Gesamtwerks noch zu nennen sein wird) in der *NZZ* vom 16. Juni 1971 aus dem Rahmen. Unter dem Titel »In jedem Fall psychosomatisch« fand man Sätze wie »Nur totale Kritiklosigkeit kann zu *seiner* Kritik den Hintergrund bilden«. Und zum Schluß: »Parodistische Absicht? Allenfalls wäre sie an einer Spur Heiterkeit zu erkennen. Aber wie sehr man auch horcht, man hört nicht das Lächeln eines Ironikers, nicht das Grinsen eines Satirikers, nur das Kichern eines Banausen.« Dabei hatte Werner Weber einen Monat zuvor eine recht gefühlvolle Gratulation zu Frischs 60. Geburtstag unter dem Titel »Ein Anfang« veröffentlicht. Die Würdigung handelte von *Jürg Reinhart*, jener Zeit also, in der es kaum Schwierigkeiten zwischen der Redaktion und dem Autor gegeben hatte.

Das Erscheinen des zweiten Tagebuches (1972) bestätigte das Zerwürfnis aufs schärfste. Verglichen mit dem ersten, das im ganzen denn doch eher ein Journal intime war, wirkte es trotz dem Spiel mit Äußerlichkeiten verbindlicher. Ein Kosmopolit, der auch sein eigenes Land ernst nimmt, überdenkt sowohl Persönlichstes wie Altern und Tod als auch die Ereignisse der großen Welt. Durch den Collagecharakter der Eintragungen, die Verwendung verschiedenster Schrifttypen wird für jedermann das Fiktionale vor Augen geführt.

Auf Passagen einer ungewöhnlichen Désinvolture, intelligentester Heiterkeit zum Beispiel der Fragebogen, folgen solche des moralisierenden Eiferns und der Besorgtheit. Bald spürt man Witzigkeit und Gewitztheit, bald Mitleid mit alten Menschen oder, daneben, der verlorenen Generation. Bei der großartigen Überlegenheit im allgemeinen – sie wurde von vielen wichtigen Kritikern natürlich mit Begeisterung quittiert – verwundern die Stichelei und boshaften Auslassungen gegen jenes Presseorgan, das Frisch offenbar während eines Kuraufenthalts in Vulpera-Tarasp täglich mit viel Interesse gelesen hat, dort, wo man sich auch die Vereinigung Freitod vor-

---

[32] G. Leutenegger, »Das verlorene Monument« (*FAZ* 1979), hier in: *Das verlorene Monument*, Frankfurt (Suhrkamp) 1985, S. 46f.; P. von Matt, »Kritischer Patriotismus«, in: *Deutschsprachige Literatur der Schweiz in den sechziger und siebziger Jahren* [Kolloquium Leipzig, Dez. 1983], hg. von Klaus Pezold, Leipzig 1984, S. 42f.

stellen mag, sinnigerweise gerade vor und nach seinen Spaziergängen im Schweizerischen Nationalpark. Dieser liegt in unmittelbarer Nachbarschaft des Kurorts.

Der erste Seitenhieb. Während des Militärputsches in Griechenland lag die 6. amerikanische Flotte in der Nähe von Piräus vor Anker, ohne sich einzumischen. Dazu der Tagebuchschreiber, doppelt ironisch durch die Einklammerung:

> (Unsere NEUE ZÜRCHER ZEITUNG, ebenfalls ohne sich einzumischen in die inneren Angelegenheiten eines Landes mit schweizerischen Investitionen, gibt zu bedenken, daß die Wahlen, demnächst fällig, tatsächlich eine Mehrheit der sozialistischen Parteien hätten bringen können; man muß die Offiziere schon auch verstehen.) (VI, 75)

Der zweite Angriff, im Zusammenhang mit der Orientierung über die Ermordung Martin Luther Kings und dem Problem der Ghettos wirkt relativ zurückhaltend (VI, 120ff.), der dritte ist ausführlicher. Einem sogenannten Protokoll über die Zürcher Unruhen vom Sommer 1968, das leider teilweise auf Hörensagen zurückgeht (»Meine jüngste Tochter ist dabei gewesen«: VI, 157) werden die Reportagen der *Neuen Zürcher Zeitung* gegenübergestellt. Was ist verzerrt? Der Leser soll den Eindruck gewinnen, es sei nicht das »Protokoll«, sondern die Reportage der bürgerlichen Presse, denn zum Schluß wird als Parallele eine Meldung der *NZZ* vom 24. September 1933 gebracht, die Meldung von einem vaterländischen Fackelzug und den Opfern eines »organisierten marxistischen Überfalls« (VI, 162). Im Sommer 1969 werden die Eindrucke verallgemeinert:

> Was man so in einer Kur alltes tut! – seit einer Woche täglich die NZZ (Neue Zürcher Zeitung und schweizerisches Handelsblatt, 190. Jahrgang) gelesen ... Kann man sagen, daß diese Zeitung lügt? (VI, 225)

Dann als Reprise, nach einer Notiz über Wanderungen im Nationalpark: »Man kann nicht sagen, daß ihre Zeitung lügt; sie verhindert nur dreimal täglich die Aufklärung. Ihr Kniff: die Inhaber als die Verantwortungsbewußten« (VI, 227). Schließlich ohne direkten Bezug, vermutlich aufs Feuilleton der *NZZ* gemünzt: »Belletristik: Wenn es möglich ist, daß Leute, deren gesellschaftlicher Gegner man ist, sich unumwunden als Verehrer vorstellen« (VI, 229) – was eigentlich nichts weniger heißt, als daß sich Frisch dann in der Rolle des Belletristen (bloßgestellt?) fühlt.

Liest man die zuerst zitierten Kommentare isoliert, könnte man tatsächlich von vager Feindseligkeit, Formen eines Vaterkomplexes, von Denunziation, Manipulation, ja »selektiver Perfidie« sprechen, wie es einige Rezensenten im Hinblick auf das Tagebuch getan haben, und zwar nicht nur solche aus dem Lager der *NZZ*.³³ Bei der Zeitung andererseits könnte man von Überempfindlichkeit und krasser Engherzigkeit sprechen, ist sie doch lediglich durch einen Hinweis (vom 2.4.1972) auf das wichtige Werk eingegangen. Die weiteren Zeugnisse des Zerwürfnisses und sachlicher Auseinandersetzungen aufzuzählen, erübrigte sich eigentlich. Von beiden Seiten Animosität und streckenweise Zeichen reiner Verdrießlichkeit. Beim Erscheinen des *Dienstbüchleins* 1974, in dem die Einstellung der *Blätter aus dem Brotsack* (1940) kritisch geprüft und teilweise korrigiert werden sollten, reagierte die *Neue Zürcher Zeitung* genau wie weite Teile der Schweizer Öffentlichkeit ziemlich negativ. Die erste, nur mit den Initialen K. O. gezeichnete Besprechung vom 10. März war zwar noch recht wohlwollend-kritisch, die zweite, längere des Anglisten Ernst Leisi unter dem Titel »Die Kunst der Insinuation« aber verglich ein halbes Jahr später am Schluß, nach verständnisvollen Vorbemerkungen und Beanstandung kleinerer Ungenauigkeiten, das Feindbild Frischs mit dem Feindbild der Nationalsozialisten.³⁴

---

³³ Rezensionen Tagebuch II: die wichtigsten sind erwähnt im betreffenden Kapitel meiner Studie *Zwischen Protest und Traditionsbewußtsein*, Bern (Francke) 1975, S. 101f.. Von den paar weiterführenden Kritiken wären m. E. nachzutragen: Toni Lienhard, »Max Frisch und die ›herrschende Meinung‹« [seine Kritik sei veraltet, unpräzis], in: *Tages-Anzeiger*, 2. Juni 1972; Christoph Geiser, »Mit den Macht-Inhabern an einem Tisch — oder: Verunsicherte Bourgeoisie« [Frisch letztlich unpolitisch, seine Haltung fast reaktionär] in: *Badener Tagblatt*, 1. Juli 1972.

³⁴ E. Leisi, »Die Kunst der Insinuation«, in *NZZ*, 29. September 1974. Diese Kritik traf sicher härter als z. B. der Vorwurf des Opportunismus die normalerweise sehr toleranten Bruno Knobel im *Nebelspalter* vom 10. April 1974 (Zuschriften: 1. Mai 1974). In der Wiedergabe des von W. Schmitz hg. Bandes *Über Max Frisch II*, Frankfurt (Suhrkamp) 1976, S. 413 wird ein falsches Zitat Leisis korrigiert. Jenen Fehler und anderes kritisierte Frisch in einem Brief an Fred Luchsinger (Chefredaktor 1968—1984); der Brief liegt im Frisch-Archiv und wird teilweise im genannten Band *Über M. F.* wiedergegeben. Es kam keine Antwort. Frisch reagierte einmal vage (m. E. sogar ambivalent) im *Triptychon*: Luchsinger als Name des mit Proll früher befreundeten Invaliden. Alexander Stephan (*M. F.*, München [Beck] 1985) nimmt, wie schon früher H. Klunker in *Theater heute* 6/1981, S. 24, eine Anspielung an. Man könnte wohl die Weisheit der Toten auf unsere Thema anwenden: »Zwei Männer von Verstand, zwei erwachsene Männer wie wir, man kann doch reden miteinander«, sagt Luchsinger, der Direktor, zu Proll, dem ehemaligen Spanienkämpfer (VII, 164). — Deutlicher wurde Frisch in der Humoreske »Als Gulliver die Schweiz besuchte« (1979); es heißt da: »[...] auf meine Frage also: HAVE YOU MET A GENTLEMAN, und dabei musste ich grad Asche abklopfen, FRED LUCHSINGER? nahm er, Gulliver, nicht einmal den Zahnstocher aus seinem Mund, was ich offen gesprochen, mindestens so ungehörig fand wie meine Frage, wenn auch verständlicher als meine Frage; Gulliver hatte schon grössere Riesen gesehen ...«. Gegenüber der späteren offiziellen Fassung (Forderungen, S. 287; VII, 56f.) war die Attacke früher ausführlicher gewesen; in einer Anmerkung, die später gekürzt wurde, hieß es ursprünglich: »FRED LUCHSINGER: Chefredaktor der NEUEN ZÜRCHER ZEITUNG, der Max Frisch als

Die folgenden Werke *Montauk* (1975), *Der Mensch erscheint im Holozän* (1979) und *Blaubart* (1982) hätten an sich keinen Anlaß zu Mißhelligkeiten gegeben, wäre es nicht 1979 zum Zwischenfall anläßlich der Verleihung der Ehrengabe des Kantons Zürich gekommen.[35] Und die Reaktionen der Berichterstatter auf die Reden in der Frankfurter Paulskirche oder am Parteitag der Schweizer Sozialdemokraten in Montreux 1976, ferner vor den Delegierten der SPD-Tagung in Hamburg 1977, auf die Fernsehdebatte mit Bundesrat Furgler 1978, auf die Rede vor dem Verband öffentlicher Dienste sind nur weitere Beispiele der sattsam bekannten Klischees; sie wurden ohne Zweifel durch stereotype Wendungen in Frischs Äußerungen mitverursacht. Oder sogar durch eine gewisse Verhärtung wie in der Kontroverse um die Kandidatur der Sozialdemokratin Lilian Uchtenhagen als Bundesrätin in seiner Position?[36]

---

baren Unschweizer sieht und daher von rechts befehden lässt, zum Beispiel mit einer denunziatorischen Stil-Kritik, die sich auf gefälschte Zitate stützt.« (so in: *6. Risotto + Rote Geschichten*, Zürich 1979; ebenso in: *Ich hab im Traum die Schweiz gesehen*, hg. von Jochen Jung, Salzburg [Residenz], 1980, S. 53).

[35] Frisch wollte die Ehrengabe für den Roman *Der Mensch erscheint im Holozän* nicht aus den Händen des autoritären Regierungsrates Alfred Gilgen entgegennehmen. Zu den andern zahlreichen mit einer Ehrengabe Auszuzeichnenden gehörten Alfred Andersch, außerdem wohl nicht zur Freude Frischs, Hanno Helbling und Ernst Leisi. Seine schriftliche Erklärung der Ablehnung an Gilgen vom 12. November 1979 soll von diesem der Presse übergeben worden sein; die paar Zitate daraus im *Tages-Anzeiger* vom 1. Dezember 1979: er verzichte »höflich« auf die Auszeichnung. »Da es unser dringlicher Wunsch ist, dass Sie bald des Amtes enthoben werden in demokratischer Manier, würde ich mich bei dem Händedruck im Rathaus nicht wohl fühlen.« Gilgen, der den Preis beantragt hatte, antwortete sehr sachlich. Die beiden Originale sind im Frisch-Archiv. Ob wohl die Erzürntheit Frischs ähnlichen Ursprungs war wie die im Briefwechsel mit Karl Schmid geäußerte über einen möglichen Veillon-Preis (s. u.)? Die Reaktion der Öffentlichkeit war so, wie es Peter Noll erwartet hatte (*Diktate über Sterben und Tod*, Zürich [pendo] 1984, S. 193): Ärger und Gereiztheit. Vgl. z. B. die ehrlich enttäuschten oder erbosten Leserbriefe in der *NZZ* vom 7. Dezember 1979.

[36] Verschiedene Berichterstattungen in der *NZZ*: Über Frischs Rede als Friedenspreisträger in Frankfurt: der Korrespondent A. O. aus Frankfurt am 20. September, 1976, der aus Bonn (C. K.) am 2./3. Oktober 1976, beide sehr sachlich; über die Rede am Parteitag der Schweizer Sozialdemokraten Bü. am 1. November 1976 relativ neutral; über die Rede vor den SPD-Delegierten in Hamburg der Korrespondent Mr. am 18. November 1977, im Gegensatz zu einigen geradezu gehässigen Angriffen in der deutschen Presse, fast wohlwollend (Dankbarkeit der Genossen für die »Predigt«); über die Fernsehdebatte mit Furgler ms. am 6. März 1978 eher zurückhaltend (Frischs Schlagwörter, seine Fixierung, Bundesrat als eleganterer Fechter); über die Rede beim VPOD gfh. am 2. Juli 1979 dann allerdings geradezu sarkastisch (auch in Gewerkschaften gebe es Repression; sie bemerke Frisch im Unterschied zu Bichsel offenbar nicht).
Über die Kontroverse Uchtenhagen erschien, als Bericht über das »Fernsehspektakel mit Austrittsappell von Max Frisch« von Bü, dem späteren Chefredaktor Hugo Bütler, am 15. Dezember 1983 ein sehr ungehaltener Kommentar. In der

Zwei parteilose, aber linientreue Praeceptores Helvetiae – oder die Kunst der Insinuationen und des Verschweigens

In der Jubiläumsschrift der *Neuen Zürcher Zeitung* 1980 schreibt der Leiter des Inlandsektors Kurt Müller unter anderem, das Blatt identifiziere sich nicht mit der Freisinnig-demokratischen Partei; der Einblick vieler seiner Redaktoren in die parteiinterne Meinungsbildung aber garantiere die Praxisnähe der politischen Haltung und auch das politische Gewicht des Blattes; die Distanz andererseits erlaube es, einen eigenständigen und in der Wirkung weit über die Parteigrenzen reichenden Beitrag zur politischen Meinungsbildung der Schweiz zu leisten. Müllers Artikel trägt den Titel »Nicht ›abseits der Heerstrasse‹«.

Über die Parteiungebundenheit der Redaktion (und der Gebundenheit der Aktionäre; s. oben, Anm. 2) existieren offizielle interne Bestimmungen, und es gibt auch immer wieder Vorfälle, die ihren Geltungsbereich beweisen. Rolf Bigler hat in der früher zitierten Glosse angedeutet, die Zeitung habe im Hinblick auf Lob und Tadel von Mitgliedern fast mehr Einfluß als die Parteileitung.

So viel Druck auf die sozialdemokratische Partei kann ein Einzelner nicht ausüben. Der parteilose Schriftsteller Max Frisch weiß das und hat in seiner Rede auf dem Parteitag 1976 (in der er die Anwesenden immerhin als Genossinnen und Genossen anredete) vor allem das Mißverhältnis zwischen Medien und Partei beklagt; die sozialdemokratische Partei, zwar die größte Partei im Land, arbeite fast ohne Präsenz für den normalen Zeitungsleser, der sich nicht mehrere Zeitungen halte, sondern eine, die ihn über alles zu unterrichten verspreche, über China und Bern, über Unglücksfälle und Verbrechen, über Sport und Kultur. Die *Neue Zürcher Zeitung* informiere besser, das sei wahr. »Aber wie interpretiert sie?«

Ist die Macht einer Zeitung wirklich so groß?

Sendung »CH-Magazin« seien die tiefgreifenden Meinungsverschiedenheiten innerhalb der Partei in dramatischer Form »aufs Tapet gebracht« worden, den neolinken Kräften habe »das Fernsehen mit der Mobilisierung des ›demokratischen Sozialisten‹ Max Frisch Schützenhilfe« geliehen. Dem aus New York in die Schweiz zurückgekehrten Schriftsteller sei durch das lange Interview Gelegenheit zur Polemik gegen das Parlament und gegen den neu gewählten SPS-Bundesrat Stich gegeben worden. Später erschien in der *NZZ* noch eine persönlichere, ruhige Stellungnahme zu Frischs seltsamem Angebot, bei einem Verzicht der SPS auf eine Beteiligung im Bundesrat der Partei beizutreten: in der Rubrik »Briefe an die *NZZ*« vom 23. Dezember 1983 erklärte der (parteilose) Historiker Peter Stadler unter dem Titel »Max Frisch und die Zauberformel«, warum ein Austritt der Partei aus der Regierungskoalition nach seiner Meinung politisch schädlich wäre.

Das Niveau der *Neuen Zürcher Zeitung* ist, wie jedermann weiß, in der Berichterstattung über das Ausland und in verschiedenen Sonderbeilagen hervorragend, im Inlandteil dagegen oft von unnötigen Vorurteilen bestimmt. Ein ausgesprochen unabhängiger Beobachter, Fritz René Allemann, lobt in seinem schon genannten Buch *25mal die Schweiz* (1965) das Blatt im allgemeinen aufs höchste, lobt den gepflegten Stil und behauptet, ein guter Teil der Weltstadt-Aura Zürichs stamme von dieser Zeitung, schreibt aber im Hinblick auf den Inlandteil von einer »ebenso billigen wie giftigen Polemik, hinter deren kleinlich-gestelzter Schulmeisterlichkeit auf einmal wieder das Kleinstadtgesicht Zürichs hervorlugt«.[37] Muß man von einem ähnlichen Niveauunterschied nicht auch im Gesamtwerk Frischs sprechen, gibt es nicht auch in seinen »Kleinen Schriften« giftige Polemik? Er hat zur Bekanntheit Zürichs in der Welt viel beigetragen, gewiß nicht immer im schmeichelhaften Sinn, sein Stil ist gepflegt wie kaum einer in der deutschen Gegenwartsliteratur. Zahlreiche seiner Dichtungen gehören zum Besten der Gegenwartsliteratur; ein paar seiner Reaktionen auf die Miteidgenossen jedoch sind überempfindlich, speziell wenn es um Zürich geht. (All dies in großem Gegensatz zu Friedrich Dürrenmatt.)

Gehört die enge Verbundenheit mit der Heimatstadt und die damit verbundene manchmal beschränkte Perspektive, andererseits souveräne Weltläufigkeit zu den Gemeinsamkeiten der beiden Kontrahenten? Und ist die Dichotomie vielleicht sogar fruchtbar für beide? Sie beide, den Dichter wie das Presseorgan, hat man mehrmals das Gewissen der Nation genannt.

Im *Tagebuch 1966–1971*, in dem Frisch sich so detailliert über Naheliegendes ereifert, stehen auch prinzipielle Gedanken über die Presse, die kein *NZZ*-Leser bemängeln wird, und zwar ziemlich kurz nach den spöttischen Bemerkungen über die Berichterstattung zum Militärputsch in Griechenland. Als Untertitel ist, in diesem Buch das einzige Mal (außer dem nicht

---

[37] F. R. Allemann: *25mal die Schweiz*, München (Piper) 1965, S. 125. S. 126 fährt er fort, Ähnliches sei ihm schon bei der Beurteilung Duttweilers aufgefallen, der sein Leben lang die »bête noire« der *NZZ* gewesen sei. Allemanns Unbefangenheit ist weitherum anerkannt worden, so auch von scr. in der *NZZ*-Besprechung vom 30. Dezember 1966 eines amerikanischen Buches über die Schweiz; im Unterschied zum Amerikaner sei es Allemann gelungen, ein kaum anfechtbares Gesamtbild unseres Staates zu schaffen. Er habe aus der Sicht des Auslandschweizers geschrieben und so eine gewisse Distanz gewonnen. In der Neubearbeitung des Buches 1977 beurteilt Allemann den Inlandteil der NZZ nicht mehr so negativ wie früher; der »gewiß konservative, aber auch welterfahrene« Fred Luchsinger habe manches zum besseren gewendet; es sei außerdem erstaunlich, wie viele junge Gesichter man in den Redaktionsräumen sehe (S. 226). So auch in der Taschenbuchausgabe 1985.

minder interessanten Gegenstück: der Mundart-Glosse [VI,291f.])»Unterwegs« gewählt worden – jener Untertitel, der im ersten Tagebuch fast ein dutzendmal vor Eintragungen persönlich-bekennerischen Charakters verwendet worden war:

> Wenn es keine Kioske gäbe, wo man täglich den großen Überblick kaufen kann, ich weiß es wirklich nicht, wie unsereiner sich diese Welt vorstellen würde. Unsereiner sieht kaum um die nächste Ecke, hört um zwei oder drei Ecken und ist schon betroffen, verwirrt, bestürzt oder auch gleichmütig, vorallem aber ohne Überblick. Die Lektüre erstklassiger Zeitungen erleichtert mich immer. Sie wissen einfach mehr. [...] Wie naiv war wieder meine Anteilnahme, meine Zuversicht oder meine Sorge, mein Zorn, meine Ratlosigkeit. Meistens überschätze ich die Vorkommnisse. [...] die erstklassigen Zeitungen gehen nicht auf Sensationen, sie melden, was ist, wie es ist, ob langweilig oder nicht. Sie sind gewissenhaft. Man ist immer ein wenig beschämt, wie zufällig sich unsereiner um die Welt kümmert. Vorallem aber: unsereiner verfällt immer in Meinungen, die persönlich bleiben. Zum Beispiel beim Staatsstreich damals in Athen meinte ich sofort, die USA habe ihre Hände im Spiel, und konnte es nicht belegen. [...] Sie können sich verlassen auf unsere Neugier, unser lebhaftes Vergessen, unsere Anteilnahme nach ihrem Ermessen. (VI,84f.)

Wir erinnern uns hier an die Informationshörigkeit Gottlieb Biedermanns. Jener clevere Geschäftsmann verschlang keine Sensationsblätter, sondern hielt sich an zuverlässige Meldungen. War er Abonnent der *NZZ*?

Der Leser von seriösen Blättern unterschiedet sich von dem auf Sensationen erpichten teils durch den Grad seiner Bildung, teils durch sein Engagement, wenn man es so nennen darf. Die *Bild*- und *Blick*-Leser können, wenn sie nicht von allen guten Geistern verlassen sind, das Konsumierte niemals ganz ernst nehmen. Meist darf der *NZZ*-Leser das Mitgeteilte wirklich für bare Münze nehmen. Darin liegt, denkt Frisch, und nicht nur er denkt so, eine große Gefahr. Gottlieb Biedermann erliegt ihr. In der dritten Szene legt der Chorführer dem Zuschauer nahe, daß der Zeitungsglaube ein Hauptgrund für den Untergang des Leichtgläubigen sei:

> Der, um zu wissen, was droht,
> Zeitungen liest
> Täglich zum Frühstück entrüstet
> Über ein fernes Ereignis,
> Täglich beliefert mit Deutung,
> Die ihm das eigene Sinnen erspart,
> Täglich erfahrend, was gestern geschah,
> Schwerlich durchschaut er, was eben geschieht
> Unter dem eigenen Dach: – (IV,355f.)

Chor und Chorführer ergänzen:»Unveröffentlichtes«,»Offenkundiges«,»Hanebüchenes«,»Tatsächliches«. Das heißt, der Zeitungsleser übersieht nur allzu leicht die naheliegendsten Tatsachen. Dies eine Meinungsäußerung im *Lehrstück ohne Lehre* des Jahres 1958.

Allein, Frisch geht es natürlich um mehr als ein Nein gegenüber den Massenmedien und deren Konsumenten. Es geht ihm auch um die Vergewaltigung durch falsche Aufklärung; die wird von Pragmatikern der Sprache eher beherrscht als von Poeten, denn diese werden von zu vielen Zweifeln geplagt. Die Pragmatiker dagegen können ihre Orientierungshilfen in kleinen Häppchen geben, und auf Details kann man sich bei verantwortungsbewußten Journalisten verlassen.

Das Element der Selbstkritik in Frischs Darstellung der Kur-Szenen und der damit verbundenen obligaten *NZZ*-Lektüre im Tagebuch ist evident. Ein alternder Autor denkt über das Pressewesen, über die »Inhaber« im wirtschaftlichen und geistigen Sinne nach. Inhaber sind meist die Erwachsenen. Das ist in der zweiten Hälfte unseres Jahrhunderts zum besonderen Problem geworden. (Einige Jahre nach dem Erscheinen des Tagebuchs geriet die Frage »Haben oder Sein?« durch Erich Fromms Buch in aller Leute Mund). »Inhaber« vermögen auf ihrer Macht auszuruhen. Auf eine für unser Überlegung wichtige Ergänzung in der Assoziationsreihe Alter, Besitz, Macht, *NZZ*, die Schilderung des Weißen Hauses in Washington, hat Elsbeth Pulver in einem Aufsatz überzeugend aufmerksam gemacht.[38]

Die *NZZ* möchte Informationen nach bestem Wissen und Gewissen auswählen, in einem liberalen Sinne selektiv und außerdem selbstkritisch sein. Gegen eine gewisse Einseitigkeit, gegen den Vorwurf, willkürlich auszuwählen, ist sie selbstverständlich nicht gefeit. Selbst im Feuilleton sind einige wichtige Werke, die nicht recht ins Konzept paßten, einfach nicht erwähnt oder besprochen worden. Außer den erwähnten Frisch-Lakunen seien hier lediglich zwei Beispiele genannt: das Fehlen einer Rezension des Romans *Die Blechtrommel* von Grass; der Roman wurde 1959 offenbar noch als zu anstößig empfunden. Wenn ferner Dürrenmatts großartiger Essay »Gerechtigkeit und Recht« (1969) nicht rezensiert wurde, mag das mit dem in kein Ressort recht passenden monströsen Text oder allenfalls mit dem nicht sehr friedfertigen »helvetischen Zwischenspiel« erklärbar sein. Trotzdem: die Zeitung beansprucht natürlich Unbestechlichkeit in der Beurteilung wichtiger Zusammenhänge.

Die Beilagen »Literatur und Kunst« verschaffen einen guten Überblick über die wichtigsten Erscheinungen der jeweils aktuellen europäischen Gei-

---

[38] E. Pulver, »Mut zur Unsicherheit. Zu Max Frischs ›Tagebuch 1966—1971‹«, in: *Frisch. Beiträge zum 65. Geburtstag.* Hg. von Manfred Jurgensen, Bern (Francke) 1977, vor allem S. 40f.

stesgeschichte, das sei zu meinen Bemerkungen über das *NZZ*-Feuilleton im ersten Kapitel nachgetragen. Die Samstagsbeilagen geben sich seit langem wie eine schweizerische Kulturzeitschrift mit überregionalem Horizont. Philosophie, Theologie, Geschichte, Kunstwerke werden von kompetenten Fachleuten, meist Universitätsprofessoren, oder solchen, die es sein werden, erörtert und interpretiert. (Haben die hochbegabten Max Rychner und Elisabeth Brock-Sulzer keine oder nur ganz kurze Lehraufträge an Zürcher Hochschulen erhalten, weil sie für die *Tat*, die falsche Zeitung, schrieben, könnte ein Außenstehender versucht sein zu fragen.) In der Sparte »Literatur und Kunst« sind den feinsinnigen Essays über den Dichter Frisch stets generös Spalten eingeräumt worden – im Gegensatz zum politischen Teil, wo selbstverständlich kaum je Gesinnungsgenossen Frischs zum Wort kommen.

Ich muß die am Schluß des ersten Kapitels geäußerte Behauptung, die *Neue Zürcher Zeitung* habe fast in jeder Sparte ihre Gesinnung, präzisieren und sagen: sie hat fast in jeder Sparte, in der es auf Gesinnung ankommt, also vor allem im innen-, außenpolitischen und kulturellen Teil, ihre spezielle Gesinnung.

Frisch hat sich mit der Trennung der politischen von den literarischen Richtlinien nie abfinden können. Er findet sie unhaltbar, ja heuchlerisch oder zum mindesten irreführend. Im Gespräch mit Arthur Zimmermann 1981 hat er sich im Zusammenhang mit dem Thema Polemik auf dieses Problem bezogen: »Wenn man in der gesellschaftlichen Gegend, die fast nur die *Neue Zürcher Zeitung* liest, jemand befragen würde über die Person meines Namens, es kämen die kuriosesten Dinge zum Vorschein.« Als kritischer Staatsbürger möchte er über gesellschaftliche Fragen seines Landes mitreden dürfen, nicht nur im Feuilleton geehrt werden. Ein vornehmes Blatt aber liebt es, möglichst genau und säuberlich abzugrenzen. Für die einzelnen Bereiche findet es so bessere Gewährsleute als ein Boulevardblatt. Die einzelne Meinungsäußerung wird so unanfechtbar, der Anspruch auf Allgemeingültigkeit überzeugend, zum mindesten für Leser mit viel Sinn für solide Handwerkermentalität und eine gewisse hierarchische Gliederung. Die Besten unter den Redaktoren sehen wohl die Gefahr der scheinbaren Unanfechtbarkeit, der Anmaßung, der Selbstgefälligkeit und damit des Hochmuts selbst ein.

Eine sehr beiläufige Zwischenfrage als kleines Rätselspiel: Auf wen könnte die Charakterisierung passen: »[X], welcher so sehr auf Eindeutigkeit pocht, ist, wenn's ihm passt, nicht ungern vage. Oder oberinstanzlich. Das heisst, wo er spricht, ist gesprochen«? Ist ein Feuilletonchef der *NZZ* gemeint, ein »literarisches Bundesgericht« oder Max Frisch, der nobelpreiswürdige Zürcher Schriftsteller, von dem schon gesagt wurde, er sei zu seinem eigenen Monument geworden?[39]

Ist Verschweigen ein Zeichen zeitbedingter Einstellungen oder ein Zeichen bescheidener Zurückhaltung? Die Gesichtspunkte eines Presseorgans wandeln sich naturgemäß ständig. Auf die *Blechtrommel* kam man später in der *NZZ* immer wieder zu sprechen, auf Dürrenmatt selbstverständlich im allgemeinen noch viel mehr. Die Beurteilung bestimmter politischer Ereignisse hat sich im Laufe der Jahre gewandelt, denn neue Informationen haben eine andere Beurteilungsmöglichkeit ergeben. Die *NZZ* galt früher einmal als radikal-liberal, heute gilt sie als konservativ. Wer weiß, ob im nächsten Jahrtausend sich nicht noch ein anderer politischer Nenner aufdrängt. Aber obschon Haltung und Redaktionsteam sich in jeder Generation ändern, kann eine Zeitung genau so abgestempelt werden wie ein renommierter Schriftsteller. Beide setzen sich ja (falls es sich im ersten Fall nicht um ein Boulevardblatt handelt) in der Öffentlichkeit für bestimmte Ideale ein.

Ist Verschweigen ein Zeichen zeitbedingter Einstellungen oder der durch die Ideale bestimmten Auswahlprinzipien? Also ein Zeichen der Verfälschung, des Unwahren?

Die *Neue Zürcher Zeitung* wie Frisch haben sich gegenseitig des öftern mehr oder weniger explizit Unwahrhaftigkeit vorgeworfen. Die Vorwürfe der Redaktoren und Korrespondenten habe ich genannt, die des Schriftstellers Max Frisch ebenfalls. Für sein zwischen Erzählung, vagen Impressionen und Rechenschaftsbericht schwankendes Buch *Montauk* hat er als Vorspruch Gedanken Montaignes über Wahrhaftigkeit[40] gewählt, und in den folgenden Berichten, Schilderungen und Erinnerungen bemüht er sich wirklich nichts zu beschönigen. Lynn apostrophiert ihn aber schon gleich am Anfang einmal: MAX YOU ARE A LIAR. Und in einer der letzten Abschnitte des Buches nimmt er den ersten Satz des Vorspruchs auf: DIES IST EIN AUFRICHTIGES BUCH, LESER, welche Behauptung allerdings sogleich – in Minuskeln, also subjektiv-bekennerisch – durch die Selbstkritik ergänzt wird, »und was verschweigt es und warum?«

Ist Aufrichtigkeit bei jemandem, der sich nicht festlegen will, überhaupt möglich?

---

[39] Frisch, charakterisiert von Werner Weber in der Replik zu Frischs Polemik gegen Webers Artikel »Zum Streitgespräch über eine Rede Emil Staigers«: *NZZ*, 24. Dezember 1966.

[40] Im Interview mit Fritz Raddatz (*Die Zeit*, 17.4.81) nimmt Frisch allerdings den Ausdruck Wahrhaftigkeit zurück: er hätte Montaignes Ausdruck ›de bonne foi‹ besser durch ›in guten Treuen‹ wiedergegeben.

Im Gespräch mit Horst Bienek 1962 hat Frisch auf die Frage nach seiner Vorliebe für die Tagebuchform scheinbar unmutig geantwortet, diese Frage gefalle ihm gar nicht; man könne auch nicht jemanden, der eine spitze Nase habe, zuhanden seiner Leser nach der Vorliebe für spitze Nasen fragen. Einen Dichter wird irgendeine seiner körperlichen oder charakterlichen Eigenheiten stets von neuem beschäftigen, stören oder allenfalls quälen. Die Zeitung, als eine Organisation des öffentlichen Rechts, hat andere Sorgen. Die Dichter haben ihre Jugend, ihr Alter und ihren Tod. Eine Zeitung ist für Hunderte von Jahren geplant; ständig hat sie sich um neue und andere Probleme zu kümmern, sich den neuen Gegebenheiten anzupassen. Müßte das nicht auch der Dichter sehen, und müßten nicht auch die Zeitungsleute Sinn für die Begrenztheit eines Poetenlebens aufbringen?

Die *Neue Zürcher Zeitung* wird nie resigniert klagen müssen, eine Meinung umsonst vertreten zu haben. Wie schön für sie. Wie traurig für uns Zeitgenossen, daß Frisch im Laufe der Jahre immer klarer zur Einsicht kam, er sei für die Schweiz »abgestempelt« und ein hoffnungsloser Fall (s. o. Interview Vogel). Selbst als ihm der große Schillerpreis verliehen wurde, meinte er: »Hat man eine Heimat nur, wenn man sie liebt? Ich frage. Und wenn sie uns nicht liebt, hat man dann keine Heimat? Was muß ich tun, um eine Heimat zu haben, und was vor allem muß ich unterlassen? Sie scheint empfindlich zu sein [die der ›Inhaber‹ nämlich]«. (VI, 511)

Der Zwist zwischen den zwei wohl wichtigsten politisch engagierten Repräsentanten im kulturellen Leben der deutschen Schweiz scheint mir eine versteckte Form unserer Apartheids-Mentalität. Wenn man zu seinem Freundeskreis sowohl stramme Freisinnige, darunter geschäftstüchtige Praktiker, wie mehr oder weniger eindeutige Sozialdemokraten zählt, darunter vor allem Schriftsteller, kann man die fatale Divergenz, den Graben im Prozeß der politischen Meinungsbildungen nicht übersehen.

Fatal war auch das Ende im Verlauf der Beziehung zwischen Karl Schmid und Frisch. Auf diese Beziehungsformen möchte ich zum Schluß als eine Parallelerscheinung kurz hinweisen. Karl Schmid, der vier Jahre ältere Hochschulgermanist und hohe Offizier, ist einer der ersten verständnisvollen Förderer und freundschaftlichen Kritiker Frischs gewesen. Es kommt wohl nicht von ungefähr, daß ein Vertreter der Eidgenössischen Technischen Hochschule, ein Planer auch in praktischen Belangen – Schmid war in den 50er Jahren Rektor der ETH, wo Frisch Architektur studiert hatte, Oberst im Generalstab und eine Zeitlang Präsident des schweizerischen Wissenschaftsrates – für Frisch ein außerordentlich wichtiger Gesprächspartner in Sachen Schweiz und Schweizer Literatur wurde. Obgleich im Herzen konservativ, hatte er den Ausdruck von der »Entmythologisierung der Armee«

geprägt, schon bevor Frisch die Figur Wilhelm Tells zu entmythologisieren versuchte. Einer seiner Grundzüge, hieß es in einer Laudatio für den von Zürich Geehrten, sei »die Frucht vor dem Fertigen, etwa vor der ›Fertigmasse‹ in unserem Staatswesen, eine Frucht, die er durchaus mit der Opposition teile« (*NZZ*, 25.8.1972).

Sein Buch »Unbehagen im Kleinstaat« (1963) enthält ein wichtiges Kapitel über Frisch und den Andorra-Komplex. Wie traurig, daß ausgerechnet dieses Buch relativ kurz vor Schmids Tod den Anlaß zum Zerwürfnis gab; Schmid konnte Frischs Auslegung oder Mißdeutung des Grundgedankens anläßlich der Schillerpreis-Rede »Die Schweiz als Heimat?« (1974) nicht akzeptieren. Bis dahin waren ihre Gespräche und war der Briefwechsel wohl durch Meinungsverschiedenheiten, aber noch viel mehr durch eine große Verständnisbereitschaft bestimmt gewesen.[41] Hier nur ganz wenige, für unser Thema relevante Belege für den Dialog.

Am 26. Februar 1958 schrieb Frisch im Zusammenhang mit Schmids Aufforderung, einen Roman für einen möglichen Veillon-Preis zu schicken und seiner selbst als »ruppig« bezeichneten Zurückhaltung:

> Die literarische Irrelevanz eines Werkes, die sich etwa darin ausdrückt, daß die NZZ (um seinen Laden zu nehmen) es noch nie für nötig gehalten hat, unser Werk in Zusammenhängen zu klären oder in Vergleich zu stellen mit dem Werk anderer Zeitgenossen (Böll, Camus, Ionesco, Dürrenmatt, Gaiser, Andersch, Schmidt, Fry, Williams, Miller, Genet oder was weiß ich), sondern sich begnügt mit der unvermeidlichen Rezension jeder Neuerscheinung, diese Irrelevanz, die möglicherweise berechtigt ist, wird dadurch nicht behoben, daß ich mich mit dem Namen eines zweifellos ehrenwerten und kunstbeflissenen Warenhausinhabers bekränze. Außer Ihrer schönen Studie damals in den SCHWEIZER ANNALEN ist aus der Feder derer, die hier die Wächter und Richter und Deuter sind, kein Aufsatz erschienen, der mich zu dem Selbstbewußtsein verführen könnte, mehr zu sein als ein fleißiger Lieferant von Novitäten. Finden Sie mich sehr hochmütig?[42]

In den Notizen Schmids zu seinem mehrstündigen Gespräch mit Frisch am 2. Mai 1963 finden sich folgende Eintragungen: »Frischs Unbehagen ist nur vermeintlich dasjenige im Kleinstaat«. »Der Kleinstaat als Sündenbock, der

---

[41] K. Schmid schrieb mir allerdings am 12. Mai 1974, er habe Mühe mit dem zweiten Tagebuch, »wie nun seit Jahren mit Frisch«.
[42] Briefwechsel Schmid-Frisch, in K. Schmid: *Unbehagen im Kleinstaat*, Zürich (Artemis) ³1977, S. 261f.. S. 262 erklärt Frisch, warum er nicht gewillt sei, sich um den Veillon-Preis zu bewerben; ein Preis sollte eine Überraschung sein. Die Zitate, auch aus den Nachlaß-Notizen in den Anmerkungen, ebenfalls aus diesem Band. In den Anmerkungen des Artemisbandes finden sich S. 291ff. Kommentare und einige Berichtigungsversuche zum Briefwechsel aus der Feder Robert Steigers. Sein beiläufiger Einwand S. 295 durch den Hinweis auf Webers Artikel ist allerdings keiner; Frisch vermißte im Februar 1958 so etwas wie eine Gesamtwürdigung, und Webers Artikel erschien erst im Dezember 1958.

an allem Missglückten schuld ist (wie ›die Juden‹, ›die Atombombe‹)«. Oder: »ad Max Frisch: Er interpretiert sich immer wieder als ›homme révolté‹. Aber er ist ein enttäuschter Liebhaber der bergenden Gesellschaft.« Im Brief Frischs vom 27. Januar 1973 aus Küsnacht steht folgende Bemerkung: »Wenn die *Neue Zürcher Zeitung* (sie ist repräsentativ, man muss sie lesen) die Berufsbezeichnung in Anführungszeichen setzen darf, nämlich so: Max Frisch ›Schriftsteller und dipl. Architekt‹, so wundere ich mich, woher das kommt.« Dies ein harmloses Zeichen der Empfindlichkeit. Erschütternd dagegen, kurz nach dem Mißerfolg der *Öderland*-Uraufführung im Februar 1951 das Geständnis, er spüre »nun selber jene Ansätze von Verfolgungswahn, die mir, zehn Jahre ist es her, an Albin Zollinger so sonderbar aufgefallen sind; seine Angst vor dem bösen Blick, sein Gefühl, daß Zürich ihn mit Animosität umlauert, nicht mit Gegnerschaft, die nötig ist, sondern mit Animosität, die sich nicht packen läßt – heute begreife ich ihn!«

In einer geschlossenen Gesellschaft mit ihren oberinstanzlichen und unterinstanzlichen Elementen wird sich ein Künstler stets angegriffen fühlen, und man wird ihm nicht ohne weiteres die Schuld für seine Empfindsamkeit zuschieben. Wie sagt doch die Prinzessin im ersten Auftritt von Goethes Schauspiel *Torquato Tasso* zu ihrer Freundin Leonore, die den Dichter als wirklichkeitsfremd betrachtet:

> Du hast den Dichter fein und zart geschildert,
> Der in den Reichen süßer Träume schwebt.
> Allein mir scheint auch ihn das Wirkliche
> Gewaltsam anzuziehen und fest zu halten.

Allem, was gewaltsam oder unbemerkt »festhalten« möchte, begegnet Frisch mit sehr zwiespältigen Gefühlen. Im Besitzenwollen sieht er große Gefahren. Fred Luchsinger, sein bedeutender Gegner, nimmt Besitz als Realität in Kauf. Der damalige Chefredaktor hat 1971 im bereits erwähnten Leitartikel den schriftstellernden Dissidenten, unter ihnen vor allem Frisch und Dürrenmatt, vorgeworfen: »Sehen unsere radikalen Literaten, die ja nicht Literatur, sondern Politik meinen, nicht ihren Verlust an politischer Glaubwürdigkeit und Überzeugungskraft, sehen sie nicht, dass die Masslosigkeit ihrer Kritik statt Aufmerksamkeit mehr und mehr ablehnende Verhärtung bewirkt?«[43]

Das stimmt, gewiß. Nur daß der Realpolitiker den großen Unterschied zwischen einem aus Distanziertheit und dem aus enger Verbundenheit Reagierenden und Opponierenden übersieht. Frisch streitet (im Unterschied zu

---

[43] F. Luchsinger, »Nicht verteidigungswürdig« (*NZZ*, 31. Januar 1971). Auch in: F. L.: *Realitäten und Illusionen. NZZ-Leitartikel zur internationalen Politik.* Zürich (Verlag Neue Zürcher Zeitung), 1983, S. 184.

Dürrenmatt) wie mit einem Ehepartner, aus Liebe, nicht als enfant terrible. Sein Pech ist, daß er eine Intimbeziehung, weil die Öffentlichkeit auch sein Partner ist, publik machen muß. Sogar in seiner Totenrede auf Peter Noll, seinen Freund, tat er Ähnliches. Er zitiert aus einer Laienpredigt des Verstorbenen und fühlt sich offenbar tief berührt:

> – Das Gegenteil [zur Gehorsamsverpflichtung gegenüber der Obrigkeit], das Jesus beispielhaft setzte, läßt sich nur setzen in der Anerkennung der Rebellion zur Freiheit und in der sehr gewagten Berufung auf Gottes Freiheitsgebot. Wer sich unter dieses Freiheitsgebot stellt, wird keine Ruhe haben; er wird immer Außenseiter sein, aber er wird eine Gelassenheit und Distanz erreichen, die es ihm ermöglichen, gegenüber allen anderen Mächten, gegenüber ihren Drohungen und Verlockungen immun zu sein. (VII, 77)

Kann eine Zeitung solche Sätze, oder ein Dichter die Vorbehalte der Zeitungsmacher verstehen und akzeptieren? Die Divergenz der Meinungen ist groß und wird wohl groß bleiben; die Sprachen sind zu verschieden. Auf ein Pfingstwunder zu hoffen, bleibe den kommenden Generationen vorbehalten. Oder nüchterner: einer Schweiz der Discordia concors, jener Möglichkeit, die der Basler Historiker Werner Kaegi als Titel für einen Aufsatz über Jacob Burckhardt in einer Basler Festschrift gewählt hat. Einer Schweiz, in der vielleicht eine kritische Stimme nicht verwirrt und ein Spiegel nicht blendet, sondern Mut zur Besinnung macht.

Hanno Helbling hat in seiner Besprechung der Gesammelten Werke Frischs am 28. Mai 1976 in der *NZZ* geschrieben: »Die auf mehr als viertausend Seiten gesammelten Werke Max Frischs *sind* ein Beitrag zur schweizerischen Selbsterkenntnis. Wir blicken in den Spiegel; wir gefallen uns nicht. Ist der Spiegel schuld? Dort, wo er uns vorgehalten wird, mögen wir ihn verzerrt finden. Aber schon darin, *wie* er uns vorgehalten wird, spiegelt sich ohne Verzerrung der pädagogische Moralismus, der unser Erbteil ist.«

Man kann es auch theoretischer formulieren. Der früher erwähnte Schweizer Philosoph (und Dissident) Konrad Farner, den einige sogenannt Freisinnige in Thalwil isolieren, ja ächten wollten, schrieb im August 1957 in einem langen offenen Brief an Nationalrat und Chefredaktor Willy Bretscher in erstaunlich verständnisbereitem Ton über das Ausgestoßensein der Kommunisten in der bürgerlichen Gesellschaft.[44] Man könne durch deren

---

[44] K. Farner, »Offener Brief an W. Bretscher, 15./16. Aug. 1957«, in: *drehpunkt, Schweizerische Literaturzeitschrift* 6/25 (Dez. 1974), S. 13–19, Zitat S. 18. In dieser Farner-Spezialnummer auch Farners Brief an Dr. Franz Keller über die anonyme Denunziation in der *NZZ* und Bieris Antwort an Keller. Farner bezieht sich in seinem offenen Brief an Bretscher mehrmals auf die *NZZ*-Artikel Karl Hedigers (Pseudonym für Dr. Ernst Schmidt, Basel) »Flammenzeichen im Osten« (11. Nov. 1956) und »Nicht vergessen« (9. Aug. 1957), außerdem auf das »Gespräch über die Bekämpfung des Kommunismus« vom 14. Aug. 1957.

Isolierung, fügt er hinzu, den Gang der Weltgeschichte nicht aufhalten; man müsse Fehler auf beiden Seiten einsehen; das Böse habe sich sowohl in der Geschichte des Christentums wie in der des Kommunismus tief »eingegraben«. Farner schlägt vor, daß auch die Christen ihre Geschichte prüften. »Dann erst wenn *beide*, der Christ und der Marxist, ihre eigene Geschichte auf das darin vorgekommene und vorkommende Böse und Ungerechte hin untersuchen, sind sie berechtigt, dem anderen das Böse und Ungerechte des andern vorzuhalten. Ich vermeine, dass noch beide Seiten ungemein viel lernen müssen. Aber dieses Lernen, ein Lernen auch im gegenseitigen Gespräch, wird für beide Seiten und so auch für die Zukunft Europas gewiss sehr fruchtbar sein.«

Die hier ausgesprochene Hoffnung läßt sich schwer übertragen auf eine Hoffnung, Max Frisch und die *Neue Zürcher Zeitung* kämen zu einem fruchtbaren Dialog. Dazu ist die Zeitung als Institution notgedrungen zu sehr in innenpolitisch bedingten Verhaltensmustern verhaftet, der Schriftsteller zu verletzbar, wenn andere Böses auf seiner Seite festzustellen versuchen.

II Die Glaubwürdigeren Partner

Vom Sinn literarischer Anleihen, Anspielungen, Zitate in Frischs Werken

Mit dem modischen, aber Frisch gemäßen Begriff der Partnerschaft will ich nicht nur an die Thematik Frisch und die *NZZ* anknüpfen, sondern auch an jene Rede zur Eröffnung der Frankfurter Buchmesse im Herbst 1958, die für sein Schaffen von zentraler Bedeutung ist. In der Rede »Öffentlichkeit als Partner« sprach er im Hinblick auf eine für ihn fiktive Öffentlichkeit unmißverständlich von der offenbar ganz und gar nicht fiktiven persönlichen Einsamkeit. »Ich habe meinen Partner, den erfundenen, sonst niemand« (IV, 252).[1] Außerdem sprach er von falschen Erfolgen und von der Öffentlichkeit als Fiktion und als Realität. Die Realität, Zürich und die Schweiz im besonderen, waren ihm damals nicht recht geheuer. Zwar fanden seine Stücke, ausgenommen der für ihn persönlich sehr wichtige *Graf Öderland*, im Zürcher Schauspielhaus eine erstaunlich freundliche Aufnahme, im ganzen fehlte es ihm aber an jenen guten Kommunikationsmöglichkeiten, die in der Frankfurter Rede auffallend häufig erwähnt werden. In diesen Jahren entstand die dramatische Fassung der Parabel *Andorra*, und 1954 war *Stiller* erschienen, der Roman jenes Künstlers, der eine echte Partnerschaft nur in der Fremde sucht.

Wunsch nach Kommunikation

Eigentlich hätte ich für die folgenden Ausführungen auch den Titel »Andorra à rebours« wählen können, denn neben den zahlreichen Darstellungen im Werk Frischs, wie der Andere nicht angenommen wird oder Andere ihn zu terrorisieren vermögen, gibt es bei ihm viele Belege kollegialer Partnerschaft, großer Aufmerksamkeit für Gelesenes, geschwisterliche Anteilnahme für Zeitgenossen. In Frankfurt fragte er sich im Zusammenhang mit der These, die notorische Eitelkeit der Dichter sei wohl nicht so entscheidend für das Bedürfnis nach Öffentlichkeit wie der Wunsch nach

---

[1] Die in Max Frischs *Gesammelte Werke in zeitlicher Folge*, hg. von Hans Mayer und Walter Schmitz, Frankfurt (Suhrkamp) 1976 aufgenommenen Texte werden durch Angabe von Band und Seite innerhalb der Ausführungen angegeben.

Kommunikation: »Bin ich ausgefallen, so wie ich meine Zeit erfahre, oder bin ich unter Geschwistern?« (IV, 246).

Andorra à rebours. Frischs Parabel stellt den nicht nur in kleinen Gruppen gefährlichen Zustand dar, in dem anders Geartete oder anders Gesinnte die Sündenböcke werden. Die so modellierte Gruppe ist das Gegenteil einer menschenwürdigen Gemeinschaft; ermöglicht würde eine solche durch Bereitschaft zur Duldsamkeit – durch Bildung im weitesten Sinne.

Nun gilt der Verfasser des Stücks weiterum als Vertreter eines heute noch möglichen modernen Humanismus. Freiheit und Menschenwürde gehören ebenso sehr zu seinen höchsten Idealen wie Verständnisbereitschaft. Er achtet nicht nur Neuerungen, sondern auch das Überlieferte. Goethes Eingeständnis, daß er mehr den anderen als sich selbst verdanke, gilt im Grunde auch für ihn. In den frühen Dichtungen – das hat Walter Schmitz in seiner Dissertation detailliert nachgewiesen[2] – stoßen wir auf zum Teil noch ungewollte Imitationen von Vorbildern; in der Reifezeit erscheint das Vorgefundene dann sehr klar und gekonnt verarbeitet oder variiert. (Nach der Meinung eines amerikanischen Kritikers ist es allerdings doch noch zu aufdringlich: statt lebendige Menschen anschaulich zu machen, begrabe Frisch die Figuren unter Zitaten und literarischen Anspielungen.)[3]

Ich denke, die extravertierten Elemente seines Schaffens sollten neben dem häufiger erwähnten »Ich-Vergewisserungsdrang«[4] nicht übersehen werden. Diese Elemente sind für ihn selbst manchmal glaubwürdiger als Authenzität.

Ich übergehe im folgenden die Zeugnisse existenzieller Angst vor dem lediglich Reproduzierten, vor Wiederholungen, vor dem »Leben im Zitat«, vor dem nicht mehr Erneuerungsfähigen. Herr Geiser in der Erzählung *Der Mensch erscheint im Holozän* (1979) könnte für den Leser hie und da beinahe in Vergessenheit geraten angesichts der Unzahl von Zetteln, die er als Gedächtnisstütze in seinem Haus aufhängt. Da handelt es sich im wörtlichsten Sinne um eine Zitaten-Montage. Die Ausschnitte könnten, etwas überspitzt ausgedrückt, wie die in den Erdschichten vorhandenen Fossilien als Belege verstanden werden, daß das Leben und Schreiben eines einzelnen Menschen im Ganzen nichts zählt. Doch in dieser Erzählung hat Frisch

---

[2] Walter Schmitz: *Max Frisch: Das Werk (1931–1961). Studien zu Tradition und Traditionsverarbeitung.* Bern (Lang) 1985.

[3] Gordon Rogoff: »What he can't do is write a play of ideas that makes the ideas live in people. Arguments are buried under an avalanche of references and citations«. In: *The Village Voice* (New York), 16.4.1979.

[4] So Werner Ross in der Laudatio für Friedrich Dürrenmatt, dem er zum Vergleich »Weltvergewisserungsdrang« attestiert: *NZZ*, 23./24.11.1985

einen Grenzfall dargestellt. Blicken wir auf das Gesamtwerk, sehen wir Zitate und »Lesefrüchte« in gleichsam geschwisterlicher Nähe zum Autor. Sie kommen von keinem Dienstherrn, als was der Erzähler in *Montauk* einmal die Öffentlichkeit definiert.

Er möchte Lynn gegenüber während eines ihrer Gespräche zur Abwechslung »lauter Gegenteil« reden. Sie hat ja nichts von ihm gelesen, und so kann er ruhig behaupten, der Gesellschaft gegenüber empfinde er überhaupt keine Verantwortung; er finde glaubwürdigere Partner als die Öffentlichkeit, diese sei nur sein Dienstherr. Das Gegenteil-Reden, merkt er, klingt viel überzeugender, als erwartet (VI, 636).

Mit den Partnerbeziehungen sind vor allem solche literarischer Art gemeint. Der gleiche Erzähler in *Montauk* äußert nämlich gut zehn Seiten vorher gegenüber dem Interviewer einer »erbärmlichen« amerikanischen Zeitung provozierend: »Leben ist langweilig, ich mache Erfahrungen nur noch, wenn ich schreibe« (VI, 624). Dies zuhanden einer »amerikanischen Öffentlichkeit«, wie einleitend zur erwähnten Sentenz maliziös vermerkt wird – in der autorisierten englischen Übersetzung übrigens mit dem Zusatz »in my unpracticed English«.[5]

Das nicht selten parodistisch verwendete Übernommene kompensiert das egozentrische Element in Frischs Dichtung, ähnlich wie die Überlegung, ein anderer zu sein, die Absolutheit des Ichgefühls aufhebt.[6] (Es wäre durchaus möglich, daß der Erzähler im Gantenbeinroman ein anderer wäre oder zum mindesten einen anderen Namen trüge, und es wäre durchaus möglich, daß die Aussagen einer dort auftretenden Person von jemand anderem stammten.) Frisch weiß es sehr genau: An sich haben alle Individuen und alle Ausdrücke einer besonderen Sprache die Tendenz zum endgültig Fixierten; diese Fixierungen können indessen durch literarische Anleihen, durch den Austausch innerhalb der weitherzigen Welt der Literatur unter Umständen gelöst werden. Zitate sind dann so etwas wie versteckte Liebesdienste, gehören zu einer Partnerschaft, die tatsächlich etwas Geschwisterliches an sich hat.

---

[5] M. F.: *Montauk*, übersetzt von Geoffry Skelton, New York (Harcourt/Brace) 1976, S. 6. Dieses Detail sei nicht zuletzt im Hinblick auf einen sicher einmal fälligen Vergleich des Originals mit der amerikanischen Version erwähnt. Der ganze Abschnitt übrigens auf Englisch im Präteritum, im Original im Präsens. Auf die Häufigkeit des Leitworts ›Öffentlichkeit‹ hat Walter Schmitz aufmerksam gemacht (W. S.: *Max Frisch: Das Spätwerk (1962–1982). Eine Einführung*, Tübingen (Francke. UTB) 1985, S. 170).

[6] Walter Schmitz schreibt in bezug auf *Montauk*: »Frischs Esoterik ist ja immer auch die Reaktion auf eine ›Öffentlichkeit als Partner‹« (W. S.: *M. F.: Das Spätwerk*, S. 111).

Ich bemühe mich im folgenden um keine Systematik. Eine solche könnte man sich unter den Stichworten Zitat, Selbstzitat, Motto, kontrapunktisch verwendete serielle Anspielungen, Partikel der Montagetechnik etc. vorstellen. Natürlich könnte man auch von den literarischen Bezugspersonen wie in unserem Falle Montaigne, Goethe, Keller, Bachmann ausgehen. Solche Aufgliederungen wären jedoch Frisch allzu fremd. Ich gehe seinen Werken einfach in chronologischer Reihenfolge nach: beginne mit dem Frühwerk *Blätter aus dem Brotsack* (1945), komme dann kurz auf das für die Beziehung zu Dürrenmatt wichtige Spiel *Biografie* (1967) zu sprechen, schließlich, eingehender, auf die Vielfalt literarischer Partnerschaften in der Erzählung *Montauk* (1975).

Die Verwandtschaft mit Hofmannsthal, Hesse, Carossa im Frühwerk ist mehrfach untersucht worden[7], und es erübrigt sich, die Ergebnisse hier zu wiederholen. Stattdessen eine weitere allgemeine Vorbemerkung. Alle einigermaßen kompetenten Kritiker haben eingesehen, daß Frischs Werke, zum mindesten die der Reifezeit, nicht aus »originaler« Einmaligkeit zu verstehen sind, sondern als Komplex von Vorgefundenem und neu Geschaffenem. Was in modernen Literaturtheorien zum Beispiel als Umschreibungsprozeß betrachtet wird, zeigt sich auch in Frischs Texten, wenngleich weniger extrem als in solchen der Gruppe Ezra Pound. Die Dekonstrukteure unter den Theoretikern, deren Ansichten in gewissen Teilen der Welt unverhältnismäßig viel Anklang finden, haben die Zerlegung literarisch komplexer Gegebenheiten am entschiedensten vorangetrieben. Zu diesem Problem hatte sich schon Goethe geäußert, als er am 17.2.1832 zu Eckermann sagte: »Selbst das größte Genie würde nicht weit kommen, wenn es alles seinem eigenen Innern verdanken wollte. Das begreifen aber viele sehr gute Menschen nicht und tappen mit ihren Träumen von Originalität ein halbes Leben im Dunkeln.« Frisch hat im Verlaufe der Jahre, bald explizit, bald diskret oder sogar verborgen, sich durch seine literarischen Partnerschaften gegen eigene Originalitätsallüren zu wehren versucht.

Auf die Analogie Goethe aufmerksam zu machen, ist meines Erachtens nützlicher als, wie es so oft geschieht, Belege einer Anlehnung an Thomas Mann zu suchen. Von Thomas Mann hat sich Frisch verschiedentlich distanziert, am prägnantesten wohl in der (Selbstkritik enthaltenden?) Formel von der »kostümierten Essayistik« (II, 554). Thomas Mann hat das Schreiben aus zweiter Hand aufs brillanteste kultiviert, hie und da nur knapp die Grenze zum Plagiatorischen einhaltend. Er darf, ähnlich wie Felix Krull ein Meister

---

[7] Vgl. außer der erwähnten Dissertation von W. Schmitz (1985) z. B. die Arbeit von Heide-Lore Schaefer, »M. F.: *Santa Cruz*«, in: *Germanisch-romanische Monatsschrift* (1970), S. 75ff.

der Hochstapelei, ein Meister der Montage genannt werden. Aufschlußreich ist für unseren Zusammenhang jene Festrede in Wien im Frühjahr 1936 mit dem Titel »Freud und die Zukunft«, in der er unter anderem den Nachvollzug gewisser Mythen durch bedeutende Menschen wie Napoleon als Zitieren bezeichnet. Auch Jesus habe mit dem Wort am Kreuz »Eli, Eli lama asabthani?« einen Psalm zitiert. Dann fällt ein Satz, der äußerlich ganz an Frischs Perspektive »Leben im Zitat« erinnert: »Das zitathafte Leben, das Leben im Mythus, ist eine Art von Zelebration.« Frisch versteht allerdings unter zitathaftem Leben kein Leben im Mythus – am wenigsten im Frühwerk.

Blätter aus dem Brotsack

In den *Blättern aus dem Brotsack* wird unter anderem erzählt, wie sich der Kanonier Frisch im südlichen Teil der Schweiz sogar während des Aktivdienst recht heimisch fühlt; er liest in einem »handlichen Bändchen« Homer. (Einer der ersten Kritiker, ein Professor für französische Literatur an der Eidgenössischen Technischen Hochschule Zürich, hat übrigens die Assoziation Deutschweizer im Tessin, der seinen Homer liest, nicht mit reinster Freude zur Kenntnis genommen.[8]) Frisch wundert sich, wie die Götter während des trojanischen Krieges mit den Menschen umgehen: »Wie Kinder, die mit Tieren spielen« (I, 146). Vieles sei aus göttlicher Langeweile geschehen, die auch der Urgrund alles Schöpferischen sei. Dann, recht unvermutet, als rasche Erklärung, der Kronzeuge Goethe, der »es« in einer einzigen Formel gesagt habe:

> Gestaltung, Umgestaltung:
> Des ewigen Sinnes
> Ewige Unterhaltung.

Goethes Verse werden im ersten Tagebuch (Portofino, September 1947) im Zusammenhang mit der Lektüre Jacob Burckhardts und dessen Ablehnung des Barockstils noch einmal zitiert, auch jetzt ohne Hinweis auf die betreffende Stelle im zweiten Teil der Faustdichtung. Mephisto, im Begriffe, Faust zu den Müttern zu führen, spricht dort so zu seinem Begleiter im ersten Akt, in der Szene »Finstere Galerie«. Mephisto weiß, daß bei einem wichtigen Gang wie dem zu den Müttern leicht die Illusion entstehe, bald im »allertiefsten Grund« zu sein. Mephisto ist (wie Frisch) kein zu Mystifikationen neigender Sinnhuber. Seine Bemerkung an dieser Stelle klingt denn auch, durch den Hinweis auf die bald sitzenden, bald stehenden oder gehenden

---

[8] Charly Clerc: Livres de plein air. In: *Gazette de Lausanne*, 30.6.40: »Le *Drang nach Süden* qui sommeil en tous nos Confédérés va trouver une satisfaction merveilleuse«; man denke dann sicher auch an günstigen Landkauf im Tessin.

Mütter und das darauffolgende »Wie's eben kommt« alles andere als ergriffen. Der Kanonier und der Tagebuchschreiber aber haben vermutlich den Kontext vergessen — und eine willkommene Erklärung für das ewig Wandelbare im Leben gefunden. In der Tagebucheintragung vor allem dafür, daß alles schöpferische Gelingen kurz und unwiederholbar sei. (»Nur das Epigonale kann dauern«, II, 509).

Auf Goethe beruft sich Frisch später immer seltner; eine Erklärung dafür findet sich in seiner Glosse »Spuren meiner Nicht-Lektüre«: »Die literarischen Hausgötter auf Lebenszeit [...] haben den allergeringsten Einfluss auf die eigene Arbeit; ihre Grösse macht sie unverwendbar.[9] Die Verse Mephistos von der Notwendigkeit der Umgestaltung sind trotzdem im Gedächtnis haften geblieben. Frisch zitiert noch im Interview mit Arnold 1974 Goethes Verse, als das Gespräch auf das Thema Wiederholung, Gewöhnung, das Fluchtbedürfnis vieler seiner Gestalten und schließlich auf den Begriff der Regneration als dem positiven Aspekt der Flucht kommt. Regeneration sei Voraussetzung des Kreativen.[10]

Das zweite Beispiel in den *Blättern aus dem Brotsack* ist das »Sprüchlein«. Das Zitat ist, vom Verwendungsmodus aus betrachtet: dem starken, äußerlich aber absichtlich unscharf gehaltenen Kontrast zur Szenerie, viel komplizierter als das erste Beispiel, in dem eigenes Denken durch einen Klassiker bestätigt wird. An einem Sonntag muß Frisch Wache stehen. In der Nacht schaut er zum Mond hinauf, und der wirkt über den schwarzen Bergen wie ein silberner Lampion. Das ist schön, auch in der Kriegszeit. Während der Soldat verbotenerweise mit dem Gewehr auf den Mond anlegt, fallen ihm die Verse ein:

>   Sieh, das Mondlicht in den Bäumen.
>   Alle Vöglein sind zur Ruh.
>   Sterne blinken aus den Räumen —
>   Denk dir einen Gott dazu'.

Und dann:

>   Sieh, das namenlose Schweigen,
>   das die Wolkenfratze sengt,
>   Silbertränen in den Zweigen —
>   Sieh, der Mond hat sich erhängt. (I, 157)

---

[9] M. F., »Spuren meiner Nicht-Lektüre«, in: *Materialien zu M. F. »Stiller«*, hg. von Walter Schmitz, Bd. I, Frankfurt (Suhrkamp) 1978, S. 340. — Frischs Erklärung scheint mir ein Korrelat und außerdem eine Korrektur zu W. Schmitz' Behauptung, mit *Stiller* schließe die Goethe-Rezeption ab (W. S.: *M. F.: Das Werk*, Bern (Lang) 1985, S. 257).

[10] H. L. Arnold: *Gespräche mit Schriftstellern*, München (Beck) 1975, S. 50.

Eingeleitet werden die Verse durch die Worte »Wie es in dem Sprüchlein heißt«, was, bedenkt man das vorherige Herumhantieren mit dem Schießgewehr, geradezu sarkastisch klingt. Die erste Strophe erinnert, ausgenommen der letzte Vers, zunächst an Goethe-Epigonen, die zweite ganz entfernt an das Anti-Märchen, das die Großmutter in Büchners *Woyzeck* den Kindern erzählt.

Soll das Sprüchlein den Schmerz eines sensiblen Soldaten in der Kriegszeit ausdrücken? Auch seinen Unwillen? Das Nacheinander des verbotenen Hantierens mit der Waffe, des sarkastischen »Wie« der Einleitung des Mondscheingedichts, der Zurücknahme der schönen Stimmung durch die Bilder von der Wolkenfratze und dem erhängten Mond ist so assoziativ-verschwommen, daß kaum ein Leser den anklägerischen Unterton der Passage gleich bemerken wird.

Mein Verweißen, ob ein Unbekannter aus der Nähe von Heine oder Ringelnatz das Sprüchlein geschrieben habe, führte zu keinem Resultat. Vor längerer Zeit half mir freundlicherweise der Verfasser des Tagebuches selber, das Rätsel zu lösen, allerdings mit dem Wunsch, die Erklärung vorläufig für mich zu behalten. Das Spiel der Götter bei Homer, der Zwang, Soldat zu sein, das an sich so patriotische Einverständnis mit dem Erzwungenen mögen den Wunsch zur späteren Selbstkritik und den, einiges im Versteck zu lassen, verständlich machen. Ähnlich steht es bei dem immer noch ein bißchen im Verborgenen gehaltenen Landeausstellung-Aufsatz »Was das eigentliche Wunder ist« aus dem Jahre 1939, den ich im Hinblick auf das Thema *NZZ* erwähnt habe.

Biografie

Nach dem klassischen und dem einigermaßen volkstümlich wirkenden ein erstaunlich fremdartiges Zitat. Es ist lateinisch und klingt philosophisch, was bei Frisch, der kaum je seine Lateinkenntnisse oder gar seine philosophische Bildung zur Schau gestellt hat, besonders auffällt. Den Charakter des Fremdartigen besitzt zwar im Grund jedes Zitat. Wolfgang Binder sagt, beim Zitieren spreche oder schreibe der Autor einen Augenblick lang nicht seine eigene gewöhnliche Sprache. Immerhin normalerweise auch keine Fremdsprache.[11] Auf die Verwendung einer nicht von einem andern Autor herge-

---

[11] Wolfgang Binder: *Literatur als Denkschule*, Zürich (Artemis) 1972, S. 29. Auf andere Untersuchungen zum Thema Zitat beziehe ich mich in meiner Arbeit »Leben im Zitat [...]« in: *M. F.: Aspekte des Prosawerks*, hg. von. G. P. Knapp, Bern (Lang), 1978, S. 269.

holten Fremdsprache innerhalb eines Textes komme ich bei der Besprechung der Dichtung *Montauk* zurück.

Biografie. Ein Spiel (1967) scheint, schon als Theaterstück, alles andere als eine Lebensbeichte zu sein. Eher ein dramaturgisches Experiment. Der Probecharakter, das heißt die Integration verschiedener Möglichkeiten des Handlungsablaufs springt in die Augen. Die Illusion, die Ereignisse würden durch eine höhere Notwendigkeit bestimmt, verschwindet in einer solchen Kunstauffassung ganz, und außer der »nackten Tatsache«, daß Kürmann und Antoinette sich als Mann und Frau gegenüberstehen, soll sich der Zuschauer das meiste als Zufälligkeit vorstellen. Zum Beispiel die Möglichkeit der Heirat oder auch des Gegenteils: vom anderen frei zu bleiben. Durch ein verändertes Verhalten, durch neue Arrangements durch Tricks und Lügen scheint ein Ausweichen ja stets möglich zu sein. Hie und da empfindet man solche Ausweichmanöver sehr komisch — wofür man während der langwierigen Ehediskussionen besonders dankbar ist.

Kürmann meinte die Zukunft auf Grund seiner Erfahrungen schon zu kennen, das wirft der Registrator ihm schon sehr früh vor (V,492). Er ist Empiriker und hält wenig vom Deduzieren. Als Verhaltensforscher hat er sich wohl allzu sehr an die Gegenwartsperspektive gewöhnt. So gewinnt die Begegnung mit dem historisch und philosophisch geschulten Marxisten Krolevsky eine besondere Bedeutung. Als Marxist ist er von der Wichtigkeit des Planens für die Gesellschaft und auch für den Einzelnen überzeugt und lehnt das Spiel mit privaten Reminiszenzen und ähnliche Sentimentalitäten rigoros ab. Er ist Kybernetiker; Arbeit in und für die Partei ist nach seiner Meinung die einzige Möglichkeit, die Welt zum Bessern zu verändern. Unter Umständen heiligt dabei der Zweck die Mittel, wirft der Liberale dem Doktrinär vor.

Der in einem alten Mantel auftretende Kommunist, der etwas »von einer Instanz« hat, hält dem am Sinn des Lebens zweifelnden Individualisten Kürmann während des ersten Gesprächs einmal fast barsch entgegen: »Ab posse ad esse valet, ab esse ad posse non valet« (V,522), was ungefähr heißt, man könne wohl von der Möglichkeit auf die Realität schließen, nicht aber umgekehrt. (Seltsam übrigens ist, so könnte der Theaterbesucher oder Leser sich fragen, warum Kürmann sich nicht nach dem Sinn der lateinischen Wendung erkundigt.)

Die Worte werden von Krolevsky wiederholt, als die beiden die möglichen akademischen Schwierigkeiten des Kommunisten besprechen (V,524). Kürmann ahnt, daß Krolevsky an der Universität wohl nicht mehr werde weiter lehren dürfen. Von dieser Möglichkeit kann man also auf das schließen, was geschehen wird. Trotzdem: die Frage scheint mir immer noch diskutabel[12], ob die wie ein Zitat klingende Wendung Bestandteil einer ernst zu nehmenden Auseinandersetzung sei oder lediglich nach den manchmal bewußt das Banale streifenden Konversationen einen klaren Akzent setzen soll. Es ist sicher nicht abwegig, die Worte einmal ernst zu nehmen – und dabei auf sehr alte, aber auch neuere Spuren zu kommen. Die Gegenüberstellung *posse-esse* erinnert an die Philosophie des Aristoteles und der Scholastiker. Aristoteles hat sich in seiner »Metaphysik« eingehend über ›Dynamis‹ im Sinne von Potentialität-Möglichkeit und andererseits über das aktuell Existierende geäußert. Bei einem Bauwerk muß die Möglichkeit des Bauens vor der Errichtung des Baus schon bestehen, das weiß jeder Architekt.[13] Der Vergleich des Potentiellen mit dem Aktuellen kommt bei Aristoteles auch in der *Poetik* vor. Dort wird im ersten Kapitel geradezu vom Dichter gefordert, daß er sich mit dem Möglichen, nicht mit dem Faktischen befaße (lateinisch: »Non quae facta sun, sed quae possint fieri«).

Doch von Aristoteles oder Thomas von Aquin wird Frisch den Satz wohl kaum entlehnt haben. Trotzdem, vielleicht weil Krolevsky als »Instanz« auftritt, wird die lateinische Sentenz offensichtlich bis heute als alte Weisheit aufgefaßt, das heißt mißverstanden. Brigitte L. Bradley in der meines Wissens immer noch besten Interpretation des Spiels nennt sie rundweg einen »passenden Lehrsatz.«[14] Sie meint, es handle sich um eine verständnisvolle Antwort auf Kürmanns Fragen nach dem Sinn des Lebens; sie übersieht damit das in der Formel unterdrückte modallogische Element ›illatio‹.

Krolevsky liegen die Grübeleien Kürmanns im Bereich der Privatsphäre denkbar fern; er schätzt scharfe Schlußfolgerungen und klare Entscheide.

---

[12] Krolevskys Sentenz, in der Sekundärliteratur kaum besprochen; darum mein erster Versuch einer Erklärung in: »Ab posse ad esse valet [...]«. In: *Frisch. Beiträge zum 65. Geburtstag*, Hg. M. Jurgensen, Bern (Francke) 1977, S. 11–25. Dort detailliertere Ausführungen zum Thema, u. a. zu den zwei klassischen Regeln der modalen Metalogik (S. 15).
[13] Die Überlegung von Aristoteles ist auch in der modernen Naturwissenschaft ernst genommen worden. Werner Heisenberg schreibt im Kapitel »Die Geschichte der Quantentheorie« des Buches *Physik und Philosophie*, Stuttgart (Hirzel) 1959, S. 23: [Die Wahrscheinlichkeitswelle von Bohr u. a.] »bedeutete so etwas wie eine Tendenz zu einem bestimmten Geschehen. Sie bedeutete die quantitative Fassung des alten Begriffs der ›δυναμις‹ oder ›Potentia‹ in der Philosophie des Aristoteles. Sie führte eine merkwürdige Art von physikalischer Realität ein, die etwa in der Mitte zwischen Möglichkeit und Wirklichkeit steht.«
[14] B. L. Bradley, »M. F.s Biografie: ein Spiel«, in: *Über M. F. II*, Hg. W. Schmitz, Frankfurt (Suhrkamp) 1976, S. 352. In der Originalfassung des *German Quarterly* (1971), S. 214 heißt ›passender Lehrsatz‹ ›pertinent theorem‹.

Die Lehre des Marxismus ist derjenigen des Aristoteles und der Thomisten verwandter als die der Lebensphilosophen, und so wäre die nächste Hypothese keineswegs abstrus, der Satz sei eine Version der Sowjetdogmatik. In den von J. M. Bochenski 1959 zusammengestellten »Dogmatischen Grundlagen der sowjetischen Philosophie« finden sich Thesen wie »Wirklichkeit ist realisierte Möglichkeit« und »Unter den Möglichkeiten gibt es solche, die einen notwendigen Charakter haben, wie der Sinn der sozialistischen Revolution in allen Ländern« (6.42., 6.45). Auch bei Ernst Bloch, dessen Philosophie Frisch näher steht, gibt es natürlich Elemente solcher marxistischer Formeln, außerdem auch Hinweise auf scholastische Denkregeln.

Das Don Juaneske im Charakter Kürmanns und andere Gründe rechtfertigen schließlich den Verdacht einer Kierkegaard-Anleihe. Der charakterliche Gegensatz zwischen Kürmann, dem Bäckersohn, Feinschmecker und dem weiblichen Geschlecht eng verbundenen »Liberalen«, und Krolevsky, dem Sohn eines Rabbiners, dem Mathematiker, dem Agenten, dem Mann des entschiedenen Entweder-Oder, ist für unsere Frage sicher nicht belanglos.

1845 hat Sören Kierkegaard in den »Stadien auf des Lebens Weg« einmal auch über gewisse Kriterien von Schlußfolgerungen geschrieben. Wer in Beziehung auf das Gleiche nicht ebenso gut den Schluß von Möglichkeit (*posse*) auf Dasein (*esse*) begreife, sagt er, wie den von Dasein (*esse*) auf Möglichkeit (*posse*), der begreife die Idealität in diesem Gleichen nicht. Die Überlegung wird im folgenden Jahr in der »Abschließenden unwissenschaftlichen Nachschrift zu den philosophischen Brocken« (2. Abschnitt, § 2) wiederholt, bzw. variiert.

Wir könnten hier noch einmal an Wolfgang Binders Bemerkung denken, der Zitierende verwende durch das Zitieren stets etwas Fremdes und doch auch Verwandtes, denn Kierkegaard ist Frisch einigermaßen verwandt. Allein, es gibt ein recht triviales Indiz, daß die Entlehnung nicht direkt geschehen sein kann. Das vor dem *posse* unnötige ›b‹ zeigt, daß der Entlehnende mit der lateinischen Sprache nicht mehr ganz vertraut gewesen sein, den Satz nicht einfach abgeschrieben haben kann, und Frisch hat mir den grundsätzlichen Verdacht denn auch später bestätigt: Übermittler sei Friedrich Dürrenmatt gewesen.

Nun hat Dürrenmatt bekanntlich eine Dissertation über Kierkegaard schreiben wollen, und im »Monstervortrag über Gerechtigkeit und Recht«, der ungefähr zur gleichen Zeit wie Frischs Spiel entstanden ist, werden verschiedene Gedanken entwickelt, die der hier zur Diskussion stehenden Formel gleichen. Ein Kommunist argumentiere ausgesprochen deduktiv, das heißt schließe vom Potentiellen aufs Existenzielle und nicht umgekehrt, sagt

Dürrenmatt einmal.[15] Der Vortrag hat den Untertitel »Eine kleine Dramaturgie der Politik«.

Die »Sätze über das Theater« (1970) beginnen mit der Frage, wie das Theater zur Wirklichkeit stehe, also, dürfen wir für unseren Zweck vielleicht übersetzen, das *posse* zum *esse*. Eine Antwort finden wir in den »Sätzen« und auch im Vorwort zur Komödie *Die Frist* (1977). Im Vorwort lautet sie: »[Die Bühne] rückt jede Möglichkeit in ihre Wirklichkeit, gleichgültig darüber, ob nun diese Möglichkeit je wirklich werden könnte oder nicht. Für die Bühne, nicht für die Wirklichkeit, ist alles wirklich« (XV, 11).

Satz 45 zeigt die Beziehung der beiden Stückeschreiber detaillierter. Dürrenmatt schreibt im Zusammenhang mit einem seiner Lieblingsgedanken, dem von der »schlimmstmöglichen Wendung« — recht spekulativ, seinen eigenen Gedankengang unverhohlen in den Vordergrund stellend:

> Durch die schlimmstmögliche Wendung, die ich einer dramatischen Fiktion gebe, erreiche ich auf einem merkwürdigen Umweg über das Negative das Ethische: Die Konfrontierung einer gedanklichen Fiktion mit dem Existentiellen. Nur so wird etwa denn auch Kürmanns Entschluß berechtigt, in die Kommunistische Partei einzutreten: es ist die schlimmstmögliche Wendung. (XXVII, 209)

Habe ich mit dem Ernstnehmen der paar Vokabeln, die Krolevsky beiläufig ins Gespräch wirft, aus einer Fliege einen Elefanten gemacht oder auf Grund der Genugtuung, niemand sonst habe die Fragwürdigkeit des Zitats bemerkt, den Sinn für Proportionen verloren? Ich hoffe nicht; denn Frischs Bevorzugung des Möglichen gegenüber dem Faktischen ist wichtig und steht außer Zweifel. Man hat sie verschiedentlich als Charakteristikum seines Schaffens überhaupt erkannt, so einmal geradezu von einem »Arsenal unendlich ausnutzbarer Möglichkeiten« oder von »Leben als Potential unausgeschöpfter Offerten« gesprochen (Peter Wapneski 1976). Ob Frischs Vorliebe, die im Roman *Gantenbein* (1964) und im Spiel *Biografie* (1968) besonders auffällt, mit der Thematik Altern zusammenhänge, bleibe hier unerörtert.

Das Zitat »Ab posse ad esse valet ...« bleibt insofern interessant, als es den (trotz zeitweiligen Mißhelligkeiten) lange nicht abreißenden Austausch

---

[15] F. Dürrenmatt, »Monstervortrag über Gerechtigkeit und Recht«, in: *Werkausgabe in 30 Bänden*, Bd. XXVII, Zürich (Diogenes) 1980, S. 82 (Bezug auf das Gute-Hirte-Spiel). Der Vortrag wurde Ende Januar 1968 gehalten, also kurz nach der Drucklegung von *Biografie* und kurz vor der Uraufführung in Zürich. Als Essay zuerst gedruckt im Arche Verlag 1969. Dürrenmatt bezeichnet übrigens im Vortrag über Toleranz (1977) die »Unwissenschaftliche Nachricht« als das seines Erachtens wichtigste Werk Kierkegaards (XXVII, 115f.). Im folgenden Hinweise auf Dürrenmatt-Zitate stets innerhalb des Textes: Angabe von Band und Seitenzahl nach der Gesamtausgabe bei Diogenes 1980.

zwischen den zwei grundverschiedenen Schweizern im Detail dokumentiert. Durch einen Gedankengang des für beide sehr wichtigen dänischen Philosophen.

Montauk

Die Thematik Altern ist in einer Interpretation der Erzählung *Montauk* (1975) nicht zu vernachlässigen. Hier könnte kaum mehr von einem »Arsenal unausgeschöpfter Möglichkeiten« gesprochen werden; der Erzähler — bald ›ich‹, bald ›er‹, bald ›Max‹ — gleicht dem wählerischen, im ganzen noch recht unreifen Hannes Kürmann wenig; Schuldbewußtsein, Trauer, die Resignation des *déjà vu* herrschen hier vor, und Zitate werden eingebettet, weil es kaum anders geht, keineswegs mit dem Stolz eines Gebildeten, der zeigen will, daß er teilhat am Reichtum der abendländischen Tradition oder daß er im Gymnasium seinen Montaigne und Mörike gelesen habe; sondern weil es dem Autor zu seinem Leidwesen nicht möglich ist, ganz authentisch und spontan zu schreiben. Jetzt sind die Zitate weder kryptisch, noch verschämt-versteckt, sondern ein notwendiger Bestandteil des Schaffens, und zwischen Selbstzitaten und gewöhnlichen Zitaten ist manchmal schwer zu unterscheiden. Krolevsky gab sich, nicht allein durch sein lateinisches Zitat, als Instanz und war in dieser Hinsicht nicht gar so verschieden von den Bildungsbürgern des letzten Jahrhunderts, die sich auf die Autorität der Klassiker zu berufen pflegten.

Die in *Montauk* besonders häufigen Selbstzitate, vor allem aus *Homo Faber* und *Gantenbein*, sind von der Forschung erschöpfend registriert worden[16], so daß ich hier auf eine nochmalige Darlegung verzichten darf. Vielleicht müßte man künftig allerdings besser zwischen Reminiszenz und Selbstzitat unterscheiden. Neben der von Frisch selbst mit dem Etikett »Leben im Zitat« versehenen Wendung »Auf der Welt sein: im Licht sein« aus dem *Homo Faber* (IV, 199) stoßen wir einige Male auf Bilder der reinen Gegenwärtigkeit, andererseits der dunkeln Schuld an anderen, der Angst vor Repetition, die meines Erachtens sehr verschieden von seinen »glaubwürdigen Partnern« sind; es sind mit Archetypen verwandte Topoi im Gesamtwerk. Oder einfach Wiederholungen — aus Gedächtnisschwäche oder aus Freude an der gelungenen Formulierung. Ich denke zum Beispiel an die in *Montauk* (VI, 625) aus dem zweiten Tagebuch (VI, 397) aufgenommene Wendung (im Hinblick auf die Luftverschmutzung New Yorks) »Diese Tapferkeit des Chlorophylls!«

---

[16] Nennung von Selbstzitaten etc. in *Montauk* z. B.: Heinz Gockel, »*Montauk*«, in: *Duitse kroniek*, Amsterdam (1977), S. 41—56.

Die mehrmalige Anspielung auf Philip Roths Roman *My life as a man* hingegen hat Zitatcharakter. Das erstemal wird gesagt, Roth habe den neuen Roman (er erschien 1974) ins Hotel gebracht, und der Beschenkte fragt sich, warum er sich scheuen würde vor dem deutschen Titel »Mein Leben als Mann«. Der Grund für die Hemmung ist wahrscheinlich nicht nur das geschlechtlich bestimmtere deutsche Wort ›Mann‹ im Gegensatz zum vieldeutigeren englischen ›man‹. Anschließend an den Einwand lesen wir nämlich: »Ich möchte wissen, was ich, schreibend unter Kunstzwang, erfahre über mein Leben als Mann«.[17] Mit anderen Worten: Frischs Buchs ist eine Erzählung über das Schreiben, nicht über sein – der Ausdruck sei gewagt – unmittelbares Leben als Mann und Partner verschiedener Frauen.

Roths Roman wird als Untertitel vor einigen weiteren Eintragungen in *Montauk* verwendet. Das eine Mal vor einer Reminiszenz an Frischs erste Frau, das zweite Mal vor einer allgemeinen Betrachtung über des Autors stets schwierige Beziehungen zu Frauen, das dritte Mal vor der Erinnerung an den Spitalbesuch bei einer früheren Partnerin.[18]

Peter Tarnopol, der Protagonist in Roths Roman, hat sich im Hinblick auf seinen frühen Ruhm einmal als »golden boy of American literature« ironisiert und sich von seiner Frau einigemal sarkastisch als »sexpot« bezeichnen lassen. Solche Bezeichnungen würden für den Verfasser von *Montauk* schlecht passen; die Nennung des anderen Romans signalisiert wohl eher eine Abgrenzung. Oder besser: eine Gegenstimme. Die Anspielungen klingen kontrapunktisch.

Frischs kurze und Roths sehr lange Erzählung ergänzen sich. Beiden gemeinsam ist der hochentwickelte Sinn für das Leiden von Mann und Frau aneinander, für den Willen des Mannes, öffentlich und privat Rechenschaft abzulegen über all seine Fehler in einer Beziehung, einer Affäre oder einer Ehe. Durch Selbstentblößungen in Fiktionen, die sich autobiographisch geben. Dies und fatal-säkularisierte missionarische Absichten oder Nebengedanken charakterisieren auch Frischs Werk. In Roths Roman bekennt Zuckerman einmal deutlich, er liebe die ältere Lydia besonders deshalb, weil er sie mit seiner Liebe zu erlösen hoffe.[19] Der große Unterschied ist der,

---

[17] VI, 633; weitere Nennungen des Romantitels von Roth; VI, 690, 695, 717.
[18] VI, 717; Frischs längste Eintragung nach dem Untertitel »My life as a man«. Hier – zufälligerweise? – ohne Doppelpunkt nach dem Untertitel.
[19] Roth: *My life as a man*, London (Cape) 1974, S. 72: »[...] at least I had done what I had been frightened of doing, put my tongue to where she had been brutalized, as though – it was tempting to put it this way – that would redeem us both.« Anschließend, im neuen Abschnitt, noch einmal die gleiche Wendung, diesmal kursiv. Walter Schmitz nimmt Roths Wendung als Untertitel für seine Erörterungen über das Verhältnis von Roths zu Frischs Erzählung (*M. F.: Das Spätwerk*, S. 103). Die Äußerung, *Montauk* bestehe »aus Variationen über Themen aus *My*

daß Roth heftiger in seinen Wunden wühlt als Frisch. Streitigkeiten enden oft in Schmutz und Dreck. Die Gespräche mit dem Psychiater sind fast ebenso wichtig wie die Gespräche mit den Geliebten, die Ausbrüche gegen das New Yorker System, das im Interesse der Frauen die Scheidung erschwert, fast ebenso emotional wie die gegen eine verhaßte Person. Der Patient diskutiert mit seinem Arzt stundenlang über die Krankheit des Narzißmus, und der Narzißmus der Künstler erscheint als der Hauptgrund für ihre Unfähigkeit, sich mit einer einzigen Liebesbeziehung zufrieden zu geben; in *Montauk* ist diese Krankheit höchstens zu ahnen. Theoretische, persönliche Gedanken über das Problem der modernen Ehe, des freien Zusammenlebens, der Frauenemanzipation erinnern bei Roth, auch wenn sie aus dem Mund eines fiktiven Romanhelden kommen, an die persönlichen Äußerungen früherer Romanciers. Auch die zahlreichen humorvollen Stellen im Roman verbindet Roth mit seinen Vorbildern aus der Epoche des Realismus. Andererseits unterscheidet ihn von ihnen sein Sinn für Kafkas Überwirklichkeit, auf die im Roman häufig bezug genommen wird und der auch bei Frisch keine Entsprechung hat.

Der Begleiter Lynns steht allein, und Gelesenes und Gelerntes belastet ihn mehr, als daß es ihn glücklich machte. Er ist froh, auch sprachlich immer wieder entfliehen zu können, durch sein »unpracticed English«, wie der Zusatz in der authorisierten amerikanischen Ausgabe lautet (vgl. Anm. 5); er verwendet es gern, wenn ihn eine gewisse Scheu vor allzu direkten Aussagen überkommt. Oder durch Zitate. Zitate sind, wie gesagt, einer Fremdsprache sehr verwandt. Sie sind aber zugleich sehr persönlich bestimmt, wie ich durch den Hinweis auf die Roth-Anspielungen zu zeigen versuchte, ja sie können ans Innerste rühren.

Der Begleiter Lynns scheut sich bisweilen, zum Fenster hinauszuschauen und dadruch alte (liebe?) Erinnerungen auftauchen zu lassen; er tritt zurück, »um nicht wieder das alte Lied zu denken« (VI, 673). Die »Figuren, die unser Gehirn bevölkern«, wie Frisch sich im Rückblick auf sein frühes Bühnenstück *Die chinesische Mauer* ausdrückte (II, 224), sind im allgemeinen gespenstisch. Zu den Ausnahmen gehört Mörike.

Schon in einer der ersten Eintragungen, der mit dem Untertitel »Fifth Avenue Hotel«, wird ein Werk Mörikes als ein Zeichen des Lichtvollen genannt und dem bloßen Lesen und Denken gegenübergestellt. Auf den Spannteppich scheint die Sonne, die Luft um die Beine allerdings ist kühl;

---

life as a man«, geht m. E. allzu weit, wogegen die Bemerkung kurz vorher, »das fremdsprachige Buch« diene für Frisch »als Verfremdungsfolie«, sicher zutrifft (S. 103 ebda.), ebenso wie der Vergleich von Roths »the trap is you« mit Stillers Zugeständnis »Das Gefängnis ist nur in mir« (S. 109 ebda.).

da übermannt ihn jenes »Gedächtnis der Haut« als Beglückung. Es ist das Gedicht »Er ist's« mit dem Vers »Frühling, ja du bist's«.

Mörikes Gedicht ist 1832 erschienen; es hat Frisch offenbar ein Leben lang begleitet. Im ersten Bühnenstück, dem Versuch eines Requiems *Nun singen sie wieder* (1945), in dem eine ähnliche Trauer über unvermeidliche (hier sind es grausamere) Wiederholungen wie in *Montauk* mitschwingt, zeugt es von der Hoffnung auf etwas Besseres. Karl, der gute junge Deutsche, zitiert hier alle Verse des Gedichts (II, 82). In Frischs eigener Sprache kommt die Freude am erwachenden Leben durch den Mund von Liesel und Maria zum Ausdruck: als Frohlocken über den schmelzenden Schnee, als Freude über gurgelnde Quellen, als Hoffnung, daß die Knollen in der Erde einst Frucht tragen (II, 87f., 107, 124f.). Mitten im Krieg stärkt dieses Gedicht die Hoffnung auf Linderung der Not, auf Liebe und Frieden.

Der Unterschied zwischen dem melodischen Klang eines Liedes und dem rationaleren Anspruch eines Mottos ist groß.

Wahrhaftigkeit

Montauk beginnt mit einem Motto: einem Passus aus der Vorrede Michel de Montaignes zu seinen *Essais*, die zum erstenmal 1580 herauskamen. Montaignes Vorrede war zum Teil eine Captatio benevolentiae, allerdings eine etwas unkonventionellere als die damals üblichen, aber auch ein durch den folgenden Text eingelöstes Bekenntnis zur Wahrhaftigkeit, schließlich ein Eingeständnis der eigenen Subjektivität, wie es damals und später als neuartig empfunden wurde. Montaigne nennt sein Unternehmen »häuslich und privat« [fin »domestique et privée«] und sagt, das Buch sei nur für Freunde und Angehörige bestimmt. Sie sollten nach seinem Tode seine Eigenarten, seine Fehler im Buch wiederfinden können.

Zwei Sätze aus dem Montaigne-Motto werden in Frischs Erzählung noch einmal verwendet, sie sind dem zitierenden Nachfahr also offenbar besonders wichtig: »Meine Fehler wird man hier finden« (VI, 679) und »Das ist ein aufrichtiges Buch, Leser« (VI, 747).

Montaigne ist in seinem Stil und seinem Denken ein Bahnbrecher gewesen, ohne eigentlich »Epoche zu machen« wie einige Geistesfürsten unter seinen Kollegen. Ein Aufklärer vor dem betreffenden Zeitalter. Die Bindung an die griechischen und lateinischen Klassiker ist, wen könnte das im 16. Jahrhundert verwundern, noch sehr stark. Fast auf jeder Seite stoßen wir bei ihm auf ein Zitat aus den Werken Plutarchs und Senecas. Die Verpflichtung der Antike gegenüber ist viel stärker als bei Frisch. Andererseits finden wir mancherlei Ähnlichkeiten. Beide notieren ihre Erkenntnisse oft in einer

Art Plauderton. Die in den Texten eingestreuten Sentenzen oder literarische Anspielungen, beim Ältern durch ihre Herkunft und auch sonst relativ apodiktisch wirkend, beim Jüngeren unverbindlicher, bilden nur den relativ unwichtigen Hintergrund für eine weltmännische, heitere Gelassenheit.

Die *Essais* waren offenbar für Frisch während einiger Jahre eine wichtige Lektüre. Im zweiten Tagebuch taucht der aus dem Essay »Erfahrung« stammende Satz »So löse ich mich auf und komme mir abhanden« dreimal auf, das erstemal anläßlich einer Bergtour und ersten Anzeichen von Altersbeschwerden, dann als Motto für das Handbuch der Vereinigung Freitod, schließlich im Zusammenhang mit Gedanken über den 50. Geburtstag. Ein andermal wird erklärt, wo dieses Motto zu finden sei.[20]

Ein Motto (dem italienischen Wort soll das vulgärlateinische ›muttum‹/›Wort‹ zugrunde liegen) ist eine sehr spezielle Form des Zitats; die Literaturwissenschaftler haben sich noch wenig um Bedeutung und Funktion dieses extratextuellen Literaturelements gekümmert. In Frischs Werk spielen Mottos keine geringe Rolle. Das berühmteste und wie dasjenige zu *Montauk* zu allerlei Mißverständnissen verlockende Beispiel sind die Kierkegaard-Worte aus *Entweder-Oder* am Anfang des *Stiller*.[21] Der Tschechow Vorspruch zum Spiel *Biografie*, die später gestrichenen Verse Paul Adolf Brenners vor dem zweiten Teil von *Nun singen sie wieder* und die ursprünglich beim Vorwort, nachher beim Nachwort verwendeten Anti-Kriegs-Sätze von Karl Kraus scheinen mir dagegen weniger bemerkenswert.

Seit langem schon lieben es Theoretiker, Philosophen, Essayisten und Dichter nicht ungern, ihrem Werk etwas Präambelartiges voranzustellen. Ob dabei die Absicht mitspielte, das Werk etwas vornehmer erscheinen zu lassen? Auf den Verdacht könnte man kommen, wenn man die altmodisch-eindrucksvolle Untersuchung des Preußen Joseph von Radowitz aus dem Jahre 1850 über Devisen und Mottos des späteren Mittelalters liest. Der Verfasser

---

[20] Montaigne-Zitate im zweiten Tagebuch: VI 64 [Verlust eines Zahnes für M. genügender Anlaß, übers Alter zu schreiben], 107, 131, 178 [Hinweis auf den Essai »Über das Alter«, dessen 1. Satz sich ebenfalls als Motto geeignet hätte]. Das Motto steht im 13. Kapitel des 3. Buches; Titel »Erfahrung«/»De l'expérience« und lautet französisch »C'est ainsi que je fons et eschape à moy«. Von den verschiedenen deutschen Versionen, der verbreiteten von Joh. J. Bode (1815) »Auf diese Weise schwinde und schmelze ich nach und nach zusammen« oder der in Zürich naheliegenden Herbert Lüthys (1953) »So schwinde ich hin und entgleite mir« fand Frisch, wie er sich mir gegenüber äußerte, wenige gut; er wählte eine andere. Oder übersetzte er gar selber? In keiner der andern Übersetzungen konnte ich bisher Frischs Wendung finden.

[21] Zur Deutung und Mißdeutung des Kierkegaard-Mottos im *Stiller* siehe u. a. die verschiedenen Beiträge Hans Mayers. Über die Verwirrung um das Montaigne-Motto äußert sich Frisch im später noch zu erwähnenden Interview mit Raddatz (1981).

zählt unzählige Leitsprüche stolzer Adelsgeschlechter wie denjenigen Ferdinands des Katholischen »Tantum ascende«/»Steige nur« oder den vornehmbescheidenen Montaignes »Que sais-je?«/»Was weiß ich?« auf und vergleicht eingangs Devisen und Mottos mit den nichtillustrierten Teilen der Embleme.

Ein Motto steht, von seiner Funktion, seinem Stellenwert und dem Gehalt aus betrachtet, irgendwo zwischen den vom Barock bis zur Romantik beliebten Vorreden (die die mittelalterlichen Prologe ersetzt hatten) und den eigentlichen Zitaten innerhalb der Texte. Die Geschichte der Vorrede von Grimmelshausen bis Jean Paul enthält köstliche Beispiele von scherzhaften oder sich gelehrt gebenden Einleitungen. In einigen von ihnen ist ein ausgesprochener Sinn für die Sprachkoketterie fast wie bei der späteren Nonsense-Literatur zu spüren.[22]

Wie ernst ist das Montaigne-Motto zu nehmen? Kaum so programmatisch, wie es schon geschehen ist.[23] Eher als eine gute Vorbereitung für den Leser, er dürfe und solle an seiner und des Autors Ehrlichkeit zweifeln. Ferner als früher Wink, daß in dieser gegenwartslüsternen Liebesgeschichte eines alternden Mannes – mitsamt seinem »irren Bedürfnis nach Gegenwart durch eine Frau«[24] – die Vergangenheit: literarische Erinnerungen, Beziehungen und frühere Freundschaften ebenso wichtig seien wie Gegenwärtigkeit. Schließlich auch als Beleg geistiger Partnerschaft über die Jahrhunderte hinweg. Persönlich verfolgen Erinnerungen den Erzähler ja oft wie Erinnyien; aber im Bereich des literarisch-geschwisterlichen Austausch können sie auch helfen.

Die Nähe der beiden Autoren kann den heutigen Leser erstaunen. Um die Ähnlichkeit gründlicher und mit den Worten eines kompetenten Gewährsmanns zu zeigen, ziehe ich Erläuterungen aus Erich Auerbachs

---

[22] Motto und Vorrede. Für beide gelten ähnliche Kriterien der Beurteilung. Der Begriff Motto wird in Handbüchern selten analysiert, Irmgard Ackermann (IA) schreibt im *Metzler-Literatur-Lexikon* (1984), durch ein Motto könne die Aussage des Werks »nüanciert, akzentuiert, kontrastiert oder vertieft werden. Die genauere Bestimmung der Funktion des Mottos kann daher von großer Bedeutung für die Analyse eines literarischen Werkes sein«. – Zur Vorrede siehe Hans Ehrenzeller: *Studien zur Romanvorrede von Grimmelshausen bis Jean Paul*, Bern (Francke) 1953.

[23] Gerhard vom Hofe schreibt in der eindrücklichen Studie »Zauber ohne Zukunft« in *Euphorion* 70/4 (1976), S. 382, das Montaigne-Motto habe »programmatischen Charakter«. Er nennt auch die Gegensätzlichkeit zum Leugnen der »geschichtlichen Kontinuität« im Stiller-Roman, der sich in *Montauk* zeige, programmatisch (S. 382). Siehe auch seine Bemerkungen über die »literarischen Präformationen« (S. 387) und den Hinweis auf die Paradoxie Erinnyien-Eumeniden (S. 396).

[24] VI, 709. Vgl. dazu auch die sprachlich mit der Mörike-Gedicht-Stelle assoziierte Eintragung nach dem Stichwort »Leben im Zitat«: »Wenn die Haut empfindet, wie der Sand trocknet auf der Haut [...], er vergißt nicht einmal die Weltlage. Es ist allerlei, was er nicht vergißt in dieser dünnen Gegenwart« (VI, 685).

Mimesis (1946) zu Rate, nicht zuletzt, weil kein Mensch bei Auerbach an eine nachträgliche Überinterpretation denken wird. Der Hauptgedanke der *Essais*, schreibt er, sei:

> [...] ich bin ein Wesen, das sich ständig verändert, also muß ich auch die Darstellung dem anpassen. Hier ist er im Mittelpunkt seines eigensten Gebietes, dem Spiel zwischen ich und ich, zwischen Montaigne dem Schriftsteller und Montaigne dem Gegenstand; es quellen die sinn- und klangvollen Wendungen, teils auf den einen, teils auf den andern, meist auf beide bezüglich; man hat die Auswahl, welche man am schärfsten, am eigentümlichsten, am wahrsten finden und also am meisten bewundern mag.

Einige Zeilen später:

> Der Leser hat mitzuarbeiten; er wird in die Bewegung des Gedankens mithineingezogen, doch wird jeden Augenblick von ihm erwartet, daß er stutzt, prüft und ergänzt. Wer les autres sind, muß er erraten; wer der particulier ist, ebenfalls.[25]

Auerbach schreibt an einer anderen Stelle von der »trügerischen und hinterhältigen Ironie« Montaignes; da wird man an gewisse Gegner Frischs erinnert, die ihm raffinierte Kunst der Insinuation oder stilistische Hinterhältigkeit vorwarfen und vorwerfen.

Auerbachs Interpretation enthält auch einen Charakterisierungspassus, der uns auf die eingangs nur kurz angedeutete Frage der Aufrichtigkeit oder Wahrheit zurückführt. Ein Teil des vorliegenden Textes, sagt der Interpret, handle von der Aufrichtigkeit:

> [...] ihrer allein bedarf er, um seine Absicht auszuführen, und sie besitzt er auch; er sagt es selbst, und es ist wahr. Er ist überaus aufrichtig in allem was ihn selbst betrifft, und er wäre gern, wie er es hier und an mehreren anderen Stellen der Essais (schon im Vorwort) sagt, noch ein wenig offenherziger; die Regeln des Anstandes legen ihm einige Beschränkung auf. [...] Eine große Zahl von Mitteilungen über seine persönlichsten Eigenschaften und Gewohnheiten, seine Krankheiten, seine Ernährung und seine geschlechtlichen Eigentümlichkeiten finden sich in den Essais verstreut. Das geschieht gewiß nicht ganz ohne ein wenig Selbstgefälligkeit.

Was aber verstehen wir unter Wahrhaftigkeit und Wahrheit? Einfach Aufrichtigkeit, ein ehrliches Bemühen, ein Handeln »in guten Treuen«? Mit diesem Ausdruck wollte Frisch ja im nachhinein Montaignes Ausdruck »de bonne foi« wiedergegeben wissen, wie er 1981 im schon einmal erwähnten Gespräch mit Raddatz erklärte.

---

[25] E. Auerbach: *Mimesis*, Bern und München (Francke) ⁶1977, S.275. Über Montaignes »trügerische und hinterhältige Ironie« S.278. S.274: noch »hinterhältige, ironische und ein ganz klein wenig selbstgefällige Bescheidenheit«; hier auch eine Charakterisierung des Stils (wenig syntaktische Verklammerungen), die in mancherlei Hinsicht an Frisch denken läßt. Das spätere Zitat über Aufrichtigkeit S.288f.

Sicher wiegt Montaignes Begriff nicht so schwer wie die philosophische Idee der Wahrheit. Oder wie der Gedankengang, der hinter dem ziemlich früh in Frischs Erzählung auftauchenden Zitat »Die Wahrheit ist dem Menschen zumutbar« (VI, 632) versteckt liegt. Man erkennt die Hintergründigkeit dieses Satzes, sobald man den Kontext, aus dem er stammt: die Ansprache Ingeborg Bachmanns anläßlich der Verleihung des Preises der Kriegsblinden im Jahre 1959 beizieht. Dort ist die Rede – wohl nicht zuletzt in Rücksicht auf die Blinden – vom »großen geheimen Schmerz, mit dem der Mensch vor allen anderen Geschöpfen ausgezeichnet ist«. Der Schriftsteller, sagt sie dann, muß den Schmerz »wahrhaben« und außerdem durch sein Schaffen »wahrmachen«. »Denn wir wollen alle sehend werden«. Durch das Nicht-Leugnen wird etwas erhellt. Solche Überlegungen erinnern an den Wahrheitsbegriff der Vorsokratiker und Platos, den Martin Heidegger mit dem modernen Denken wieder in Verbindung gebracht hat. Und über Heidegger hat Ingeborg Bachmann bekanntlich doktoriert. Wahrheit ist bei beiden nichts Abstraktes, vom Dasein Losgelöstes. »Aletheia« heißt so viel wie Entbergung. Das Wahrhaben und Wahrmachen des Schmerzes bringt uns der Wahrheit näher.

Das nicht nur durch die Not der Adressaten nachempfindbare Schwere im Wahrheitsbegriff Ingeborg Bachmanns ist grundverscheiden von dem der Wahrhaftigkeit Montaignes; sein Streben danach ist souverän-heiter. »Wie der Schriftsteller die anderen zur Wahrheit zu ermutigen versucht durch Darstellung«, lautet ein Passus gegend en Schluß ihrer Ansprache, »so ermutigen ihn die anderen, wenn sie ihm durch Lob und Tadel zu verstehen geben, daß sie die Wahrheit von ihm fordern und in den Stand kommen wollen, wo ihnen die Augen aufgehen. Die Wahrheit nämlich ist dem Menschen zumutbar.« All dies klingt sehr anspruchsvoll: deutsch-tiefgründig.

Darum wohl die Abneigung einer der Partnerinnen in der Erzählung *Montauk*, Mariannes oder Lynns, gegenüber dem sehr lapidaren Satz der Österreicherin: »Sie findet es Kitsch. Was heißt schon Wahrheit!« Sowohl die Philologin Marianne, Frischs zweite Frau, wie die junge amerikanische Journalistin Lynn könnte die Ablehnung formuliert haben.

Auch Frisch scheint in diesen Jahren der Haltung Montaignes näher zu stehen als dem grüblerischen Denken seiner Lebensgefährtin. Theorie ist ohnehin nie seine Stärke gewesen, hat er mehrmals betont. Versuchsweise Annäherungen an das Wahre und das Schöne liegen ihm eher als Entschlossenheit zur Inbesitznahme. In *Montauk* wollte er sehr persönlich mit seiner Ichbezogenheit abrechnen, ehrlich und vorbehaltlos.

Der erste Abschnitt von Ingeborg Bachmanns Geschichte *Das dreißigste Jahr* schließt nach Sätzen über die Last des menschlichen Erinnerungsvermögens, mit einer märchenhaften Metapher: »[Der Zurückblickende] wirft das Netz Erinnerung aus, wirft es über sich und zieht sich selbst, Erbeuter und Beute in einem, über die Zeitschwelle, die Ortsschwelle, um zu sehen, wer er war und wer er geworden ist.« In Frischs tagebuchartiger Erzählung wird (daraus?) unter der Überschrift »Im Flugzeug« die Abbreviatur »Als Märchen von einem Fischer, der sein Netz einzieht und zieht mit aller Kraft, bis es an Land ist, das Netz, und er ist selber drin, nur er. Er verhungert« (V, 661). Und nun, unmittelbar danach, der sehr subjektive Einwand: »Ihr katholisches Verhältnis zur Wahrheit«. Wer die versteckten Anleihen Frischs aus dem Werk Bachmanns nicht kennt, würde mit dem Satz nicht viel anfangen können.[26]

Ich weiß nicht, in wie engem Zusammenhang die beiden Eintragungen stehen: ob die Bezeichnung »Als Märchen« einen Gegensatz zum doch realistischer gefaßten Netzauswurf (nach Wahrheit?) markieren soll — sich also bewußt anti-katholisch, das heißt anti-rechtgläubig geben will.

Es gibt im Werk Frischs verschiedene schöne märchenhafte Passagen — er selber glaubt zwar nicht so recht an die Relevanz dieses Genres für ihn —, und sicher ist, daß das seit je den Menschen vertraute Suchen nach Wahrheit bei ihm ein vorsichtiges Tasten ist. Zum Wahrheitswillen gehört, denkt er, eine gehörige Portion Skepsis. Die Wahrheit ist dem Menschen nicht ohne weiteres zumutbar.

Kann man ihr in einem Lernprozeß näher kommen? Durch einfühlende Lektüre wesensverwandter Texte wie jener von Montaigne oder Mörike? Dies wohl eher als durch den geistigen Beistand einer Autorität: eines Klassikers oder einer renommierten Zeitung.

Frischs Verhältnis zu den Texten seiner Zeitgenossen und früherer Schriftsteller ist noch ambivalenter als das zu einem Publikationsorgan wie der *Neuen Zürcher Zeitung*, von dem weiter oben die Rede war. In beiden Fällen kann das Veröffentlichte den Einfluß haben, der von einer höheren Instanz ausgeht. Dann müßte man von Hierarchie, nicht von Partnerschaft sprechen. Für jene hat Frisch wenig Sinn. Die Sätze »Meine Fehler wird man hier finden« und »Das ist ein aufrichtiges Buch, Leser«, die sowohl in Montaignes Vorrede wie in Frischs Motto vorkommen, gehören zusammen.

---

[26] Zu den übrigen Zitaten aus dem Werk I. Bachmanns siehe den Montauk-Aufsatz H. Gockels (Anm. 16). Für den Zusammenhang der Netz-Metapher mit Grimms Märchen und Kafka siehe Linda Stine, »›Ich hätte Lust, Märchen zu schreiben‹: Frisch's Use of Märchen in *Die Schwierigen* and *Montauk*«, in: *Perspectives on M. F.*, hg. von Gerhard F. Probst u. a., Lexington (University of Kentucky) 1982, S. 71–78.

III DAS WAR TILLYS GESCHOSS

Zum Vorwurf der Witwe Wedekinds, Dürrenmatts
Ehe des Herrn Mississippi sei ein Plagiat

Es scheint mir bezeichnend, daß ausgerechnet Dürrenmatt, dessen Originalität stets gerühmt wird, einmal offiziell des Plagiats bezichtigt wurde – und nicht Frisch, der Meister im Bereich des Permutierens und Variierens. Frisch hat sich zeit seines Lebens kritisch mit dem Problem der Wiederholung, des Imitierens und des Nachahmens auseinandergesetzt. Ein Autor, der nicht in reflektierter geschwisterlicher Nachbarschaft zu literarischen Partnern steht, ist in diesem Bereich anfechtbarer.

Angriff, Gegenangriff, Versöhnung

Die Komödie *Die Ehe des Herrn Mississippi*, die den Anlaß zum Plagiatvorwurf gab, wurde am 26. März 1952 in den Münchner Kammerspielen uraufgeführt. Die Inszenierung Hans Schweikarts, der mit dem Autor zusammen während der erstaunlich langen Probezeit noch manches am ursprünglichen Text änderte, brachte zum erstenmal Dürrenmatt international zur Geltung. Bei aller Anerkennung stellten die Rezensenten aber im Stück, verschiedene literarische Anleihen fest: Übertriebenheiten des *Grand Guignol*, vor allem aber solche bei Sternheim und Wedekind. Erich Kästner schrieb, man lerne Lebensläufe kennen wie bei Wedekind, und Friedrich Luft meinte am 14. August des gleichen Jahres in der *Neuen Zeitung* anläßlich der Berliner Aufführung, man erlebe da Theater der blanken Moritat; dann breche es wieder in »übersteigerte Wedekind-Parodien« um.[1]

Solche Hinweise sensibilisierten offenbar Tilly Wedekind, die Witwe des 1918 verstorbenen Dichters. Schon als junge Schauspielerin hatte sie die Größe des schwierigen Mannes erkannt und mit ihm dann Freude, Glück

---

[1] E. Kästner, »Dürrenmatts neues Stück«, in: *Die Weltwoche*, 4.4.1952. F. Luft, auch in: *Stimme der Kritik*, Velber (Friedrich Verlag) ³1965, S. 143. Der Kritiker der *Abendzeitung*, George Salmony, schrieb gemäß dem gleich zu zitierenden Artikel in der *Abendzeitung* ebenfalls von deutlichen Anleihen u. a. bei Wedekind. Der *Spiegel*-Rezensent andererseits nannte Aristophanes, Swift, Sartre und fühlte sich gar an Graham Greene erinnert: Bodo sei »das jüngste europäische Gegenstück zu Graham Greenes mexikanischem Schnapspriester« (*Der Spiegel*, 2.4.1952, S. 32).

und Elend geteilt.[2] Wer möchte es ihr verargen, daß sie den Erfolg des jungen Schweizers mit den Widerständen der maßgebenden Kreise, denen ihr Mann zeit seines Lebens ausgesetzt war, verglich. Sie äußerte sich in diesem Sinne mündlich und schriftlich. So etwa recht ungehalten, wie in der *Abendzeitung* zitiert wird: »Ich kann es nicht dulden, daß man Wedekind in die Schubladen legt und dafür ein Schüler von ihm mit seinen Einfällen und Originalitäten Erfolg hat.«[3]

Später klagte Frau Wedekind offiziell beim Schutzverband deutscher Schriftsteller und bat um Überprüfung, inwiefern es sich bei Dürrenmatt um Plagiate aus *Erdgeist*, aus *Hidalla, Franziska* und vor allem aus *Schloß Wetterstein* handle. In der *Ehe des Herrn Mississippi* heirate nämlich die Mörderin ihres Gatten den Mann, der seine Frau ermordet habe; in *Schloß Wetterstein* heirate die Witwe den Mann, der ihren Gatten im Duell getötet habe. Die wesentlichen Übergangsrepliken seien ebenfalls von auffallender Ähnlichkeit, z. B. heiße es bei Dürrenmatt: »Sie bieten mir eine Ehe an, um mich endlos foltern zu können«, bei Wedekind: »Das gäbe eine Folterkammer der Ehe«. Bei Dürrenmatt: »Wir sind durch unsere Tat unauflösbar miteinander verknüpft.« Bei Wedekind: »Wir sind einander gewachsen; wir haben nichts voreinander voraus.«[4]

Während die Klage durch den Justitiar des Schutzverbandes geprüft wurde, planten die Redaktion der Zürcher Tageszeitung *Die Tat* und der Angegriffene die Verteidigung. Dürrenmatt schrieb später entschuldigend an Frau Wedekind, nur ungern habe er sich zur Antwort entschlossen, »eigentlich nur, weil es auch der vorsichtige Max Rychner für nötig hielt.« Dem widerspricht allerdings eine spätere Aussage.[5] Am 9. August 1952 erschien in der *Tat* die geistreiche Replik »Bekenntnisse eines Plagiators«;

---

[2] Ihr Rückblick auf die außerordentliche Partnerschaft, die gemeinsamen Theatererlebnisse und ihre Liebe unter dem Titel *Lulu, die Rolle meines Lebens* wirkt bei aller Spontaneität erstaunlich souverän. Das Buch ist 1969, ein Jahr vor ihrem Tod, herausgekommen.

[3] *Abendzeitung*, 4.6.1952, nicht 2.6.52, wie Dürrenmatt in seinem Aufsatz »Bekenntnisse eines Plagiators« schrieb. Das falsche Datum ist auch in Dürrenmatts *Werkausgabe in 30 Bänden*, Zürich (Diogenes) 1980 stehengeblieben; vgl. Bd. III, S. 213. Künftig Hinweise im Text durch bloße Angabe von Band und Seite.

[4] Zitat aus *Abendzeitung* (4.6.52). Die Klageschrift selbst war mir leider nicht zugänglich. Die Erlaubnis von Kadidja Wedekind, sie im Stadtarchiv München einzusehen, wo sie vielleicht zu finden wäre, konnte ich nicht mehr erbitten. Doch schrieb mir K. W. am 22.11.84, die Klage sei vom Leiter des Drei Masken-Theaterverlags, Hans Joachim Pavel, erhoben worden.

[5] Dürrenmatt an T. Wedekind am 24.9.1952 aus Neuenburg (Archiv der Stadtbibliothek München). Die widersprüchliche Äußerung (»gern komme ich Ihrer Aufforderung entgegen«) in seinem Brief an Max Rychner vom 7.7.1952. Die Kenntnis dieses Briefes wie auch des folgenden (T. Wedekind an die *Tat*) verdanke ich Claire Scheuter, der früheren Mitredaktorin und Mitarbeiterin der *Tat*.

Auszüge daraus publizierte die Münchner *Abendzeitung* am 23. September des gleichen Jahres.

Schon im zweiten Satz dreht Dürrenmatt, der Meister der Paradoxien, den Spieß um: »Frau Tilly ist zu verteidigen, nicht ich.« Gleich jedoch folgt die spöttische Bemerkung, leider sei weder sie noch ihr Mann dahinter gekommen, wie man einander abschreibe. Im Artikel erklärt Dürrenmatt überdies *Die Ehe des Herrn Mississippi* als künstlerisches Experiment; er denke nicht, in diesem Stil weiterzuschreiben. Dann rückt er, gleichsam als Beleg, daß er seinen Meister genau gelesen habe, eine kleine Korrektur des Wedekind-Zitats der *Abendzeitung* ein. Diese Sätze könnten den Lesern aber das Plagiatorische beweisen. Darum Dürrenmatt: »Das war Tillys Geschoß.«

Darauf folgt der bezeichnende Gegenangriff: Ein Richter müßte bei genauerer Betrachtung annehmen, Wedekind habe ihm, Dürrenmatt abgeschrieben, denn was bei Wedekind zufällig aneinandergereiht sei, habe bei Dürrenmatt eine logisch-dialektische Folgerichtigkeit. Die Thematik der *Ehe des Herrn Mississippi* sei eindeutig aus dem dritten Akt der Komödie *Romulus der Große* abgeleitet; Mississippi sei eine Weiterführung der Gestalt des Romulus; aus dem Verhältnis Romulus-Julia habe sich notwendigerweise die Ehe Anastasia-Mississippi entwickeln müssen. Aber in einem allgemeineren Sinn habe Frau Wedekind recht; Wedekind habe auf den Verfasser der »Bekenntnisse« einen eminenten Einfluß gehabt. Allerdings vor allem durch den *Marquis von Keith*, ein Stück, das er für Wedekinds bestes halte. Durch die Figuration Marquis-Scholz sei ihm die Möglichkeit einer Dialektik *mit* Personen erst recht aufgegangen: auch sprachliche Einflüsse seien nicht zu leugnen.

Am 19. September 1952 schickte Tilly Wedekind der Redaktion der *Tat* eine Entgegnung und bat um Veröffentlichung; am gleichen Tage wandte sie sich, ziemlich freundlich und in wenig vorwurfsvollem Ton, an den Gegenspieler selber[6] und erhielt von ihm eine hier schon kurz erwähnte (freundlich-charmante) Antwort. Vier Tage später zog sie, auf Anraten ihrer Töchter, wie sie schrieb, die Entgegnung zurück.[7]

---

[6] T. Wedekind an Dürrenmatt, Starnbergersee 19.9.52 (Archiv der Stadtbibliothek München); D.s Antwort 24.9.1952

[7] T. Wedekinds für den Druck in der *Tat* vorgesehene Entgegnung vom 19.9.1952 ist nicht mehr auffindbar. T. Wedekind an die Redaktion der *Tat* 23.9.1952 (Telegramm am gleichen Tag). Die Erlaubnis zur (auszugsweisen) Veröffentlichung der Briefe verdanke ich Kadidja Wedekind Biel. Aus St. Heinrich am Starnbergersee schrieb Tilly W.:
»Meine Töchter – vor allem Kadidja – finden, daß es nicht richtig ist, wenn ich nun in demselben spöttischen Ton antworte, in dem Herr Dürrenmatt schreibt,

Aus dem Streit ist ein nettes Geplänkel geworden, aus dem »Kampf im eigenen Lager«, wie sich Dürrenmatt in seinem Brief an die Angreiferin ausdrückte, von seiner Seite ein *hommage à femme*. War das eine oberflächliche Versöhnung, die Vertuschung einer Abhängigkeit, die tiefer ging? Hans Mayer hat später das Wesentliche der Abhängigkeit literaturhistorisch erörtert.[8]

Nachahmung oder Originalität?

Diese vom Tag, vom Persönlichen und der Möglichkeit eines Prozesses bestimmte Auseinandersetzung zwischen der Gattin des Meisters und dem

[8] der die Sache ins Komische zieht und sich über mich lustig macht. Kadidja sagt, so komisch wäre es nicht. Wedekind mußte fast zeit seines Lebens kämpfen, um ernst genommen zu werden, und jetzt muß *ich* für ihn kämpfen. Selbst Herr Dürrenmatt findet diesen Kampf notwendig. Daß dieser Kampf wieder notwendig, haben wir dem Dritten Reich zu verdanken, das keine Mittel scheute, Wedekind zu diffamieren, auszulöschen, vom Erdboden zu vertilgen. Da aber durch geradezu haarsträubende Mißverständnisse in jüngster Zeit, die nur durch die Nazis möglich wurden, die einer ganzen Generation Wedekind einfach vorenthalten hat und falsche Gerüchte über ihn in Umlauf setzte –, da sich dadurch gerade jetzt Menschen finden, die sich für Wedekind einsetzen, und ihn verteidigen – auch gegen Herrn Dürrenmatt – so findet Kadidja meinen Ton nicht angebracht. Sie meint, Wedekinds Verteidiger könnten das Gefühl haben, daß ich ihnen in den Rücken falle, was aber weiß Gott nicht meine Absicht ist. Ich konnte mich aber ihrer Ansicht nicht verschließen, daß mein Brief vollständig mißverstanden werden könnte und daß er besser unterbleibt. [...]«

Hans Mayer »Friedrich Dürrenmatt«, in *Zeitschrift für deutsche Philologie* 87/4 (1969), S. 432–509. Ein längeres Zitat rechtfertigt sich m. E.; zwar geht Mayer hier von »Es steht geschrieben« aus, erörtert aber die Beziehung Wedekind-Dürrenmatt so souverän, daß seine Überlegungen den besten Hintergrund für das Scharmützel der Witwe mit dem Stückeschreiber bilden:

»Dürrenmatts erstes Stück, darin stellvertretend für seine gesamte frühe Dramatik, verkündete immer wieder den Primat des Opfers vor jeglicher Aktion. Der Leidende stand moralisch und metaphysisch höher als der Täter. Hierin erwies sich der junge Dürrenmatt in aller Bewußtheit als ein Lehrling Frank Wedekinds und der expressionistischen Dramatiker. Die Modellsituation der frühen Dramatik Dürrenmatts war gegeben durch Wedekinds Hochstaplergeschichte vom »Marquis von Keith«. Die beiden tragikomischen Don Quijotes, Keith und Scholz, symbolisierten ein doppeltes Scheitern, das komisch wirkte. Einerseits der Abenteurer, dessen Vitalität durch die Sehnsucht nach der respektablen Bürgerlichkeit getrübt wird, zum andern der eingefleischte Moralist, welcher den vitalen Genießer spielen möchte, und daran gleichfalls durch seine moralischen Hemmungen gehindert wird. So macht Bewußtsein aus beiden nur komische und arme Teufel. Der gescheiterte Moralist Scholz zieht sich schließlich, und zwar freiwillig, in die Heilanstalt zurück. Dies war Dürrenmatts dramaturgische Modellsituation. Spuren davon finden sich nicht nur in der »Ehe des Herrn Mississippi«, sondern sogar noch in den »Physikern«. Auch der Meteor Schwitter hat immer noch einiges an sich vom Marquis von Keith. Übrigens verriet Dürrenmatt, daß er bei der Arbeit am »Meteor« einen Augenblick daran gedacht habe, dem unsterblichen, alles um sich her zerstörenden Nobelpreisträger einen Gegenspieler zu geben. Daraus wäre dann abermals ein Dürrenmattscher Ernst Scholz geworden«. (S. 494)

Schüler legt einen Exkurs über die Selbständigkeit eines Autors nahe. Er wird zwar flüchtig sein, scheint mir aber trotz neuerer grundlegender Beiträge nötig.

Während die Antike geistige Eigentumsrechte ziemlich ernst nahm, kümmerten sich mittelalterliche und frühneuzeitliche Verfasser weniger um die entsprechenden Abgrenzungen. Im Mittelalter galt die Autorität von Vorbildern wie Aristoteles so viel, daß man zwischen Eigenem und Tradiertem nicht kleinlich unterscheiden wollte. Überspitzt ausgedrückt: der Begriff des geistigen Eigentums war nicht bekannt. Die Renaissance sodann bekannte sich, wie das Wort schon nahe legt, zu Schöpfungen aus zweiter Hand. Und erst recht Shakespeare, dieses Paradebeispiel eines Genies der Anleihen. In der Epoche kurz nach Gutenbergs Erfindung grassierten die Nachdrucke,[9] die man als technisch bedingte Variationen des eigentlichen Plagiats bezeichnen könnte. Sie waren mit ein Grund, daß man sich allmählich auf Sicherungsmaßnahmen zu besinnen begann. Doch die Großen auch des 17. Jahrhunderts wie Lope, Calderon, Molière plünderten vorläufig nach Herzenslust; Molières Devise »Je prends mon bien où je le trouve« nimmt schon deutlich die Haltung der Zeitgenossen Brechts, also auch Wedekinds und Dürrenmatts, vorweg. Erst seit Mitte des letzten Jahrhunderts, als der Urheberschutz sich durchsetzte, wurde man vorsichtiger, und mehr oder weniger berechtigte Vorwürfe an die Adresse der Bekannten waren an der Tagesordnung. Alexander Dumas père, »der größte Plagiator aller Zeiten« (*Reallexikon*), arbeitete allerdings in bester Tarnung, und der literarische Untergrund – z.B. Pornographie und andere gesetzwidrige Werke – blieben auf Grund der Berner Übereinkunft weiterhin urheberrechtlich ungeschützt.

Neue Kriterien verlangt die seit dem ersten Weltkrieg durch gewisse kulturelle Entwicklungen sich geradezu aufdrängende Montagetechnik. Thomas Mann war darin der unbestrittene Meister. Als Abwandlung dieser Technik mag Max Frischs Technik der Reproduktion – Schreiben bzw. Leben im Zitat – angesehen werden. Neue Kriterien verlangt aber auch die zu Beginn unseres Jahrhunderts überhandnehmende Imitationslust. Rebellen wie Wedekind und Dürrenmatt imitieren nur selten bewußt. Um die Jahrhundertwende gibt es ein berühmtes Beispiel einer dichterischen Dokumentations-Kopie und der scheinbaren Imitationstechnik: Rainer Maria Rilkes Vorspann zum »Cornet«, zu jenem Bravourstück der Jugendbewegtheit, welches das erstemal 1899 in einer Nacht hingeschrieben wurde – im Jahr, als auch die Frömmigkeits-Imitation »Vom mönchischen Leben« entstand.

---

[9] Dazu und im folgenden: *Reallexikon der deutschen Literaturgeschichte*, Bd.3, Berlin (de Gruyter) ²1977, S. 115ff. Eine Fundgrube für Plagiats- und Fälschungsgeschichten ist das Buch von Matthias Quercu (Pseudonym für Hans Eich und Matthias Günter) *Falsch aus der Feder geflossen*, München (Ehrenwirt) 1964. Nachdruck Darmstadt (Deutsche Buchgemeinschaft) 1968. Er schildert das Schicksal von Betrügern wie Chatterton, der Verbindung aufnahm mit Horace Walpole, dem Meister der Imitationskunst – man denke an eine der berühmtesten der ›Gothic Novels‹, *The Castle of Otranto* und Walpoles Pseudo-Burg *Strawberry Hill* – und das Schicksal vieler anderer berühmter Vertreter der Zunft der Plagiatoren oder Kunst-Parasiten.

Im Jugendstil war Tradition nicht sakrosankt; traditionelle Motive dienten vielmehr, oft auch in der Literatur, zum kunstgewerblich anmutenden Herumlaborieren. Man arrangierte in Architektur, Malerei und Dichtung mittelalterliche und frühneuzeitliche Stilelemente, imitierte den Balladen- und Legendenton. Solche Produkte waren hie und da von Plagiaten kaum zu unterscheiden. All dies aber hatte den Anschein des Neuartigen. Die Arrangements blieben unter einer eindrücklichen Schicht von Patina getarnt; darunter gab es neben andern Relikten der guten alten Zeit zum Beispiel Wendungen des Chronistendeutsch. Man fühlte sich als Epigone. Echte Gefühlsseligkeiten mischten sich gern mit Banalitäten, Eigenes mit Übernommenem. Was Emil Staiger[10] als Zeichen großer Literatur sieht: die Dialektik von Nachahmung und Originalität, war in solchen Mischprodukten selten vorhanden.

Niemand wird bei der Beurteilung des Falls Wedekind-Dürrenmatt zu sehr an das Problem der Imitations- oder Zitiertechnik denken. Für beide Werke sind Selbständigkeit und Gegenläufigkeit wichtig. Frank Wedekinds Bedeutung in der Literaturgeschichte besteht, vereinfacht ausgedrückt, im schroffen Bruch mit den traditionellen Werten der viktorianischen Moralbegriffe und des entsprechenden naturalistischen Theaterstils. Sein Werk sollte schockieren – und tat es auch. Der Autor kam ins Gefängnis, und in den Theatern führten zahlreiche seiner Stücke zu wilden Tumultszenen[11], wie sie Dürrenmatt und seinesgleichen nicht mehr erhoffen können. Friedrich Dürrenmatts Werk sollte und soll zwar auch ein ›Skandalon‹ sein, aber man wird die paar Theateraufregungen um ihn herum angesichts seiner großartigen Bilder und der bohrenden Fragen um Gerechtigkeit rasch vergessen. Physik, Philosophie und Malerei sind ihm denn doch wichtiger als Druckbrüche im Theater. Alttestamentliche, darunter apokalyptische Motive wechseln mit solchen der antiken und volkstümlichen Komödie ab. Gegenüber den bald willkommenen, bald lästigen Interviewern hat er immer wieder eine große Zahl wichtiger Vorbilder wie Aristophanes, Kant, Wieland, Nestroy, Fontane oder gar den »Gegner« Brecht genannt, Wedekind relativ selten.[12]

---

[10] E. Staiger, »Dialektik der Begriffe Nachahmung und Originalität«, in: *Akten des III. Internationalen Germanistenkongresses 1965 in Amsterdam*, hg. von Werner Kohlschmidt u. H. Meyer, Bern und München (Francke) 1966, S. 29.

[11] Über Zensur- und Publikationsreaktionen auf Wedekind-Aufführungen vgl. u. a. Michael Meyer: *Theaterzensur in München 1900–1918*, München (Neue Schriftenreihe des Stadtarchivs) 1982, vor allem Teil D.

[12] Außer in der hier zur Diskussion stehenden Glosse »Bekenntnisse« erwähnt Dürrenmatt Wedekind im positiven Sinne eigentlich nur im Gespräch mit Dieter Fringeli: *Nachdenken mit und über F. D.*, Breitenbach (Jeger-Moll), o.J., o.S. [1971] (»Sehr bestimmend waren Wedekind und Kraus [...], das große Stilerlebnis für mich aber war Fontane.«) und mit Charlotte Kerr: D./Ch.K.; *Rollenspiele*. Zürich (Diogenes), 1987, S. 86 (»Wedekind wurde für mich wichtig«; Streit seinetwegen mit Staiger).

Trotzdem: Wedekind ist in mancherlei Hinsicht bestimmt eher sein Verwandter als zum Beispiel Wieland oder Fontane. Die Parallelen zu Brecht stehen auf einem andern Blatt; die peinliche Ähnlichkeit der *Dreigroschenoper* mit *Frank V.* kann im nachhinein als heilsames Mißgeschick betrachtet werden, das den Jüngeren vor weiteren Anleihen bewahren half. Die Verwandtschaft Wedekind-Dürrenmatt sehe ich vor allem im entbürgerlichten, großformatigen Moralismus, im Hang zur Satire, in der Reduktion der im 19. Jahrhundert üblichen »farbigen« Theatersprache auf das Lapidare, die knappe Auseinandersetzung, den herben Ausdruck. Hofmannsthals Sinn für Nuancen, sein Spiel mit Dialekt und Fremdsprachigem, das Hochpoetische und Melodiöse der Gespräche bilden den größten Gegensatz. Wedekind hat wieder ernüchternde Tragikomödien geschrieben; Voraussetzung dazu war die Fähigkeit, primitive Triebe, das sogenannte Unnatürliche, ja Perverse, Extremes und Anstößiges ernst zu nehmen und für die Bühne zu formulieren. Das Tierweib Lulu wurde weltbekannt, der *Marquis von Keith* — nach dem Mißerfolg der ersten Aufführungen — später ebenfalls. Die Absicht war, der nackten Wahrheit näher zu kommen, im Stil der Zirkuswelt die Gestalten in grelles Scheinwerferlicht zu stellen — nicht die Empfindungen verwöhnter Menschen zu schildern, sondern allenfalls Bordelle und deren Belegschaft zu loben. Die Vorliebe wird manchmal zur Zwangsvorstellung. (Alfred Kerr in einem Essay allgemeinen Charakters: »Jede Schlucht, die zu überbrücken ist, erhält für ihn die Gestalt einer vagina«.)

Wedekinds Werke sind Dürrenmatt offensichtlich nur aus den Büchern bekannt geworden. Die Theater, die er damals hie und da besuchte, spielten fast keine Wedekind-Stücke. Im »Schweizer Theaterbuch« (1964) werden bis 1952 für Basel nur eine (1920), für Bern ebenfalls nur eine (1913), für Zürich immerhin zwei (ziemlich schlecht besuchte: 1922) Inszenierungen registriert. Unter den zahlreichen Theaterrezensionen, die Dürrenmatt für die Berner Zeitung *Die Nation* und die Zürcher *Weltwoche* über Aufführungen in Basel und Zürich schrieb, findet sich keine einzige über Wedekind. Das Werk tat als dichterisches seine Wirkung. Zum Beispiel durch die Darstellung des Kampfes gegensätzlicher Mächte oder Personen vor dem Hintergrund einer dekadenten, ja zum Untergang bestimmten Welt.

Der glitzernde Feenpalast, den der Marquis von Keith auf Kosten einfältiger Münchner plant, steht als Sinnbild für eine bürgerliche Gesellschaft, die wie ein Kartenhaus zusammenfallen könnte, wenn man sie auf ihre Echtheit prüfte. Außer der fleischlichen Begierde scheint alles verlogen. Der Kunstmaler Saranieff bildet sich auf seine Fälschungen à la Böcklin ebenso viel ein wie der Marquis auf den Feenpalast. Dieses Motiv des Fälschens ist für Wedekind viel wichtiger als für Dürrenmatt.

Dürrenmatt ist, wie er in den »Bekenntnissen eines Plagiators« schrieb, die Möglichkeit einer »Dialektik *mit* Personen« durch Wedekinds Drama »erst recht aufgegangen« (III,216). Der Don Quijote des Lebensgenusses (von Keith) steht dem Don Quijote der Moral (Scholz) gegenüber, der aus der Gosse Stammende dem Adligen, der sich aus Gewissensgründen einen bürgerlichen Namen zugelegt hat. Graf Bodo im *Mississippi* gleicht in einigen Besonderheiten diesem Scholz; doch sein Gegner, der Staatsanwalt, glaube ich, ist nicht nur dem Gehirn des Dialektikers entsprungen. Dürrenmatt hat, um geistreicher replizieren zu können, etwas voreilig Bekenntnisse abgelegt. Der Marquis und Scholz sind Doppelgänger, wie sie Dürrenmatt schon lange im Frühwerk, noch ganz unbeeinflußt von seinem Meister, unter anderem im Hörspiel *Der Doppelgänger* geschildert hat. Damals waren die zwei sich bekämpfenden Gestalten in Bildern und dichterischen Visionen ohne jegliches ideologisches Beiwerk konzipiert.

Nicht diskutiert wird in der Kontroverse zwischen Tilly Wedekind und Dürrenmatt der Rückzug des Moralisten Scholz ins Irrenhaus. Er möchte seinen Doppelgänger zum Mitkommen überreden – eine entscheidende Szene, die Thomas Mann ergreifend interpretiert hat. Ebensowenig erwähnt wird in der Kontroverse das wiederholte Auferstehen Keiths in Kuba. Einem verzweifelteren Rückzug ins Irrenhaus begegnen wir später im Schicksal von Möbius in den *Physikern*, einem berühmteren »Auferstehenden« im Nobelpreisträger Schwitter des *Meteor*.

Der in den gleichen Jahren wie der *Marquis von Keith* geschaffene, aber etwas früher mit großem Erfolg aufgeführte Schwank *Der Kammersänger* (1899) zeigt auf erheiternde Weise, wie sich ein Künstler gegen die zum Teil auf Irrtümern beruhende Berühmtheit zu wehren versucht. Dürrenmatts *Abendstunde im Spätherbst* hat damit thematisch eine große Ähnlichkeit; der zuerst als Hörspiel gegebene Einakter konnte denn auch zusammen mit Wedekinds Schwank und einem Werk Schnitzlers von Rudolf Noelte 1959 im Berliner Theater am Kurfürstendamm unter dem Sammeltitel »Illusionen« inszeniert werden.

Nicht abzustreitende verwandte Züge zwischen Dürrenmatt und Wedekind, die dessen Frau Verdacht schöpften ließen, gibt es ferner in *Franziska. Ein modernes Mysterium in fünf Akten* (1911). Hier steigt, ähnlich wie im *Mississippi*, jemand durchs Fenster ein. Als Veit Kunz, ein heruntergekommener Versicherungsbeamter und Gesangslehrer, im ersten Bild in Franziskas Zimmer gelangen will, muß er zuerst den Fensterladen öffnen. Dürrenmatt eliminiert solch realistisch wirkende Begleitumstände. Franziska, die Protagonistin des freien Sinnengenusses, hat kurz vorher der Mutter gegenüber die Ehe als Hölle bezeichnet. In einer Anmerkung zu Beginn des zweiten Aktes erklärt Wedekind – diese Anmerkung bringt uns Dürrenmatt wieder näher –, warum er Franzsika als Mann auftreten und eine Frau heiraten lasse:

> Das Thema dieses zweiten Aktes ist die Ehe, speziell die Investition von Aufopferungen, durch die auch unter den ungünstigsten Verhältnissen zwei Menschen noch aneinander gefesselt werden. Um dies drastisch zu schildern, konstruierte ich eine so unglückliche Ehe, wie sie in Wirklichkeit gar nicht vorkommt, die Karikatur einer unglücklichen Ehe. Daher ersuche ich, das Stoffliche nicht allzu ernst zu nehmen, um so ernster aber auf die logischen Zusammenhänge achten zu wollen.

Eine Anweisung für die gräßliche Ehe des Staatsanwalts Mississippi? Oder einfach eine Warnung vor dem Übermaß an Erkünsteltem der folgenden Szenen?

Tilly Wedekinds Argumentation zu den angeblichen Plagiaten aus *Schloss Wetterstein* (1912) habe ich schon eingangs zitiert.

Keinen Verdacht hat sie (wie bei den allgemeineren Parallelen[13]) hinsichtlich von *Die Zensur. Theodizee in einem Akt* (1907) geschöpft; abgesehen von der Verwendung eines gleichen Namens – bei Wedekind ist Dr. Prantl Sekretär des Beichtvaters Seiner Majestät, in Dürrenmatts Kriminalgeschichte *Der Richter und sein Henker* tritt Polizeileutnant Schmid als Spion bei Gastmann mit diesem Namen auf: ein Subalterner im nichtgeistlichen Bereich – zeigt der Einakter in der Tat Unnachahmliches. Die Hauptperson wird wohl in Erinnerung an das berühmte, fälschlicherweise dem französischen Scholastiker zugeschriebene Gleichnis vom zwischen zwei Heuhaufen verhungernde Esel Buridan genannt. Der grotesken Situation im Stück entspricht die groteske Utopie des Literaten Buridan:

> Ich trage mich seit geraumer Zeit mit dem Gedanken, ein Freundenhaus als moralische Erziehungsanstalt ins Leben zu rufen. Ein Haus, in dem Zöglinge Jahre hindurch darauf derart durch Freuden übermüdet werden, daß sie dann fürs ganze Leben ihren höchsten Genuß in dem erblicken, was man sonst Sorgen und Mühseligkeiten nennt.

---

[13] Jan Joplin Seiler versucht in seiner Dissertation *Wedekind and Durrenmatt. A Comparative study* (University of Wisconsin, 1973), die Verwandtschaft D.s mit Wedekind detailliert zu belegen. Eingehend werden die beiden Werken ähnlichen Gestalten des Narren analysiert; im Kapitel »Woman as Eros« wird, in Ergänzung zu den von D. selber genannten Beispielen, die Abhängigkeit einer Episode im *Mississippi* (S. Claude will Anastasia in seinem Bordell arbeiten lassen) vom 2. Akt der *Büchse der Pandora* (Marquis Casti Piani will, daß Lulu sich als Prostituierte in Kairo nützlich mache), als wahrscheinlich angenommen. Außerdem weist Seiler z.B. auf die Ähnlichkeit einer Effi-Szene in *Schloß Wetterstein* mit dem Korbes-Roman *Begegnung in einem fremden Land* hin.

Als Priester des Sinnengenusses hat sich Wedekind stets darum bemüht, durch den Hinweis auf unnatürliche Neigungen den Wert der eigentlichen Natur (nicht bloß des Geschlechtlichen) zu zeigen. Dürrenmatt ist dieses Anliegen fremd.

Dürrenmatts Autorschaft

Es versteht sich von selbst, daß theaterbesessene Dichter wie Dürrenmatt von Wedekinds Dramen angetan sein mußten. Allerdings nicht von Anfang an. *Es steht geschrieben*, *Romulus der Große*, *Ein Engel kommt nach Babylon* und die frühe Prosa sind in Mitteln und Sprache vom späteren Vorbild grundverschieden. Erst seit dem *Mississippi* gibt es die Anklänge; abgesehen von den erwähnten Details fehlen sie allerdings in der Reifezeit und im Spätwerk. Dürrenmatt arbeitet im ganzen außerhalb der Tradition der jüngsten Vergangenheit; Bürgertum und Spätbürgerlichkeit sind für ihn, anders als für Thomas Mann oder Max Frisch, fast bedeutungslos. Die monologischen Elemente lassen sich nicht übersehen; das Gefühl, alles Wichtige seinen Vorgängern und Mitlebenden zu schulden, von dem Goethe am 12. Mai 1825 zu Eckermann sprach, ist ihm fremd.

Sein Schaffen besitzt aufs Titanisch angelegte Züge; bei vielen seiner Werke erstickt einem das Lachen im Hals. Mehr als bei vielen seiner Zeitgenossen denkt man sowohl bei seiner Produktivität als Schriftsteller wie bei der als bildender Künstler an den lateinischen Begriff *auctor* mit dem ihm zugrunde liegenden Verb *augere* (›wachsen machen‹, ›vergrößern‹, ›steigern‹, ›bereichern‹, ›überhäufen‹). Indes gehört Dürrenmatt in eine Epoche, die der Auffassung des schöpferischen Menschen als eines gottähnlichen Wesens mißtraut. Die Massenverbreitung der Kunstwerke und die damit verbundene Vermarktung durch gerissene Geschäftsleute, die Tendenz, Werke mit sicherer Valuta als Investitionschance zu benutzen, hat sogar Gutgläubige desillusioniert. Die Erkenntnis, daß ein Künstler niemals aus dem Nichts schafft, ist zum Gemeinplatz geworden, und Theoretiker verschiedenster Herkunft haben diese Erkenntnis überdacht. Stanislaw Lem schreibt einmal: »Jedes Werk hat unbestreitbar nur einen Autor, doch gerade dieser hat sehr ›viele Autoren‹ gehabt, weil ihn die sprachlich-kulturellen Bedingungen einer bestimmten Epoche formten.«[14]

Die allgemeine Skepsis gegenüber einer angeblich genialen Autorschaft entspricht der allgemeinen Skepsis gegenüber der Idee der Autorität. Die beiden Begriffe stammen ja bekanntlich aus dem gleichen Wortfeld. Jean

---

[14] S. Lem: *Philosophie des Zufalls* (1968), Frankfurt a. M. (Insel) ²1975, S. 73f.

Starobinski hat neulich, nach Betrachtungen über das Angewiesensein des Autors auf eine höhere, unvergängliche Botschaft, ein vorläufiges Fazit gezogen: »Aus der Krise der Autorität heraus […] entsteht die *moderne Figur des Autors*«[15] In dieser Hinsicht entspricht Dürrenmatts Situation genau der seins Vorgängers Wedekind.

Dürrenmatt spricht und schreibt gern über *andere* Vorbilder: hie und da hebt er auch jemanden hervor, von dem er nicht viel gelernt haben kann. Entlehnungen sind ihm − damit korrigiere ich die obige Behauptung seiner Gegensätzlichkeit zu Goethe − niemals unheimlich. Er ist Leser und Autor. Hans-Georg Gadamer hat in einem bewundernswerten Essay das so ausgedrückt: »Man spricht im Hinblick auf den Autor von geistigem Eigentum. Das stimmt als juristischer Begriff. Es stimmt nicht für Autor und Leser. Lernen ist wie Diebstahl − und beide lernen dabei.«[16]

Dürrenmatt pocht nie auf seine Eigenart; sie wird gerade deshalb umso plausibler. In den Kindheitserinnerungen schon fällt die Neigung zu harmlosen Eroberungszügen auf, so in der autobiographischen Skizze »Vom Anfang her«:

> Stundenlang malte ich und zeichnete ich von nun an im Atelier des Meisters [des Dorfmalers]. Die Motive Sintfluten und Schweizerschlachten. Ich war ein kriegerisches Kind. Oft rannte ich als Sechsjähriger im Garten herum mit einer langen Bohnenstange bewaffnet, einen Pfannendeckel als Schild, um endlich meiner Mutter erschöpft zu melden, die Österreicher seien aus dem Garten gejagt (XXVI, 11f.).

Auch in den ästhetischen Schriften heißt es nie, Kunst führe zu Besinnlichkeit oder gar andächtigem Staunen. In frühen noch deutlicher als in späteren Zeugnissen ist meist von aggressivem Entdeckerwillen die Rede. So zur Zeit des dramatischen Erstlings: »Kunst ist Welteroberung, weil Darstellen ein Erobern ist und nicht ein Abbilden, ein Überwinden von Distanzen durch die Phantasie« (XXVI, 147). Andererseits erkennt er schon früh die äußerlichen Bedingtheiten des Autors, zum Beispiel durch den Theaterbetrieb. In einem Aufsatz aus der Zeit des *Mississippi* heißt es:

> Es gibt schriftstellerische Päpste, die legitimerweise auf dem Thron der von der Zeit akzeptierten Dramatik sitzen. Sie erfinden nicht. Sie vollziehen die Dramatik wie ein Hofzeremoniell. Dann gibt es Ketzer. Vorsteher von Sekten. Ihnen ist die Dramatik eine kultische Handlung, die dramaturgischen Regeln heilige Gesetze;

---

[15] J. Starobinski, »Der Autor und die Autorität. Notizen über Dauer und Wandel einer Beziehung« [Neben Beiträgen von Harald Weinrich, Hans Blumenberg u. a.], in: Sonderbeilage »Literatur und Kunst« zum Thema Autor und Autorschaft der *Neuen Zürcher Zeitung*, Nr. 239 (13./14. Okt. 1984), S. 68.

[16] H.-G. Gadamer, »Wege des Verstehens. Die Deutung von Autorschaft«, in: *Neue Zürcher Zeitung*, a. a. O., S. 69.

ein neues Weltbild, ein neues Zeitalter bricht an, das übrige ist profan, hoffnungslos veraltet, stinkt zum Himmel. Andere wieder nehmen ihren Platz als Usurpatoren ein, Dschingiskhane des Theaters, wie etwa Brecht, Gründer neuer Stile und leider auch Schulen. Doch gibt es auch immer wieder Autoren, die ihre Herrschaft nur beschränkt ausüben. Sie zweifeln, ob sich die Bühne überhaupt beherrschen lasse, begnügen sich, Theater zu ermöglichen, oft erstaunt und amüsiert, was sie alles anrichten, sei es bloß durch ein Mißverständnis. (XXIV, 16)

Ernst Jünger, dessen Prosa auf diejenige des jungen Dürrenmatt nicht ohne Einfluß[17] gewesen ist — auch er hat einen ausgesprochenen Hang zum Lapidaren — kennt natürlich keine Einschränkungen durch den Theaterbetrieb und möchte auch sonst nicht auf hierarchische Herrschaftsstrukturen verzichten. Er hat jedoch im Buch *Autor und Autorschaft* (1984) einige Gedanken über den künstlerisch Schaffenden geäußert, die Dürrenmatts Auffassungen teils erhellen, teils ergänzen. Ich denke an eine Betrachtung über den Marquis de Sade:

> [Der Exkurs] diene als Beispiel dafür, daß für die Bewertung des Autors Moralfragen nicht den Ausschlag geben, und, was vielleicht noch erstaunlicher klingt, auch nicht Geschmacksfragen. Es geht um den Einblick in das Gefüge der Welt, mit Paradies und Hölle, mit Gipfeln und Abgründen.

Oder, zunächst als Gegensatz, dann als Parallele:

> Der Autor wird sich auf die Katastrophenstimmung nicht einlassen. Die Katastrophe abzuwenden oder zu mindern, ist Aufgabe des Politikers, die Beistand verdient. Die höheren Geisteskräfte können hier nichts ausrichten, ihre Teilnahme ist eher zensorischer Natur: es gibt Entwicklungen, die moralisch einstimmig verurteilt werden und selbst der Logik widersprechen — sie nehmen dennoch ihren Gang.
> Der Autor faßt den Untergang in seiner vollen Dimension ins Auge, in seiner tragischen Bedeutung, wie die großen Propheten und nach ihnen Heraklit. Letzthin ist der Untergang das einzige Normale und das Verhältnis des Autors zu ihm nur insofern besonders, als es sich im Werk profiliert.

Wedekind hat den Untergang in der »vollen Dimension« nie darzustellen versucht, denn sein Interesse richtete sich auf ganz spezifische Konflikte zwischen Individuen und deren Umwelt.

In Anbetracht von Dürrenmatts Hauptthema (einer vom Untergang bedrohten Welt) läßt sich jetzt auch verstehen, warum er 1980 in einem fin-

---

[17] Dürrenmatt selber will keinen Einfluß wahrhaben; doch die auffallende Ähnlichkeit in Satzstrukturen des Frühwerks legt einen solchen nahe, wenn auch Jüngers Optik gewiß noch mehr Distanz schafft und seine Allegorien noch härter konturiert sind. Zu einigen Parallelen siehe H. Bänziger: *Frisch und Dürrenmatt*, Bern (Francke) [7]1976, S. 142. Die folgenden Jünger-Zitate in: E. J.: *Autor und Autorschaft*, Stuttgart (Klett) 1984, S. 125, S. 143.

gierten Interview mit sich selbst die früher zugestandene Abhängigkeit bestritt. Die an sich geniale Inszenierung der *Ehe des Herrn Mississippi* durch Schweikart habe zur »grotesken Meinung geführt, er sei so etwas wie ein Nachfolger Wedekinds und Sternheims« (XXV, 146). Damit wird nun der eingangs behandelte Streitfall Tilly Wedekind-Friedrich Dürrenmatt in ein besseres Licht gerückt. Eine Revision der bisherigen Vorstellungen ist notwendig, denn die Meinung, der Jüngere habe offensichtlich vom Älteren geborgt, wird selbst von Sachverständigen gern vertreten.[18]

Theaterstücke unterstehen anderen Kriterien als Lesetexte. Durch den Regisseur kommen Elemente in ein Kunstwerk, für die der Autor nicht mehr restlos verantwortlich sein kann. Ein Regisseur, der verschiedene Wedekind- und Sternheimstücke für die Bühne eingerichtet hat, wird deren Stil unwillkürlich auf die folgenden Aufführungen eines anderen Autors übertragen. Die Akzente der Textvorlage werden dadurch verschoben. Der *Mississippi*-Regisseur Hans Schweikart (1895–1975) war 1915 als Alwa in beiden Teilen der Lulu-Tragödien aufgetreten; 1928 wurde er auch von Otto Falckenberg mit dieser Rolle betraut. 1950 kam in den Münchner Kammerspielen, mit denen Wedekind stets eng verbunden war und deren Intendant Schweikart im genannten Jahr war, *Frühlings Erwachen* zur Aufführung. In diesem Stück soll der außerordentliche Theatermann schon 1928 eine Rolle gespielt haben.[19]

Zu beurteilen bleibt nun aber doch auch Tilly Wedekinds Vorwurf im erwähnten persönlichen Brief vom 19. September 1952, Dürrenmatt habe die Technik des Entlehnens einfach viel weniger beherrscht als ihr Gatte.

---

[18] So Günter Seehaus: *Frank Wedekind und das Theater*, München (Laokoon) 1964, S. 55: »Dürrenmatt benutzt in seiner *Ehe des Herrn Mississippi* Anregungen aus Wedekinds Werk in so offensichtlichem Maß«, [daß die Witwe gegen ihn klagen konnte]. Christian M. Jauslin: *Friedrich Dürrenmatt. Zur Struktur seiner Dramen*. Zürich (Juris Verlag) 1964, S. 59–64 vergleicht vorsichtiger. Wichtig sind hier weniger die die Klage Frau Wedekinds umschreibenden Hauptausführungen als der Hinweis (in Anmerkung 13) über die Freude vieler Schauspieler an der ausgesprochen bühnengerechten Sprache Wedekinds. Ähnliches Lob wird von Theaterleuten Dürrenmatt gezollt. Armin Arnold: *Friedrich Dürrenmatt*, Berlin (Colloquium) [5]1986, S. 37 kommentiert Frauengestalten: »Anastasia erinnert weniger an Shaws Frauen, die der Kinderzeugung wegen ruchlos handeln, sondern mehr an Wedekinds Lulu. Allerdings überzeugt Anastasias Sex-Appeal anfänglich bedeutend weniger: Mississippi heiratet sie, um sich selbst zu strafen, und ihr erster Gatte hatte sie betrogen. Solche Demütigungen hatte Lulu nicht erleben müssen.« Demgegenüber Timo Tiusanen: *Dürrenmatt. A Study in Plays, Prose, Theory*. Princeton (Princeton University Press) 1977, S. 105: »Anastasia is both a Super-Lulu from Wedekind and a figure foreshadowing Claire Zachanassian in *The Visit*.«

[19] Schweikart und Wedekind-Aufführungen: G. Seehaus, a. a. O., S. 424, S. 730. Über die Rolle, die er in *Frühlings Erwachen* spielte: *Theater-Lexikon*, hg. von H. Rischbieter, Zürich (Orell Füssli) 1983, Sp. 1171.

Sie schrieb damals, sie habe viel Spaß an den »Bekenntnissen« gehabt und auch ihn, Dürrenmatt persönlich, finde sie nett. Die Rezensionen des *Mississippi* hätten sie aber mißtrauisch gemacht, und sie habe zu Schweikart gesagt: »Warum spielen Sie nicht gleich das Original?« Er habe ihr nicht recht gegeben. Übrigens dünke es sie nicht recht, daß so viele starke Männer gegen eine schwache Frau vorgingen. – Ganz naiv sei sie nämlich auch nicht. Sie wisse genau, wie man einander abschreibe. Wedekind habe es nur geschickter gemacht als er, Dürrenmatt; ihr Mann sei gleich einige Jahrhunderte, ja Jahrtausende zurückgegangen, zum Beispiel auf die Bibel oder auf Schiller. Der Brief schließt mit dem Wunsch, sich zu versöhnen. Sie selber werde sich jetzt noch einmal *Die Ehe des Herrn Mississippi* ansehen.

Tilly Wedekinds Vorwürfe lassen sich natürlich leicht entkräften. Man kann bei Dürrenmatt alles mögliche bemängeln, schwerfälligen Zynismus oder schlechte Witze, aber Mangel an Sinn für die Antike oder für die Bibel sicher nicht. Wenn schon jemand seine Stoffe von sehr weit her geholt hat, ist es eher Dürrenmatt als Wedekind.

Vom Werk aus gesehen hatte die Witwe mit ihren Vorwürfen nicht recht, von einem anderen, mit dem Lebenslauf oder besser dem Tod Wedekinds zusammenhängenden Gesichtspunkt aus gesehen vermögen wir sie, so seltsam das klingt, besser zu verstehen. Das Begräbnis im Frühjahr 1918 auf dem Münchner Waldfriedhof wurde zu einem Ereignis, das verschiedene Dürrenmatt-Szenen, nicht nur diejenige in *Der Richter und sein Henker*, vorwegnimmt oder gar in den Schatten stellt. Eine Epoche ging mit dem zum Teil grotesken Gebaren der Trauergäste zu Ende. Bertolt Brecht, der zugegen war, hat seine Eindrücke im Tagebuch notiert; Heinrich Lautensack, der bei der Grablegung den Verstand verlor, schrieb »Ein Requiem«: eine »Pantomime für einen Film«; verschiedene andere Zeugen haben den Vorgang geschildert, unter anderen Otto Falckenberg, der Vorgänger Schweikarts in den Kammerspielen. Außerdem Kurt Martens:

> Es hatten sich nämlich auf dem Friedhof um den Katafalk nicht nur die Angehörigen und Freunde Wedekinds, fast alle Autoren von Rang, die Vertreter der Berufsorganisationen und mehrere Theater versammelt, sondern auch ein sehr gemischtes Publikum von der Gasse, vor allem Weiber und Mädchen der käuflichen Liebe, die dem toten Dichter aus Mißverständnis seiner erotischen Werke so etwas wie die letzte Ehre erweisen ... wollten. Diese bunte Schar staute sich hinter den Herren im schwarzen Rock und Zylinder und drängte schon während der Feier in der Halle ungebärdig nach vorn. Als sich dann der Kondukt in Bewegung setzte, geriet der Knäuel unwillkommener Zaungäste in wellenförmige Bewegung; und plötzlich hasteten sie, einer den andern überholend, dem Sarge voran, um nur ja

die ersten am Grabe zu sein und von dem Schauspiel dort nichts zu versäumen. Wie die Wilden stürmten sie im Galopp querfeldein.[20]

Die Imitation einer grotesken Bühnenszene, für andere der Versuch eines verrückten Rollentauschs? Bei ungebärdigen Schriftstellern wie Wedekind und Dürrenmatt drängt sich das Thema ex contrario auf. Ein Rebell imitiert nur in den seltensten Fällen. Kopien, Surrogate, Nachbildungen jeglicher Art sind für ihn ein Zeichen der Unfreiheit.

---

[20] K. Martens: *Schonungslose Lebenschronik, Bd. 2*, Berlin 1924, S. 168f.; zitiert nach Günter Seehaus: *Frank Wedekind in Selbstzeugnissen und Bilddokumenten.* Reinbek (Rowohlt, rm 213) 1974, S. 10.

IV Turner, Maos Witwe und die Alte Dame
Zur Vielfalt der Reaktionen auf Dürrenmatts Hauptwerk

Anlaß zu den folgenden Überlegungen gaben eine Nummer der Rheinischen Turnerzeitung, die mir vor Jahren der Zufall in die Hände spielte, und mehrere Kritiken über Aufführungen in China, die ich vor nicht allzu langer Zeit zu lesen bekam. Das erste war ein grotesker Protest, ausgesprochen von einem Verein, dessen Gefühle dem in einem Dorf aufgewachsenen Dramatiker nicht fremd sein können, auch wenn sie in diesem Fall recht teutonisch ausgedrückt wurden. Dürrenmatt ist ja, trotz seiner gewollt boshaften Invektiven, auf eine besondere Art volksverbunden geblieben. Das zweite ist ein Vergleich mit Maos Witwe, der ähnlich grotesk wirkt. Der in China entstandene Vergleich exemplifiziert einerseits Dürrenmatts weltweiten Ruhm, andererseits (für Europäer) einen Sonderfall des Mißverstehens. Der Weltruhm hängt, denke ich, nicht allein mit der Qualität seiner Werke zusammen, sondern mit deren Vieldeutigkeit. Beide Beispiele entsprechen dem Stil von Dürrenmatts Werken − in denen Zufälligkeiten im Widerstreit mit strenger Folgerichtigkeit stehen. So ist im folgenden wenig klare Systematik zu erwarten. Der siebente der »21 Punkte zu den Physikern« lautet: »Der Zufall in einer damatischen Handlung besteht darin, wann und wo wer zufällig wem begegnet.«

Der Protest der Turner

In der tragischen Komödie *Der Besuch der alten Dame* (1956), in der sich zeigt, wie eine ungerecht behandelte Frau Gerechtigkeit erzwingen will, wird am Schluß der Schuldige durch einen Turner ermordet. Die Frau ist fast ein Krüppel, der Turner gesund und kräftig. Der Text ist allerdings im Hinblick auf den Mord nicht ganz eindeutig. Die Gasse der schweigenden Männer − währschafte Bürger von Güllen − wird ja zu einem Menschenknäuel, der sich um das Opfer ballt. Das Bild eines beängstigenden Engpasses, das Dürrenmatt seit den vierziger Jahren mehrmals zeichnerisch und literarisch dargestellt hat,[1] ließe an sich die Nebenrolle des Turners verges-

---

[1] Vgl. das 1946 geschriebene Hörspiel *Der Doppelgänger* (Zürich 1960) und die Federzeichnung Nr. 5 »Scharfrichter« aus den Jahren 1943/45 (außerdem allenfalls die Labyrinthbilder) im von Christian Strich hg. Bildband, Zürich (Diogenes) 1978.

sen. Der ganze Menschenknäuel kauert langsam nieder; die schlimmstmögliche Wendung ergibt sich, falls man den Verlauf des Geschehens nicht oberflächlich nimmt, nicht nur für Ill.

Kräftige Gestalten kommen in Dürrenmatts Œuvre keineswegs selten vor. Nur ein Beispiel: Herkules, der den Stall des Augias ausmisten soll, imponiert weit und breit durch seine Körperkraft, und zwar, dies zu seinem Leidwesen, vor allem der Damenwelt. Um endlich wieder zu Geld zu kommen, tritt er im Zirkus Tantalus auf; der Zirkusdirektor weist bei seinem Auftritt voll Stolz auf das wundervolle »Muskelspiel des Helden« und die »Symphonie von Kraft« hin (VIII, 101).

Text und Regieanweisungen sind in den Fassungen 1956 und 1980 des *Besuchs*, außer dem Zusatz ›klein‹ für die Gasse, gleich.

> DER BÜRGERMEISTER Bildet die Gasse.
>
> Die Gülleüer bilden eine kleine Gasse, an deren Ende der Turner steht, nun in eleganten weißen Hosen, eine rote Schärpe über dem Turnerleibchen! (V, 128)

Kurz nachher:

> Ill geht langsam in die Gasse der schweigenden Männer. Ganz hinten stellt sich ihm der Turner entgegen. Ill bleibt stehen, kehrt sich um, sieht, wie sich unbarmherzig die Gasse schließt, sinkt in die Knie. Die Gasse verwandelt sich in einen Menschenknäuel, lautlos, der sich ballt, der langsam niederkauert. Stille. Von links vorne kommen Journalisten. Es wird hell. (V, 129)

Der Turner ist, wie gesagt, eine angeblich unwichtige Nebenfigur, die im Personenverzeichnis, auch in dem der Opernfassung, nicht einmal aufgeführt wird. Er kann ja weder zu den »Besuchern«, den »Besuchten«, den »Lästigen«, noch den »Sonstigen« gerechnet werden. Auch in den 1955 für das Programmheft der Uraufführung geschriebenen Anmerkungen wird er, im Unterschied zu anderen Personen oder unwichtigen Ortsangaben wie zum Beispiel Breisenbach, nicht kommentiert.

Seine Tat und die damit verbundene Überraschung machen ihn allerdings zu mehr als einer Nebenfigur. Im dritten Akt werden übrigens die meisten Zuschauer die Anspielung des ersten fast vergessen haben. Dort zeigt sich unter den zur Ankunft Claires herbeiströmenden Güllenern auch »einer im Turnerleibchen« (V, 40). Er hilft wohl die Pyramide des Turnvereins aufbauen, an der sich die Milliardärin so sehr freut. Auf einen Wink des Bürgermeisters präsentiert er sich den Anwesenden, dies allerdings erst in der Neufassung,[2] und Claire sagt (sowohl in der ersten wie der letzten Fassung): »Ich

---

[2] In der Fassung 1956 folgt statt dessen die Aufforderung des Bürgermeisters zum Bankett, und Claire fragt den Arzt, ob er Totenscheine ausstelle. Anschließend läßt sie den Turner noch einmal turnen und sagt: »Wundervoll diese Muskeln. Haben

liebe Männer in Leibchen und kurzen Hosen. Sie sehen so natürlich aus«. (Er trägt also noch nicht die eben genannten »eleganten weißen Hosen«). In der Neufassung gibt sie ihm für die Wiederholung der Übungen konkretere Anweisungen[3] und stellt dann dieselbe Frage wie in der ersten Fassung, nämlich, ob er schon jemanden erwürgt habe. Die verbitterte Frau mit ihren Prothesen, früher ein geradezu liebestolles »Wildkätzchen«, fühlt sich offenbar von dem Menschen, der äußerlich der größte Gegensatz ist, nicht nur angezogen, weil er ihr als Rächer dienen könnte wie der Polizist, der Arzt oder der Pfarrer, denen sie in bezug auf die Urteilsvollstreckung analog verfängliche Fragen stellt.

Des Turners Aufgabe bleibt unheimlich genug, und die Regisseure haben natürlich an dieser Figur oft nur allzu gern ihren Einfallsreichtum zu beweisen versucht. Man sah den Turner vor oder sogar nach dem schrecklichen Vorfall hie und da kniewippend, Arme schwingend, Hanteln stoßend die Aufmerksamkeit für sich erzwingen. Der Auftritt weckte den Unwillen der Rheinischen Turner und ihrer Gesinnungsgenossen. Schon nach der Aufnahme des Stücks in den Spielplan wurde beim Intendanten des Theaters von Mönchengladbach, einer Stadt von mehr als 100 000 Einwohnern im Regierungsbezirk Düsseldorf, reklamiert; er erhielt eine Protestnote folgenden Inhalts:

> Wir Turner, die wir seit mehr als hundert Jahren dem deutschen Sport unzählige Männer und Frauen als Erzieher ehrenamtlich zur Verfügung stellen, die wir über das Gebiet der Leibeserziehung hinaus in unseren Vereinen für Anstand, Sitte und christliche Weltanschauung eintreten, sehen in dieser entehrenden Rolle eine Beleidigung der Millionengemeinschaft des Deutschen Turnerbundes.[4]

Als die Intendanz bei einem Turnverein zwei Turnfahnen entlehnen wollte, wurde das Gesuch entrüstet zurückgewiesen. Die *Rheinische Turnerzeitung* lobte diese Haltung und schrieb unter dem Titel »Finger weg von teuflischen

---

Sie schon jemand erwürgt mit Ihren Kräften?« F.D.: *Komödien I*, Zürich (Die Arche) 1957, S.289. Für die endgültigen Fassungen jeweils Hinweise im Text durch Angabe von Band und Seitenzahl der *Werkausgabe in 30 Bänden*, Zürich (Diogenes) 1980.

[3] Nach dem »Turnen Sie nochmal« (wie in der ersten Fassung) sagt sie in der Fassung von 1980: »Schwingen Sie jetzt die Arme nach hinten, Herr Turner, und dann gehen Sie in den Liegestütz« (V, 41). Dann folgen ziemlich die gleichen versteckten Aufforderungen zum Töten wie in der ersten Fassung. Der Unterschied ist der, daß die Turnerszene nach jener im Konradsweilerwald jetzt separat steht, daß sie nicht wie früher gleich auf jene mit dem Arzt folgt.

[4] Bericht über Protestnote und Proteste, in: *Basler Nachrichten*, 22./23.6.57. Das zweite Zitat: Hanns Booten (zur Aufführung in Krefeld u. Mönchengladbach) in: *Rheinische Turnerzeitung*, 5.6.1957. Siehe auch *Schweizerische Theaterzeitung* (Berufstheater) 1957/Nr. 7, S.29 und Nr. 15 der Bibliographie H. Orłowskis (Dürrenmatt in Polen) in diesem Band.

Dingen!«: »Zum Lob und zur Ehre dieser angesprochenen Turnvereine muß festgestellt werden, daß sie sich nicht dafür hingeben. So wehren wir uns gegen alles, was die Idee des Turnertums verwässert oder besudelt und bekennen in aller Offenheit: Wir Turner, wir Turnerinnen sind weltoffene Patrioten, denen das Lob des Vaterlandes am nächsten, die Menschheit am höchsten und Gott über allem steht.« Das vierfache F des Turnersymbols bedeute anderes. Der zornige Berichterstatter schloß entrüstet: »Finger weg von solch teuflischen Intrigen! Nicht Jauche, sondern reines Wasser wollen wir trinken.«

Anläßlich der trotzdem stattfindenden ersten Aufführung kam es zu Tumultszenen, besonders heftigen, als sich der Turner seinem Opfer näherte, war doch auf seinem Leibchen sogar die Inschrift »TVG« zu lesen.

Die Reaktion ist nicht so sonderbar oder gar lächerlich, wie es auf den ersten Blick scheint. Das Publikum ist durch Dürrenmatts Theaterstücke seit je verunsichert und auch schockiert worden. Durch seine berüchtigte Mausefalle-Technik. Die Falle ist in den frühen und mittleren Werken besonders verlockend, weil sie meist an unvermuteten Stellen funktioniert. Wer erwartet schon einen Turner als Mörder! Es handelte sich bei dieser Technik um keine Grausamkeit à tout prix, um keinen durchgehenden Extremismus in der Dramaturgie. Auf gemütvolle Szenen für einfühlungsbereite Zuschauer folgen seltsame Absurditäten, auf volkstümliche Passagen anspruchsvolle Parodien. In »Anmerkung 1« zum *Besuch der alten Dame* hat Dürrenmatt gefordert: »Man inszeniere mich in die Richtung von Volksstücken hin« (V, 142), und er meint das ernst. Trotzdem kann das Durchdachte in seinem Schaffen niemals übersehen werden.

Die Szene übertrifft die Absurditäten, an die man sich in der Epoche des Expressionismus gewöhnt hatte. Arnold Heidsieck spricht dies, ohne auf den äußerlichen Kontrast zwischen der verkrüppelten Claire und dem offenbar kerngesunden Turner einzutreten, sehr allgemein aus: »Die Gemeindeversammlung am Ende des Stückes ist eine bis an die Grenze des Erträglichen und Faßbaren gehende furchtbar-lächerliche Demonstration menschlicher Pervertiertheit, so grotesk wie kaum eine andere Szene der Dramenliteratur.«[5]

Auch in der Persönlichkeit Dürrenmatts – des Philosophen mit der Narrenkappe – gibt es Eigenschaften, die uns Zeitgenossen, nicht nur Leute aus der Turnergilde, zum mindesten aufs äußerste verblüffen. Jean Améry hat das 1959 in einem leider wenig beachteten Porträt folgendermaßen gezeigt:

---

[5] A. Heidsieck, »D.s Drama *Der Besuch der alten Dame*: tragikomisch oder grotesk?«, in: A. H.: *Das Groteske und das Absurde im modernen Drama*, Stuttgart (Kohlhammer) 1969, S. 91.

Genauso stellt man sich einen jungen Dichter *nicht* vor. Es ist, als habe es Friedrich Dürrenmatt in einem mephistophelischen physiognomischen Scherz geradezu darauf angelegt, die Leute in die Irre zu führen. Der erst Achtunddreißigjährige ist ein machtvoll-feister Mann mit einem grimmig-jovialen Antlitz. Wenn man seine Erscheinung unbedingt mit dem Begriff ›Dichter‹ assoziieren müßte, wäre man wohl gezwungen, an eine Art von Heimatpoeten zu denken, an Boden, Loden, Jodeln, kurz, an ausgesprochene literarische Kalamitäten.[6]

Eine andere Kalamität wäre sicher, an eine Beziehung Dürrenmatts zu Leibesübungen zu denken. Zwar hat er einem ungarischen Gesprächspartner 1971 bereitwillig Auskunft über seine sportlichen Aktivitäten gegeben, hat erzählt, wie er Fußball spielte, Ski lief, sich aber nach seiner Krankheit aufs Spazieren, Schwimmen und Golfspielen beschränkte.[7] In den *Stoffen* (1981) finden sich dazu Bestätigungen. Nach der vom Arzt als Kopfgrippe diagnostizierten Krankheit gingen seine körperlichen Leistungen, schreibt er, sichtlich zurück: »[...] beim 50-Meter-Lauf war ich nicht einer der schnellsten wie vorher, sondern einer der langsamsten, und beim Fußball nur noch ›rechtsfüßig‹.«[8] War er also früher sportlicher, als man sich heute vorzustellen vermag? Die Vorgesetzten im Militär wollten es offenbar nicht glauben. 1942 rückte er in die Rekrutenschule ein; die Ausbildungsform war ihm ein Greuel, und einige Vorfälle empfindet er im Rückblick als ausgesprochen lächerlich: »Ich war ein linkischer Rekrut, unfähig, an der Kletterstange mehr als zwei Meter hoch zu kommen, selbst das ›Helmabnehmen‹ machte mir Mühe, so daß ich zur Strafe nur mit Turnhose und Helm bekleidet Sport treiben mußte; der Befehl machte den Leutnant verlegener als mich.«

Sport und Literatur

Nun hat der Auftritt des Turners neben der individuell-autorbedingten auch eine literaturgeschichtliche Bedeutung, die des Seltenheitswerts. Körperliche Leistungsfähigkeit wird seit dem Beginn der Neuzeit nur ausnahmsweise, und wenn schon, fast eher in der Lyrik als in Erzählungen oder Bühnenwerken dichterisch dargestellt. Ein auf Leistung und Gesundheit erpichter Mensch scheint in der nachhellenischen Zeit dem Geist der Dichtung zu widersprechen. In Dürrenmatts ungeschichtlicher historischer Komödie *Romulus der Große* können praktisch alle Personen außer dem Reiterpräfekten Spurius Titus Mamma einigermaßen ernst genommen werden.

---

[6] J. Améry, »Die verbannte Kuckucksuhr. Bildnisse berühmter Zeitgenossen: F. D.«, in: *St. Galler Tagblatt*, 26.7.1959.
[7] Interview mit Tibor Hámori, in: *Randevu világhirü emberekkel* [Begegnung mit weltberühmten Leuten], Budapest (Medicina) 1971, S. 26–34.
[8] Dürrenmatt: *Stoffe I–III*, Zürich (Diogenes) 1981, S. 25; das zweite Zitat S. 67.

Eine sportliche Leistung dient allenfalls zur Darstellung einer Grenzsituation wie im Kapitel »Schnee« von Thomas Manns Roman *Der Zauberberg*. (Hans Castorp, der kein Sportler ist und »mangels körperlicher Gesinnung« nie einer gewesen war, erlebt sie auf seiner Skifahrt.) Die Aufforderung zu körperlicher Leistung kann — man denke an Rilkes »Turnstunde« — den schrecklichen Antagonismus von Körperkult und tiefen Empfindungen in einem jungen Menschen zeigen. Die unterhaltsamen, aber künstlerisch nicht sehr belangvollen Erzählungen von Rennfahrern, Reitern, Seglern widersprechen der These von der Wesensfremdheit der beiden Bereiche keineswegs. »Millionen werden vom Sport hingerissen, nur nicht die Dichtung«, sagt Marcel Reich-Ranicki. »Sie läßt dieses Phänomen links liegen.«[9] Das Gegenteil versuchte man allerdings auch schon zu beweisen.

Die Wesensfremdheit kann nicht geleugnet werden. Sie wäre für jeden dezidierten Dualisten ein Paradebeispiel der Diskrepanz Körper und Geist. Siegfried Lenz, selber aktiver Sportler, erklärt die Gegensätzlichkeit bei der Besprechung eines schwedischen Romans einmal sehr souverän:

> Der Sport, so scheint es, hält eine Literatur, die ihn problematisiert und zum Nachdenken über sich selbst verpflichtet, für entbehrlich; die Literatur hingegen, oder doch ihre Hervorbringer, reagieren mit elegischer Herablassung auf ein Phänomen, das in seiner Regelhaftigkeit und biederen Dramatik so eindeutig zu sein scheint, daß nichts mehr hinzugefügt zu werden braucht. Kein Wunder, daß die wenigen Zeugnisse sogenannter Sportliteratur hierzuland ein gleichartiges Schicksal fanden: sie wurden übersehen, übersprungen, verschmäht. Die traditionelle Nachsicht, mit der sich Sport und Literatur begegnen, bezeichnet auch schon ihr Verhältnis zueinander. Bizeps und Phantasie erweisen sich gegenseitig Respekt durch Wegsehen.[10]

[9] ›Marcel‹ in der Rubrik ›Hüben und drüben‹: »Betrifft Literatur und Sport« in: *Die Zeit*, 14.2.1964. Zum Versuch, durch Nennung einer Menge von Titeln das Gegenteil zu beweisen, vgl. Karl Schwarz, »Sport als Motiv in der Weltliteratur — eine Bibliographie«, in: *Die Leibesübung*, 1964/65, S. 318–341. — Es scheint mir in diesem Zusammenhang bezeichnend, daß ein englischer Rezensent 1966 in der *Times* seinem Spott über eine Aufführung von D.s *Meteor* durch den Titel »A richer life at Wembley« Ausdruck verliehen hat. (Siehe den Titel in Teil C meiner Bibliographie). Und es scheint mir andererseits kein Zufall, daß einige der besten Theaterrezensenten ihr Metier als Fußballreporter gelernt hatten.

[10] S. Lenz, »Das Dilemma des Hammerwerfers. Über einen Sportroman von Per Olov Enquist«, in: S.L.: *Elfenbeinturm und Barrikade, Erfahrungen am Schreibtisch*. Hamburg (Hoffmann und Campe) 1983, S. 179. Im Roman *Brot und Spiele* (1959) hat Lenz seine Theorie teilweise Lügen gestraft. Dem Erzähler, dem phantasievollen Journalisten, gelingt, zum mindesten am Anfang, ein brüderlicher Dialog mit dem Langstreckenläufer Bert. — Ergänzenswert ist sicher die Tatsache, daß die erwähnte Dichotomie Turn- und Dichtkunst bei Drehbüchern, bzw. Filmen nicht gilt, vor allem nicht im angelsächsischen Gebiet; man denke an die Filme *Rocky I* (1976, Avildson), *Chariots of Fire* (1981, Hudson) etc. Noch weniger gilt die Gegensätzlichkeit natürlich für die bildende Kunst.

In der neuzeitlichen Literatur bis hin zum Realismus und Naturalismus gibt es keine wichtigen Gestalten, welche die von Thomas Mann angenommene Körpergesinnung besitzen. Frank Wedekinds Dramen, für Dürrenmatts stilistische Entwicklung ohnehin sehr wichtig, sind für die folgende Zeit aufschlußreich. Hier gibt es Muskelprotze. Das ist nicht erstaunlich in einer Bühnenwelt, die so sehr durch die Zirkusatmosphäre bestimmt ist und in der die körperliche Beziehung zwischen den Geschlechtern zum primitiven Kampf wird. In den Tragödien *Erdgeist* und *Die Büchse der Pandora* tritt Rodrigo Quast auf, der im Personenverzeichnis als Artist bezeichnet wird, vor allem durch seinen Biceps, später durch seine sexuelle Potenz, auffällt.[11]

> In der Pantomime *Die Kaiserin von Neufundland* (1897) sucht die Kaiserin Filissa den »stärksten Mann der Welt« Holthoff als Liebhaber zu gewinnen. In der sechsten Szene des ersten Bildes meint man, das Modell zur Episode Claire-Turner vor Augen geführt zu bekommen. Hier ist der Kontrast zwischen den beiden Figuren allerdings krasser: die Kaiserin ist eine graziöse Erscheinung mit schmachtendem, kindlich-jungfräulichem Ausdruck, Holthoff ein Koloss. Vom Leibarzt wird festgestellt, nur Heiraten könne die zierliche Dame retten, und einige Bewerber bekommt man auch zu Gesicht. Tusch, Fanfaren: Eugen Holthoff, der »Mann von herkulischem Körperbau«, tritt dann auf, im Trikot und aufs sorgfältigste pomadisiert. Die Kaiserin fährt wie magnetisiert von ihrem Thron empor. Die Konsequenzen ergeben sich von selbst; die Kaiserin fühlt sich in den Armen des Starken überglücklich. Holthoff seinerseits läßt sich herab, sie einigemal zu küssen. Die Szenerie paßt zum Ganzen: Amouretten, daneben die Gewichte von 200 Pfund bis 2000 Kilo für die Übungen Holthoffs, ferner behelmte, lebende Kandelaber – Vorbilder der lebenden Bäume im Konradsweilerwald? –, ein breites, mit weißer Seide überzogenes Lager, Musik, Mondschein ...
> Zu Pantomimen passen herkulische Gestalten fast ebenso gut wie zu Schwänken. Der ehemalige Theatermann und Kunstreiter Fritz Schwigerling im Schwank *Der Liebestrank* (1899) zeigt es.

Welten trennen diesen Stil vom Harmoniestreben der deutschen Klassik und deren Vorbild, der Antike.

Wedekind steht in einem größeren Gegensatz zur Antike als Dürrenmatt; dieser bezieht sich gern und häufig auf griechische Mythen, die er direkt oder durch die Lektüre von Schwabs *Sagen des klassischen Altertums* kennengelernt hat. Wedekind, dem dezidierten Antibourgeois und Polemiker gegen die Moralvorstellungen seiner Zeit, dem Priester des Sinnengenußes, blieb antikes Gedankengut generell fremd. Dürrenmatt überschätzt die Bedeutung des triebhaft »Natürlichen« nie.

---

[11] Rodrigo selbst prahlt Lulu gegenüber mit seinem Biceps (*Erdgeist* IV, 6). Kurz vorher nennt ihn Schigolch einen »Springfritzen« (IV, 5). In der *Büchse der Pandora* tritt er als Bräutigam Lulus auf; die sexuellen Qualitäten werden wichtiger.

Beide haben anscheinend wie die meisten modernen Dichter überhaupt keinen Sinn für jene griechische Wettkampfkunst, in der Musisches mit Gymnastischem – nicht nur laut Jacob Burckhardt – auf schönste zusammenfällt, noch weniger natürlich für die nationalistische Überschätzung des Turnerischen, wie sie in der Befreiungsbewegung der Deutschen Anfang des 19. Jahrhunderts aufkam und für die Friedrich Ludwig Jahn die im nachhinein verspottete Verkörperung geworden ist.[12] Ein Turner kann seither die schlimmstmögliche Variation der Güllener sein.

Bei Dürrenmatt fällt manchmal die Tendenz zum Grobianischen auf. Die Vorform der tragischen Komödie von der alten Dame in den *Stoffen I–III* (1981) mit dem Titel »Mondfinsternis« erinnert an Dorfszenen oder -bilder des späten Mittelalters, in denen die Doerper sich läppisch-komisch, eben tölpelhaft benahmen. In der Vorform ist kein Turner als Mörder nötig, die Dorfbewohner erledigen den Totschlag nebenbei.

Dürrenmatts und Wedekinds Muskelhelden sind Theatergestalten, welche die tiefe Skepsis ihrer Erfinder gegenüber Turnvater Jahns »Frisch, fromm, fröhlich, frei«, dem deutschen Ertüchtigungswillen und dem potentiell damit verbundenen Chauvinismus erkennen lassen. Aber das Grundkonzept der Dichtungen, in denen die Gestalten vorkommen: das Thema Gerechtigkeit und das einer, zum mindesten bei Wedekind, erbitterten Gegenmoral, wirkt eigentlich doch recht deutsch. Eine Verharmlosung des Gerechtigkeitswillens, des Moralismus und der »Körpergesinnung« hätte in solchen Werken keinen Platz. Pauschal beurteilt: in wichtigen deutschen Dichtungen werden Sportler kaum je so souverän dargestellt wie in angelsächsischen.

In G. B. Shaws Frühwerk *Cashel Byron's Profession* (1886) hält der Boxer-Champion Byron vor einigen Vertretern einer teilweise fragwürdigen High-Society eine originelle Ansprache mit der These, es wäre besser, alle Menschen besäßen mehr körperliche »exekutive Fähigkeiten«; die Welt wäre dann demokratischer, und die »Nicht-Ausführenden« würden nicht so leicht zu Opfern der Mächtigen. Shaw versucht in seinem (nicht bei den Kritikern, aber der Menge erfolgreichen) Roman, den Nutzen der physischen Kraft zu zeigen. (Auch Brecht hatte viel Sinn dafür.[13]) Ernest Hemingways Darstellungen von Stierkämpfern, Boxern und Radrennfahrern stehen auf einem andern Niveau.

---

[12] Vgl. S. Lenz, »Jeder Klimmzug – ein Dienst am Volk. Vor 150 Jahren zog F. Ludwig Jahn zum ersten Mal mit seinen Turnern auf die Hasenheide«, in: *Die Welt*, 29.4.1961.
[13] Shaw hat in jenen Jahren versucht, boxen zu lernen. Brecht tat das auch. Dürrenmatt beschränkte sich auf das Modell; in *Play Strindberg* ist der Boxring szenischer

Wedekind und Dürrenmatt zeigen als Repräsentanten des Sports mit Vorliebe Schwergewichtler und Boxer (bzw. den Boxring als Rahmen wie in *Play Strindberg*). Die eleganteren Sportarten sind ihnen fremd. Max Frisch, dessen Stil ohnehin alles Grobe und Lapidare fehlt, liebt die an Hemingway erinnernde Symbolik des Stierkampfs und läßt die in seinen Werken auftretenden Partner einander gern als wendige Fechter begegnen. Außerdem gibt es wichtige Boccia- und Pingpongszenen.

Am bekanntesten ist die Pingpongszene im *Homo Faber* während der Schiffsreise. Sabeths erster Partner ist ein junger Herr.»Sie spielte famos, ticktack, ticktack, das ging nur so hin und her; eine Freude zum Zuschauen« (M. F., *Gesammelte Werke*, Frankfurt 1976, Bd. IV, 71). Am Abend spielt sie mit Faber,»ein erstes und letztes Mal«; ein Gespräch ist dabei kaum möglich, und doch entscheidet sich durch dieses Spiel mehr als durch tiefschürfende Diskussionen.»Pingpong ist eine Frage des Selbstvertrauens, nichts weiter. Ich war nicht so alt, wie das Mädchen meinte, und so hopp-hopp, wie sie's offenbar erwartet hatte, ging es denn doch nicht.« Weitere Hinweise auf das Motiv folgen im Roman eine Zeitlang fast auf jeder Seite, als leise Winke für Schwierigeres – unheimlich gleichmäßig wie das Aufschlagen der Bälle.

Partnerschaft ist ein Lieblingsausdruck Frischs. Er paßt zum Pingpong, nicht zu schwereren Kampfspielen. Dürrenmatt schreibt nie ernsthaft von Partnerschaft, und er hat, nehme ich an, kaum Sinn für das seit den chinesischen und japanischen Siegen 1959 und 1967 für weltpolitische Annäherungsversuche relevant gewordene Pingpongspiel.

Die Alte Dame und China

Der Schritt von der Betrachtung des Turnermotivs zu einem, wenn auch kurzen, Bericht über die Rezeption des »Besuchs der alten Dame« in China ist nicht leicht zu tun. Er drängt sich weniger auf, weil Dürrenmatt in diesem

---

Rahmen für den Ehekampf in der Bürgerstube. Die gesellschaftliche Wichtigkeit der »ausführenden Kraft«, der ›executive power‹, erklärt Shaw im Roman durch den Mund Byrons folgendermaßen (G. B. Shaw: *Cashel Byron's Profession*, London (Constable) 1930, S. 90):»The first thing to learn is how to fight. Theres no use in buying books and pictures unless you know how to keep them and your own head as well. If that gentleman that laughed knew how to fight, and his neighbors all knew how to fight too, he wouldnt need to fear police, nor soldiers, nor Russians, nor Prussians, nor any of the millions of men that may be let loose on him any day of the week, safe though he thinks himself. But, says you, lets have a division of labor. Lets not fight for ourselves, but pay other men to fight for us.«

Lande bekannter ist als Frisch[14], sondern weil er einen ausgesprochenen Sinn für den in China ebenfalls ausgesprochenen Sinn für kleinere Gemeinschaften besitzt. Frisch hat an sich, wie eben durch die Anmerkung über das Pingpong-Motiv angedeutet, eine größere literarische Affinität zu China als Dürrenmatt – schon vor seiner Chinareise gab es bekanntlich Titel wie *Bin oder die Reise nach Peking* oder *Die Chinesische Mauer* –, und eine größere Wirkung in der Volksrepublik läge auch aus politischen Gründen nahe. Seltsamerweise haben aber oft unpolitische Dichter mehr politische Wirkung als politisch Engagierte. Das wird eines der Probleme der folgenden Abschnitte sein. Die spezielle Auslegung im Zusammenhang mit einem innenpolitischen Ereignis Chinas gehört zur Vielfalt von Paradoxien, deren man bei Dürrenmatt eigentlich stets gewärtig sein müßte.

Als im April 1982 in Peking *Der Besuch der alten Dame* aufgeführt wurde, lobten die meisten chinesischen Kritiker sowohl das Werk wie die Aufführung des Volkstheaters.[15] Der Regisseur der Aufführung hielt das Bizarre, wie es in seinem Kommentar hieß, typisch für den Stil Dürrenmatts und sagte, es zeige sich hier der barbarische Charakter des Kapitalismus, aber auch der Unsinn des Rachegedankens. Ein anderer Kritiker, He Liangliang, meinte, Claire Zachanassian sei aus den Vereinigten Staaten nach Güllen zurückgekommen. Das Mißverständnis ist bemerkenswert.[16] Die Zachanassian, die ihren Palazzo auf der Insel Capri besitzt, einen der Gatten im Buckinghampalast kennenlernte, den anderen, den Besitzer eines Schlosses in Yorkshire, in Kairo, als ersten Gemahl einen Armenier hatte, bei einem Flug in Afghanistan verunfallte, zwei ihrer Gangster aus Manhattan geholt hat, Dupont-Aktien kauft, kurz, mit aller Welt vertraut ist und war und mit aller Welt handelt und handelte, wird von diesem Kritiker als aus USA kommend gesehen. Die Vereinigten Staaten bedeuten für ihn offenbar *die* Welt.

Alain Campiotti berichtete in einer Schweizer Zeitung, das Parteiorgan *Volkszeitung* habe die längste Rezension veröffentlicht, mit der das Werk je gewürdigt worden sei, und gibt ein Gespräch mit der Hauptdarstellerin,

---

[14] So z. B. im chinesischen Lexikonartikel über Max Frisch (Ye Fengzhi 1982, siehe Bibliographie, Teil B).
[15] Über die mehrheitlich enthusiastischen Kommentare der chinesischen Presse, die hier einmütig eine Geißelung »der Allmacht des Mammons in der kapitalistischen Gesellschaft« sahen, siehe H. v. Senger (dem ich auch andere Informationen verdanke): »Zur Rezeption der Schweizerischen Literatur in der Volksrepublik China«, *Asiatische Studien*, 1985, S. 115, und die weiteren Titel in meiner Bibliographie.
[16] Die Äußerung von Mohamed Saleh am 5.12.85 hingegen (siehe Bibliographie, Teil B) es zeuge von wenig Zuneigung Dürrenmatts zu Ägypten, zum mindesten seinerzeit, daß er annehme, Claire Zachanassian habe einen ihrer Gatten in Kairo kennen gelernt, überhaupt kenne sich D. in der ägyptischen Kultur schlecht aus – ist m. E. weniger bemerkenswert.

Zhou Lin, wieder, die sagte, Claire nütze offensichtlich die Servilität ihrer ehemaligen Mitbürger aus. Hans Boller schließlich weist auf die erste Übersetzung der Dichtung im Jahre 1965 und einen Sammelband mit den wichtigsten Dürrenmatt-Stücken von 1981 hin; neben der offiziellen Auslegung als Kritik der bürgerlichen Gesellschaftsordnung hätten die Zuschauer sicher auch den Zusammenhang mit der chinesischen Gegenwart bemerkt (Darstellung der menschlichen Korrumpierbarkeit). Boller zitiert ferner einige chinesische Pressestimmen und die Reaktion eines hohen Funktionärs, der das Drama mit dem Skandal um Tschiang Tsching, der Gattin Maotsetungs, verglichen habe.[17] Dürrenmatt selber hat die Auslegung bestätigt, wie 1985 in einem Bericht Moustafa Mahers aus Kairo zu lesen ist.[18] Der Vergleich klingt für Laien wie Fachleute merkwürdig genug; das für Westeuropäer Rätselhafte daran hängt wahrscheinlich auch mit der uns schwer zugänglichen Denkweise der Chinesen zusammen.[19]

Häufig hat man sich die Dichtung offenbar aber auch naiver zu Gemüte geführt. 1983 erschien im Pekinger Monatsmagazin »Bildergeschichten-Zeitschrift« (*Lianhuan Hubao*), wie Harro von Senger berichtet (S. 115f.), eine Comic-Bearbeitung des Stücks. Im Unterschied zu den Auslegungen der Theateraufführung wurde hier auf jegliche ideologische Nutzanwendung verzichtet. Gewiß seien den chinesischen Lesern, so von Senger, einige Konzessionen gemacht worden. Aus dem »Zauberhexchen« sein ein »kleiner Fuchsgeist« geworden, und Ill rufe nicht »Mein Gott!«, sondern »Ach, Himmel!«. Natürlich komme auch das in der Volksrepublik China in allen Bereichen so wichtige Wort »Widerspruch« (›maodum‹) oft vor, und zwar bei der Beschreibung von Ills Seelenverfassung. Der Satz des Pfarrers »Sie schließen von sich selbst auf andere« werde im Comic durch eine auf einen konfuzianischen Klassiker zurückgehende Wendung (»Mit dem Herzen eines Nichtswürdigen den Bauch eines Edlen messen wollen«) wiedergegeben. Doch nun wieder zurück zum politischen Zusammenhang.

---

[17] H. Boller, *Süddeutsche Zeitung*, 14.4.1982:
»Beträchtliche Unabhängigkeit gegenüber den Vorstellungen des Autors (Dürrenmatt dürfte sich darüber freuen) beweist jedenfalls jener hochstehende chinesische Parteifunktionär, der den Kampf gegen die politischen Radikalen – Maos Witwe Qiang Qing in der Rolle der alten Dame – als zentrales Thema des Stücks bezeichnet hat. Tatsächlich erinnert die Claire Zachanassian in ihrer kühlen, distanzierten Grausamkeit, in der Unerbittlichkeit, mit der sie ihre Ziele verfolgt, aber auch in ihrem teuflischen Charme an die in China 1976 gestürte Anführerin der maoistischen Radikalen. Es ist nicht auszuschließen, daß Dürrenmatts Stück vielen Chinesen die Schreckensherrschaft, etlichen wohl auch die Faszination der Mao-Witwe ins Gedächtnis zurückrufen wird.«
[18] M. Maher in *Revue Oktober*, 15.12.1985 (siehe Bibliographie, Teil B).
[19] Sylvia Chan nennt als Beispiele für die Westeuropäern schwer zugängliche Überlegungen, u. a. den Vorwurf des Regimes, Intellektuelle seien Vertreter der Bourgeoisie (S. Ch. in: *China since the ›Gang of Four‹*, ed. Bill Brugger, New York [St. Martin] 1980, S. 188.)

Die Jahre der Kulturrevolution und der diktatorisch-demagogischen Einflußnahme Tschiang Tschings und ihrer Komplizen von 1966 bis kurz nach dem Tode Maos 1976 waren für die Zuschauer der Pekinger Dürrenmatt-Aufführung natürlich noch in frischester Erinnerung. Worum ging es während der Kulturrevolution? Um die Überzeugung radikaler »Idealisten« (wie die Politiker von verschiedenen europäischen Beobachtern gesehen werden), man könne nur durch kompromißlose Eingriffe der Verderbnis westlicher Prägung und der Korruption der Revisionisten Einhalt gebieten? Die Hochburg der Viererbande, Schanghai, hat während ihrer Herrschaft und nach ihrem Sturz eine seltsame Rolle gespielt. Konnten die Gegner der Witwe an Güllen denken? Vermutlich mit einem gewissen Recht. In einem Buch mit keineswegs literarischer Perspektive heißt das einschlägige Kapitel »in Schanghai will es keiner gewesen sein.«[20]

Ein spezielles Beispiel für die rigorosen Eingriffe der Viererbande war das Verbot der Peking-Oper. Um diesen für die Vorgeschichte der Aufführung des *Besuchs der alten Dame* wichtigen Eingriff einigermaßen zu begreifen, ist eine kurze Vorbemerkung über den Hauptunterschied zwischen dem chinesischen Theater und europäischen notwendig. Siegfried Melchinger, der sich ja wie kaum ein anderer in den vielfältigen Theater-Spielarten aller Erdteile auskennt, unterstreicht in seiner Charakterisierung der chinesischen Bühne ihre selbst in der neuesten Zeit auffallend konservative Haltung. Außerdem die Lust an Prachtentfaltung, an schönen Gewändern und die Lust am Vordergrund.[21] An solchen Dingen freut sich auch Dürrenmatt. Am Schluß seines Essays erinnert Melchinger an die Bedeutung, die das chinesische Theater auf (die Dürrenmatt gewiß nicht fern stehenden) Dramatiker wie Claudel, Wilder und Brecht hatte.

Die Ursprünge der Pekinger Oper gehen auf das 15. Jahrhundert zurück: sie blieb auch nach der Machtübernahme durch die Kommunisten (1949) in Ehren. Maotsetung fand sich in Rücksicht auf ihre Beliebtheit zunächst zu einem für seine Überzeugung nicht selbstverständlichen Kompromiß bereit, stimmte dann aber mit den Kulturrevolutionären zusammen einem Verbot zu. Die Schaustellung von Göttern, Kaisern, Schönheiten, alle die Prachtentfaltung widersprach ja der marxistischen Ideologie doch allzu sehr. Nach der Absetzung der Viererbande wurde die Peking-Oper rasch rehabilitiert.[22]

---

[20] Theo Sommer: *Die chinesische Karte,* München (Piper) 1979, S. 184.
[21] S. Melchinger, »Das Theater der Chinesen«, in: *Welttheater,* hg. von S. M. u. H. Rischbieter, Braunschweig (Westermann) 1962, S. 75–80. Dazu S. 77: »Diese Lust am Vordergrund, am Bild als Wesen, drückt sich schon in der chinesischen Schrift aus.«
[22] Vgl. dazu Jan Bredsdorff: *Die grosse Wut des Genossen Li auf die Viererbande,* Reinbeck (Rowohlt) 1979, S. 211.

So stieg wohl die Aufnahmebereitschaft für eine Dürrenmatt-Inszenierung Anfang der 80er Jahre. War sie vielleicht auch größer, weil in dieser Richtung – Dürrenmatts Stil ist dem der Oper im allgemeinen sehr verwandt – das Nachholbedürfnis gleichsam indirekt befriedigt werden konnte? Sein Erfolg im fernen Osten ist überhaupt relativ leicht verständlich. Dürrenmatt hat eine ähnliche Freude am Bildlichen, wie sie Melchinger dem chinesischen Theater attestiert. Die Ausrichtung aufs Optische ist bei Dürrenmatt mit ein Grund für die Resonanz auf dem ganzen Erdkreis. Zur Resonanz im allgemeinen noch ein Beispiel aus dem Zentrum der Neuen Welt, gemäß dem Bericht des sowohl politisch wie literarisch interessierten Historikers Jean R. von Salis im zweiten Band seiner *Grenzüberschreitungen* (Zürich 1978): »Als am 4. Oktober 1977 Präsident Jimmy Carter in seiner Rede vor der Generalversammlung der Vereinten Nationen in New York von der Notwendigkeit sprach, die Nuklearrüstung auf der Welt unter Kontrolle zu bringen und zu diesem Zweck ein zweites SALT-Abkommen auszuhandeln, erinnerte er sein Auditorium an den Satz aus den ‚Physikern' von Dürrenmatt, daß das einmal Gedachte nicht mehr ungedacht gemacht werden kann. Es gibt verschiedene Wege, auf denen ein anscheinend unpolitischer Schriftsteller zur Kenntnis der Mächtigen dieser Welt gelangt« (S. 424f.).

Das Renommee im Westen und im westlich orientierten fernen Osten braucht wohl keine weiteren Erklärungen. Auch der Beifall, zu dem es anläßlich der Aufführung der *Alten Dame* 1957 und 1977[23] in Tokio kam, gehört zur Internationalität Dürrenmatts. Der Beifall in China dagegen steht auf einem anderen Blatt, nicht nur wegen des erwähnten seltsamen Vergleichs Claires mit Maos Witwe.

In der Volksrepublik China ist der Anteil der Landwirtschaft am Volkseinkommen immer noch sehr groß (1980: 65%), und die Bedeutung kleinerer gemeindeartiger Gruppen – jetzt vor allem der Kommunen, doch auch immer noch der Sippen- und Familienbande – ist bisher jedem Besucher aus dem Westen aufgefallen. Kann man also die Sympathie, die das Publikum für Dürrenmatts Stück aufbrachte, unter anderem auch durch seinen besonderen Sinn für kleinere, überblickbare Gemeinschaften erklären?

---

[23] Vgl. die Titel in Teil C meiner Bibliographie. Als Ergänzung: Keizo Miyashita, der mir neben anderen japanischen Kollegen bei der Materialbeschaffung geholfen hat, denkt, Tako Okunos Rezension sei besonders wichtig. T. Okuno habe geschrieben, die Anspielungen auf den Marshallplan sei weder von den Darstellenden, noch den Zuschauern recht verstanden worden, weshalb man das Groteske hervorgehoben habe.

Dorf und Welt — Quellen für Mißverständnisse?

Konolfingen, »das Dorf«, als welches das bernische Gemeinwesen in zahlreichen biographischen Dokumenten auftaucht, spielt eine entscheidende Rolle für seine Jugend und seine Stoffwelt, genauso wie seine Sippe. Im »Dokument« aus dem Jahre 1965 lesen wir: »Ich bin kein Dorfschriftsteller, aber das Dorf brachte mich hervor, und so bin ich immer noch Dörfler mit einer langsamen Sprache, kein Städter, am wenigsten ein Großstädter, auch wenn ich nicht mehr in einem Dorfe leben könnte« (XXVI, 13). Und am Anfang des zweiten Teils der *Stoffe I—III* (1981) wird verallgemeinernd festgestellt, ein Dorf typisiere die Menschen; es sei überschaubar; die Funktion eines jeden sei bekannt, er sei eins mit seiner Funktion: der Gemeindepräsident, der Pfarrer, der Arzt, der Lehrer seien die allen bekannten Typen. Mit anderen Worten: In der für die Schweizergeschichte wichtigen Polarität Urbanität und Bauerntum[24] neigt Dürrenmatt mehr zur Mentalität des Bauernstandes als zu der der Städter.

Trotzdem: die Aufregung der Turnvereine über den Auftritt des Mörder-Turners und die Denkanstöße in China können nicht wohl durch solche kulturpolitischen Überlegungen allein erklärt werden. Die seltsamen Reaktionen muß man zusammen mit einigen aller Literatur inhärenten Voraussetzungen sehen.

Literatur hat, solange sie mehr als banale Bedürfnisse befriedigt, in allen Zeiten provokativ gewirkt, und zwar in der ursprünglichen und landläufigen Bedeutung des Wortes. Lateinisch *provocare* heißt ›hervor-, heraus- und aufrufen‹ oder auch ›auffordern‹, ›anregen‹, ›reizen‹; der ›provocator‹ war ein ›Herausforderer‹, eine Art von Gladiator. Seit eh und je haben dichterische Texte Gefühle provoziert, die ohne ihren literarischen »Aufruf« im Verborgenen geschlummert hätten. Oft geschieht das am besten durch Dichtungen aus einem fremden Kulturkreis. Die eigene Sprache klingt zu vertraut. Oder, was die eigene Literatur noch nicht auszudrücken wagte oder noch nicht ausdrücken konnte — man denke an die Bedeutung Homers und Shakespeares für das literarische Leben Deutschlands im 18. Jahrhundert —, vermochte der Fremde oder das Fremde. Gewiß wurden Homer und Shakespeare auf weite Strecken mißverstanden; trotzdem besteht kein Zwei-

---

[24] Vgl. Emil Dürr, »Urbanität und Bauerntum in der Schweiz«, in: *Die Schweiz. Ein nationales Jahrbuch*, Erlenbach-Zürich (Eugen Rentsch) 1934, S. 140—182, mit der These: »Der Ursprung und der Fortgang unserer Geschichte ist an Bauerngemeinden und an Bauernmassen — führende und beherrschte — gebunden gewesen; die unbedingt vorwaltende wirtschaftliche und gesellschaftliche Struktur war lange agrarisch gewesen, und dies galt nicht nur für die immer bäuerlich geartete offene Landschaft, sondern bis weit in das 19. Jahrhundert hinein auch für die große Mehrzahl der schweizerischen Mittel- und Kleinstädte, die zumeist in einer Art Symbiose von Handwerk, Gewerbe, Verkehr und Landwirtschaft lebten.« (S. 142)

fel, daß gerade die fortschrittlichen unter den deutschen Lesern die fremden Texte als besonders anregend und wegweisend empfanden. In China wird also wohl der Wunsch, die Konflikte während der Kulturrevolution endlich zu artikulieren, zum zunächst nicht ohn weiteres verständlichen Vergleich von Tschiang Tsching mit Claire Zachanassian geführt haben.

Dürrenmatt ist trotz seiner hohen intellektuellen Ansprüche — vor allem in den Naturwissenschaften und in der Philosophie — bei einfachen Leuten anerkannt oder gar populär geblieben. In der Emmentalischen Gemeinde Hasle-Rüegsau, im Gebiet seiner Herkunft also, wurde 1973 *Der Besuch der alten Dame* von Laienschauspielern im Berner Dialekt aufgeführt.[25] Die Aufführung wurde weiterum und auch vom Autor gelobt, und das ist bei der von Dürrenmatt gern und häufig selbst bezeugten Mundart-Nähe kein Zufall.

Die Beziehung zu seiner engeren Heimat ist klar und unproblematisch. Im ersten der Schweizerpsalme I–III» schrieb er 1950: »Ich liebe dich anders, als du geliebt sein willst« (XXVIII, 175). Er hat nie wie Frisch — geduldig, skeptisch oder gequält — die Komplexheit des Heimatbegriffs ins Auge gefaßt. Die festlichen Anlässe im Jahre 1981 zeigen dies. Zur Verleihung des Ehrendoktorats durch die Universität Neuenburg trat auch der Jodlerklub Konolfingen auf, zur Freude des Geehrten und sicher der meisten Beteiligten. Die wegwerfende Glossierung der folkloristischen Umrahmung dieses Anlasses durch den von einem Journalisten der *Schweizer Illustrierten* kolportierten Ausspruch Dürrenmatts hat dann natürlich den Ärger der Jodler erregt.[26]

Ende 1980 lud der Gemeinderat von Konolfingen Dürrenmatt zu einem offiziellen Besuch ein. Der Besuch mußte aus gesundheitlichen Gründen ein Jahr verschoben werden. Anfang 1982 kam man dann zu einer nachträglichen Geburtstagsfeier

---

[25] Außer den in meiner Bibliographie genannten Titeln (Stadler und Cornu, 72, 73) vgl. die Mundartansprache Dürrenmatts an die Schauspieler der Laienbühne. In: *Dialog* (Aarau) 1973, Nr. 6, S. 19.

[26] In der Rubrik »persönlich« der *Schweizer Illustrierten* vom 12.1.1981, heißt es am Schluß des Beitrags »Feier in der Beiz«: »Zwischen Königinpastetli und Berner Platte sang der eigens angereiste Jodelclub Konolfingen von der ›Sonne über dem Bärner Land‹, und Dürrenmatt summte, mit, ›um ihnen eine Freude zu machen‹, wie er sagte. ›Im Radio aber‹, lachte er, ›hätte ich es abgestellt.‹ Dürrenmatt versuchte sich dann in einem Brief an den Gemeinderat von Konolfingen (23.1.81) zu rechtfertigen; die Bemerkung des Journalisten habe seine Frau und vor allem ihn selbst sehr geärgert. Wie dieser Journalist zu seiner »dummen Meinung« gekommen sei, habe er gestern im Brief an den Präsidenten der Konolfinger Jodler erklärt.
Vorher wird im Beitrag der *Schweizer Illustrierten* berichtet, wie Bundesrat Aubert von Bern nach Neuenburg gekommen sei, um D. in Hans Liechtis Restaurant »du Rocher« zu gratulieren. D. sei aber eine halbe Stunde zu spät gekommen. – Einige der hier u. im folgenden relevanten Dokumente wurden mir freundlicherweise von der Gemeindekanzlei Konolfingen zugänglich gemacht.

zusammen. In Schloß Hünigen wurde das Mittagessen eingenommen, und im Pfarrhaus, dem Geburtshaus Dürrenmatts, wurde eine Gedenktafel enthüllt. Er meinte dazu: »Es ist genierlich, so eine Tafel zu sehen. Man hätte sie gern weg. Aber irgendwie ist man doch stolz, daß sie dort hängt.« Er freute sich.[27] Der Regierungsrat des Kantons Bern wollte, wie im Brief an den Gemeinderat von Konolfingen vom 21. Oktober 1981 zu lesen ist, darauf verzichten, den vielen Feiern zu seinen Ehren eine weitere beizufügen. So wurde am 6. November 1981 in Dürrenmatts Heimatort Guggisberg ein Konzert veranstaltet, zu dem auch die Bevölkerung des Dorfes eingeladen war. Vor dem Konzert wurde im Restaurant »Sternen« ein einfaches Nachtessen gegeben. Auf Wunsch Dürrenmatts lud man eine Delegation des Gemeinderats Konolfingen ein. Dies die Feier einer in weiten Kreisen durch das Volkslied »S'Vreneli ab em Guggisberg« immer noch populären Landgemeinde.[28]

Gehört der »machtvoll feiste Mann mit dem grimmig-jovialen Antlitz«, wie Jean Améry in der früher erwähnten Charakterisierung des Achtunddreißigjährigen schrieb, trotz seinem internationalen Ansehen im Grunde immer noch in diese Dorf-Welt? Der Dorf-Stil bestimmt sein Schaffen sicher zum Teil. Die grobianischen Säufer-, Huren- und Schlägerszenen im Fötenbachtal der Erzählung »Mondfinsternis« bilden nur scheinbar einen Kontrast zum gemütlich Überschaubaren. Erzählt wird mit einer Art Galgenhumor. Dem einen werden die Bilder des grotesk Komischen läppisch erscheinen, dem anderen dämonisch-verzerrt. Sogar die Angst, die den Autor angesichts des Ungeheuren und der möglichen Katastrophen befällt, hat etwas Urtümliches. Sie wurde von Walter Vogt einmal wie das Gefühl eines Wesens, das erst einmal »versucht zur Welt zu kommen« gesehen.[29] Ist das ein volkstümlich kindliches Gefühl?

Goethe schließt das zweite Buch von *Dichtung und Wahrheit* mit der Reminiszenz an einen Vorfall, der mit der Begeisterung der Kinder für Klopstocks »Messias« zusammenhängt; es folgt eine Bemerkung, die meine Frage zur Volkstümlichkeit Dürrenmatts klären helfen könnte. An einem

---

[27] Dürrenmatt, zitiert nach der *Berner Zeitung*, 23.2.1982; ein Brief vom 9.3.1982 mit herzlichen Dankesworten (»dass ich Konolfinger bin und bleibe«, ist kein Verdienst«) liegt in der Kanzlei Konolfingen.
[28] Vgl. meinen kurzen Charakterisierungsversuch in *Frisch und Dürrenmatt*, Bern und München (Francke) [7]1976, S. 134f. Verschiedene Unterlagen wie die offiziellen Einladungen zum Konzert der Camerata Bern in der Kirche und den Text der Ansprache Regierungspräsident G. Bürkis (die Berner Regierung habe »Kritik in gekonnter Form« immer mehr geschätzt als »liebedienerischen Muckertum«; Dürrenmatt werde auch bei den Anggegriffenen oft einem »verständnisinnigen Augenzwinkern« begegnen) hat mir freundlicherweise die Erziehungsdirektion des Kantons Bern zugänglich gemacht. Vgl. auch den Augenzeugenbericht in der *Berner Zeitung* vom 9.11.81 (in *Bund* und *NZZ* nur Agenturmeldungen).
[29] W. Vogt, »Besuch in Neuenburg«, in: *Neutralität*, Dez. 1971, S. 30. Dazu: »Selbstverständlich hat es wenig Sinn zu sagen, dass F. D. ein Embryo ist«.

Winterabend, als Goethes Vater sich vom Barbier zum Rasieren vorbereiten ließ, erschreckte die mit lauter Stimme Klopstock rezitierende Schwester den Barbier dermaßen, daß der Vater, ein Gegner Klopstocks, mit Seifenwasser übergossen wurde. Auf den Eindruck des Erhabenen folgte die Ernüchterung. Goethe schreibt dazu: »So pflegen Kinder und Volk das Große, das Erhabene in ein Spiel, ja in eine Posse zu verwandeln, und wie sollten sie auch sonst imstande sein, es auszuhalten und zu ertragen.«

Die Welt der Literatur ist voller Mißverständnisse, trotz aller Verständnisbereitschaft und dem Einfühlungsvermögen literarisch Begeisterter und gelehrter Interpreten. Daß Schiller zu moralisch, der junge Goethe zu unmoralisch, Johann Peter Hebel zu harmlos-biedermeierlich aufgefaßt und Büchner für ein Jahrhundert überhaupt nicht zur Kenntnis genommen wurden, gehört zur Größe der Genannten; nur Zweitrangige können von jedermann rasch verstanden werden. In diesem Sinne sind die Proteste der Turner und der Vergleich Claire Zachanassians mit Tschiang Tsching Belege für die gesellschaftliche Relevanz Dürrenmatts, im besonderen seiner tragischen Komödie *Der Besuch der alten Dame*. Für Schulzwecke mit verifizierbaren Auslegungen eignen sich seine Kriminalgeschichten (wie bei Frisch *Biedermann und die Brandstifter*) besser.

Mißverständnisse können weiterführen. Robert Escarpit (in seiner Literatursoziologie und im Aufsatz »Creative Treason«[30]) und andere haben vom schöpferischen Verrat an Dichtungen gesprochen. Die vergleichende Literaturwissenschaft profitiert nach der Meinung Escarpits sogar davon. Er denkt, sie verdanke geradezu ihre Existenz den mehr oder weniger bewußten Fehlinterpretationen. Einer seiner grundlegenden Gedanken im Aufsatz über den »Verrat« als Schlüssel zur Literatur ist, willkürliche Auslegungen seien selbstverständlich, weil jeder Autor nach der Publikation seines Werkes alle Macht über das Geschaffene verliere. »Verrat« kann für das Schicksal großer Werke ebenso wichtig sein wie selbstlose Treue, wie übergroße Vertrautheit, wie der weitverbreitete Leseenthusiasmus, wie die Textnähe gewisser Interpretationsbemühungen. Verstehen ist – laut dem Vokabular der Philosophen – vom Erkennen zu unterscheiden. Es ist elastischer, enger und weiter zugleich, als was durch logisches Denken begriffen werden kann.

In Erörterungen zur Hermeneutik finden sich zwar stets solche über die Voraussetzungen des literarischen Verstehens, des Interpretierens, keines-

---

[30] R. Escarpit: *Sociologie de la Littérature*, Paris (Presses Univers. de France) 1964, S. 112 (»trahison créatrice«). Ders., »'Creative Treason' as a key to literature«, in: *Yearbook of Comparative and General Literature*, Nr. 10 (1961), S. 16–21. Vgl. auch Henri Peyre: *The Failures of Criticism*. Ittaca (Cornell) 1967.

wegs oder nur ganz am Rande indessen – etwa als Überlegungen zur »hermeneutischen Differenz« von Text und Auslegung – solche über triviale oder tiefgreifende Mißverständnisse.

Dürrenmatt verleitet dazu ganz besonders, nicht zuletzt weil seine Bilder und Stoffe scheinbar für den ganzen Erdkreis gültig sind. Sein im Grunde wohl doch apolitisches Werk wird in allen Ecken der Welt politisch gedeutet oder einfach mißverstanden. Außer den bisher erwähnten Reaktionen: dem Protest der Turner, dem Zitat Jimmy Carters in der UNO und dem Hinweis des chinesischen Funktionärs auf Maos Witwe sei zum Schluß noch eine Deutung im Nahen Osten genannt. In Ägypten wurde einmal die Meinung vertreten, bei der Rückkehr Claire Zachanassians in ihren Geburtsort denke man im Nahen Osten sogleich an die Rückkehr und Gerechtigkeit fordernden Palästinenser.[31]

So ergibt sich allerorten aus willkürlichen Auslegungen die Möglichkeit für bestimmte Menschen, sich verstanden zu fühlen. Oder anders, als Paraphrase des Schlußgedankens im erwähnten Aufsatz Escarpits: Mißverständnisse in der Rezeption eines Werkes sind ein Beweis für dessen Lebenskraft; nur die angeblich ganz verstandenen verschwinden aus der Literaturgeschichte.

---

[31] Fathi El Ebyari weist in seiner Besprechung von Dürrenmatts Israelbuch »Zusammenhänge« in der *Revue Oktober* vom 8. Dez. 1985, S. 32 (Literatur-Rubrik) auf eine Äußerung von Dr. Youssef Idriss hin, D. sei ein eminent politischer Dichter, der durch seine Geschichten politische Überlegungen maskiere. Das Stück *Der Besuch der alten Dame* zeige also nicht einfach, wie viele glaubten, die Rückkehr einer Frau in ihr Heimatdorf. Wir wüßten alle, was hier insinuiert worden sei.

V SCHLUPFWINKEL, BETTEN, HÖHLEN

Anmerkung zu einem Dürrenmatt-Motiv und zum *Meteor*

Politische, philosophische, psychologische Assoziationen

Als sich Dürrenmatt im Herbst 1968 für die Verleihung des Großen Literaturpreises des Kantons Bern bedankte und dabei den letzten Drittel der für ihn bestimmten Summe einem wegen Militärdienstverweigerung bestraften Großrat, Arthur Villard, übergab, begründete er seinen von den Behörden natürlich als Affront empfundenen Entscheid folgendermaßen:

> Ich bin nicht gegen die schweizerische Armee. Sie ist in unserem Volke populär. Aber ich sehe nicht ein, daß sich die Schweiz keinen Zivildienst leisten könnte, wie ihn Arthur Villard fordert. Ich halte diesen Patrioten, der unter harten Umständen zu leben hat, für einen echten Nachkommen jener Revolutionäre, die stets den wirklichen Ruhm der Schweiz ausmachten, für einen echten Nachfahren Calvins, Zwinglis, Hallers, Pestalozzis, Henri Dunants, Karl Barths. Die Funktion der Schweiz liegt nicht in der Stabilität ihrer Regierung oder in der teilweise formalen Vorbildlichkeit ihrer demokratischen Institution. Sie liegt darin, daß sie immer wieder ein Schlupfwinkel für die echten Revolutionäre zu sein vermochte. Rousseau lebte bei uns, Büchner starb bei uns, Lenin hielt sich bei uns auf, und einer der größten wissenschaftlichen Revolutionäre aller Zeiten, Albert Einstein, stellte hier in Bern seine spezielle Relativitätstheorie auf. (XXVIII, 58)[1]

Zwei Jahre später veröffentlichte er im Zürcher *Sonntags Journal* den dritten Teil des »Schweizerpsalms«, in dem auf die Frage, was aus seiner Heimat geworden sei, die drastische Antwort folgt:

> Wenn du morgens für die Neger in Biafra und
> anderswo Geld sammelst
>
> Legst du dich, Bet- und Bettschwester zugleich,
>   Abends mit deren Häuptlingen zwischen die Laken
> Deine Waffengeschäfte abschliessend
>   Damit jene, mit denen du schläfst,
> Die abknallen, für die du gesammelt hast,
> Und wenn man deine Zuhälter faßt
> Wissen sie von nichts. (XXVIII, 180)

---

[1] Zitiert nach Friedrich Dürrenmatt, *Werkausgabe in 30 Bänden*, Zürich (Diogenes) 1980; Hinweise im Text durch bloße Angabe von Band und Seite.

Die mit der des Schlupfwinkels verwandte Metapher vom Eingebettetsein findet sich auch in anderen politischen Glossen Dürrenmatts.[2] Sie scheint mir zusammen mit den entsprechenden Gedankengängen auf ein Staatsverständnis prinzipiell konservativer Art hinzuweisen, obgleich eigentlich der Kontrast zwischen dem Bild des Schlupfwinkels für Revolutionäre und dem für geschäftstüchtige Wüstlinge nicht recht zu dieser Annahme paßt. Kontrast und der darin liegende Widerspruch sind für den politisch schwer faßbaren Autor bezeichnend. Zwar wirken zahlreiche seiner Reden, Aufsätze und Dichtungen revoluzzlerisch, im ganzen aber widerspricht seine Haltung dem revolutionären Ideengut. Schwitter, der mit einem Meteor verglichen wird, kann ähnlich verschieden charakterisiert werden. Das eine Mal heißt es von ihm: »Er blieb Rebell, ein Rebell im luftleeren Raum«, dann aber: »Schwitter war nie verzweifelt, man brauchte ihm nur ein Kotelett vor die Nase zu setzen und einen anständigen Tropfen, und er war glücklich« (IX, 55 und 56). Von Fortschrittsglauben ist in Dürrenmatts Schaffen wenig zu entdecken.[3] Aufklärer, Progressive, Idealisten oder Verfechter des historischen Materialismus haben noch nie eine Vorliebe für Bilder des Eingebettetseins oder der Schlupfwinkel gezeigt.

Man stelle sich, für einen Augenblick wenigstens, eine Bettszene im Werk Lessings oder Schillers vor. In ihren Werken war zwar Platz für lüsterne Anspielungen; aber wo Erziehungswille oder idealistische Überzeugungen derart dominant waren, gab es keinen Sinn für Bilder wohliger Geborgenheit. Ebenso wenig im Werk Max Frischs. So häufig und gern Frisch von Liebesbeziehungen erzählt, so fremd bleibt ihm jede beruhigende Erfüllung.

---

[2] Politische Verwendung der Metapher, z. B. in dem 1974 in Deutschland publizierten Aufsatz »Der schwierige Nachbar oder Exkurs über Demokratie« über das Verhältnis Bundesrepublik-Schweiz: »Zugegeben, das [Vorwürfe, Held oder Nicht-Held gewesen zu sein] sind Nuancen des intimeren Zusammenlebens, mitteleuropäischer Bettgespräche« (XXVIII, 124).

[3] Dies trotz dem von Michael Butler (»Das Labyrinth und die Rebellion‹: the asurd world of F. D.«, in: *Modern Languages 66* [1985], S. 107) wohl überbetonten Aufklärungsglauben D.s. Der Vortrag »Toleranz« (1977), auf den sich Butler bezieht, ist zwar ein Hommage an Lessing und Kant – aber auch an Kierkegaard und Karl Barth, die man schwerlich als aufklärerisch bezeichnen kann. Ich teile da eher die Meinung Peter Bichsels im Beitrag der *Weltwoche* vom 1.4.1966 zum Thema »Unbewältigte Vergangenheit in der Schweiz«, Dürrenmatt sei im Grunde kein politischer Schriftsteller. – Er macht sich ja wenig Sorgen um die speziellen Fehler der Vorfahren, eher um den Sündenfall an sich. In einem Interview mit Alfred A. Häsler (In: *Ex Libris*, Aug. 1966, S. 12) sagt er, es sei ihm ganz klar, daß die Schweizer kein Heldenvolk gewesen seien, meint aber im Hinblick auf die Fehler der Verantwortlichen während der Hitlerzeit: »Wir haben kein Recht, auf unsere damaligen Politiker Steine zu werfen. Sie haben ihr politisches Ziel erreicht, nämlich die Schweiz aus dem Kriege herausgehalten. Sie haben es mit moralisch oft ungenügenden und sogar bedenklichen Mitteln getan«.

Kein Geliebter und keine Geliebte sind Gewähr für Ruhe. Weder in Frischs Romanen noch seinen Stücken stoßen wir auf die geringste Spur von Schlafzimmerpoesie.

Beliebt und bis zum Überdruß modisch ist das Motiv natürlich in der gängigen und also extrem unprogressiven Filmindustrie. Der Kinobesucher ist, wie Dürrenmatt einmal sagte, der geborene (impotente) Voyeur. Durch sein Drehbuch für den Kurt-Hoffmann-Film *Die Ehe des Herrn Mississippi* (1961) hat er selber die Hand für die Verwirklichung dieser Möglichkeit geboten. Anastasia, in der dramatischen Fassung noch als Dame von Welt agierend und artikulierend, präsentiert sich hier als Bett-Diva. Ihr Schlafzimmer spielt im Film eine beträchtliche, durch das Drehbuch allerdings nur angedeutete Rolle (III, 168); die Szene gehört in den breiten Bereich von Neuspießers Anzüglichkeiten.

Bei Dürrenmatt sind solche Lagerstätten Beispiele der Welt als Labyrinth. Das Eingebettetsein, das Zufluchtsuchen und die Sinnbildlichkeit einer Höhle müssen bei ihm im Zusammenhang gesehen werden.

Seine Anfang der 40er Jahre entstandene frühe Prosa ist teilweise durch Platos Höhlengleichnis bestimmt, erinnert aber im Stil — Symbol- und Sinnträchtigkeit — eher an das Werk Franz Kafkas und Ernst Jüngers. Im besonderen Kafkas Faszination durch beängstigende Territorien — K. durch das »Schloß«, das tierähnliche Wesen durch den »Bau«[4] — scheint damals für Dürrenmatt von großem Einfluß gewesen zu sein. In der Skizze »Die Stadt« im Prosaband mit dem gleichen Titel und deren überarbeiteter Fassung »Aus den Papieren eines Wärters« (1952) und der vorläufig letzten Fassung »Der Winterkrieg in Tibet« (*Stoffe I—III*) stoßen wir häufig auf die Bilder Bett, Höhle, Unterschlupf. Die Stadt ist ein Labyrinth, in dem viele vergeblich Schutz suchen. Auch der Erzähler hat sein Bett (»an der großen, abgeschrägten Westwand«) und weiß: »Wir brauchen immer wieder sichere Höhlen, in die wir uns zurückziehen können« (XVIII, 154).

Die Bilder der frühen Prosa haben vielerlei gemeinsam mit denen des dramatischen Erstlings. Das Himmelbett Knipperdollincks im Wiedertäuferstück *Es steht geschrieben* (1947) soll zwar laut Regieanweisung »den neugie-

---

[4] Vgl. z.B. den Passus in den »Papieren eines Wärters«: »Das Haus aber, in welchem sich mein Zimmer befand, habe ich nie durchforscht. Wenn es auch von außen wie ein neuerer Bau aussah, so war es doch innen alt und zerfallen« (XVIII, 155). Zum Motiv im allgemeinen und besonderen siehe meinen Aufsatz »Verzweiflung und ›Auferstehung‹ auf dem Todesbett. Bemerkungen zu D.s Meteor«, in: *Deutsche Vierteljahresschrift* 54 (1980), S. 485—505; außerdem speziell zu Kafka Franz R. Kempf, »Das Bild des Bettes und seine Frunktion in Franz Kafkas Romanen *Amerika, Der Prozeß* und *Das Schloß*«, in: *Sprache und Literatur, Festschrift für Arval L. Streadbeck*, hg. von Gerhard P. Knapp u.a., Bern (Lang) 1981, S. 89—97.

rigen Blicken des Publikums« Widerstand leisten (I, 52), die Bemerkungen des liebes- und glaubenstollen Bockelson über sein Treiben dort sind aber anschaulich genug.

In anderen Texten vom Sammelband *Die Stadt* (z. B. »Der Hund«: das riesige Tier bewacht das Paar im »Bett neben den vielen Büchern«: XX, 15) bis zur Jedermann-Variation *Der Meteor* (1966) und *König Johann* (1968, mit Eleonorens Toastspruch, der Zwist zwischen Frankreich und England sei nun beigelegt, »erstickt in Kissen heisser Ehebetten«: XI, 55) gibt es bei Dürrenmatt immer wieder Bettbilder. In den *Stoffen I–III* (1981) wirkt das Motiv, sowohl im autobiographischen wie in den fiktiven Teilen monströser als früher und erhält daneben auch eine tiefere philosophische Bedeutung.

Die sexuelle Unersättlichkeit Walt Lotchers in der Kammer des Gasthauses »Bären« weit hinten im verlassenen Flötenbachthal (»Mondfinsternis«) führt zu Kopulationsszenen von burlesker, ja stellenweise geschmackloser Abnormität. Im »Winterkrieg in Tibet« hat Dürrenmatt das Höhlengleichnis auf eine Art und Weise aktualisiert, die man wohl zynisch nennen könnte. Oder ist es die Kontrafaktur eines abtrünnigen Glaubenden? Der Tübinger Altphilologe Konrad Gaiser hat die Frage in einen größeren Zusammenhang gestellt, indem er auch die auf Aristoteles basierenden Gegenstimmen zu Plato berücksichtigt. Er schreibt über die Variation im »Winterkrieg«: »Auch bei Dürrenmatt ist die Höhle der Ort, in dem es mit uns zu Ende geht. In einem unterirdischen Stollengewirr kämpfen nach der Katastrophe eines Atomkrieges Söldner gegen Feinde, die es gar nicht gibt: Feind ist der Mensch sich selbst.«[5]

Das Bett-Motiv

Es wäre für einen Komparatisten gewiß verlockend, einmal das verschiedenartige Auftauchen des Bettmotivs in den verschiedenen Kulturkreisen historisch zu untersuchen. Bisher gibt es, außer wenigen Einzeluntersuchungen, bloß armselige Ansätze. Der Komparatist stieße auf die größten Gegensätze. Bald hat eine Schlaf-, Liebes- und Sterbestätte in der Vorstellungswelt des Dichters oder Künstlers ihren selbstverständlichen Platz[6], bald wird sie tabuisiert, bald verschämt nur andeutungsweise

---

[5] Konrad Gaiser, »Das Höhlengleichnis. Thema und Variationen von Platon bis Dürrenmatt«, in: *Schweizer Monatshefte* 65/1 (1985), S. 61. Ergänzung zur Liste der Bett-Motive bei D.: Charlotte Kerr, »Protokoll einer fiktiven Inszenierung« *[Achterloo III]*, in: D./Ch. K.: *Rollenspiele*, Zürich (Diogenes), S. 13, S. 70, S. 90 (Nestroy und das Bett), S. 97 (ursprünglicher Titel für *Achterloo*: »Napoleon will ins Bett«).

[6] Vgl. z. B. Abbildung und Kommentar im *Dictionnaire des symboles*, Paris (Robert Laffont) 1969, S. 465. Abbildung eines Grabgemäldes aus dem ägyptischen Theben des Neuen Reiches mit Symbolen des Todes und der Fruchtbarkeit auf und unter dem Bett. Kommentar: »Le lit participe de la double signification de la terre: il communique et absorbe la vie. Il s'inscrit dans la symbolique d'ensemble de l'horizontalité.«

erwähnt, bald frivolisiert, bald mystifiziert. Verschiedener als das moralische Märchen *Le Sopha* Claude P. de Crébillons und Kafkas Romane können in dieser Hinsicht kaum literarische Erzeugnisse sein. Der Kontrast ist, wenn auch ganz anderer Natur, so groß wie der zwischen Salomos grünendem Bett im Hohelied (I, 16; vgl. auch III, 7) einerseits und Parzivals Wunderbett andererseits.

Crébillon (1707—1777) knüpft in seiner Erzählung an die arabischen Märchen von 1001 Nacht an. Der Brahmane Amanzéi, der an Seelenwanderung glaubt, berichtet von seinem früheren Dasein als Sopha, und sein Erfahrungsschatz in bezug auf amouröse Abenteuer Dritter läßt natürlich nichts zu wünschen übrig. Hier ist der Horizont weit, denn im Zeitalter des Barock und des Rokoko gehören die Requisiten eines Schlafzimmers zum Wichtigsten des um ein Schloss herum imaginierten Welttheaters. Richard Alewyn hat eine Schlafstätte jener Zeit einen »Thron zum Liegen« genannt und die Levers und Couchers der Fürsten zu den wichtigsten Ereignissen des höfischen Festes gezählt.[7] In Hofmannsthals Oper »Der Rosenkavalier« erinnern das Lever der Fürstin Werdenberg im ersten Akt und sogar ihr tête-à-tête mit Octavian, gleich wenn der Vorhang aufgeht, an solche Traditionen — wogegen die Episoden um ein ungemachtes Bett herum im Roman Françoise Sagans *Le Lit Défait* (1977) vielleicht als unbewußte Parodie gesehen werden dürften.

Goethe hat bekanntlich viel Sinn für alles Kreatürliche und natürlich Hervorgebrachte, zögerte aber offensichtlich stets, einen Zeugungsakt — des Menschen oder im Schöpferischen generell — genauer zu beschreiben. In der Adelheid-Franz-Szene des *Goetz von Berlichingen* bleibt die Bettszene ausgeklammert, beim Eintritt Fausts in Gretchens Zimmer bleibt das Bett (nur für ihn?) in einem Dunstkreis; teils wird er gereizt, teils von einem »Wonnegraus« gepackt, der mit den späteren Schuldgefühlen schon vieles gemeinsam hat.

In östlichen oder von ihnen wesentlich beeinflußten Kulturkreisen sind, denke ich, Scheu und Faszination meist stärker ausgeprägt als in westlichen. Ähnlich wie die dortigen Literaturen schon früher als anderswo das Mitgefühl für seelische Erkrankungen entwickelt haben, so das Verständnis für Lethargie und die entsprechenden Lebenshaltungen. Die Passivität Oblomovs im Roman Ivan A. Gontscharows (1859) ist sprichwörtlich geworden. Zwar sinnt Oblomov gern darüber nach, wie er die Lage seiner Leibeigenen verbessern könnte, und entwirft schöne Pläne; aber die besten Absichten ersticken in den weichen Kissen seiner Ruhestätte. Der Schlafrock hat in seinen Augen eine Menge unschätzbarer Eigenschaften, heißt es schon gleich am Anfang des Romans; er ist weich und schmiegsam. Und das Liegen ist für ihn weder eine Notwendigkeit wie für einen Kranken oder Schläfrigen, noch eine Zufälligkeit wie für einen Ermüdeten, noch ein Vergnügen wie für einen Faulen, sondern ein ganz normaler Zustand.

Sein ständiges Versagen ist dem der Gestalten Franz Kafkas verwandt, ist allerdings noch nicht dermaßen ins Extreme und Abstrakte gehoben. In Kafkas Prosa muß man die Bettszenen im Zusammenhang mit den Bildern der unerreichbaren Zufluchtstätten sehen. Das sind nun keine Schlupfwinkel, wie sie Dürrenmatt in der eingangs zitierten Rede politisch interpretiert hat. *Das Schloß*, *Der Bau*, der Dom im *Prozeß*, all die grauen Räumlichkeiten, Zimmer und Gänge gehören zu den Bedin-

---

[7] R. Alewyn, Karl Sälzle: *Das große Welttheater. Die Epoche der höfischen Feste in Dokument und Deutung*, Hamburg (Rowohlt) 1959, S. 43.

gungen vergeblicher Anstrengungen von K., Josef K. und ähnlicher Wesen. Ein Bett kann eine Autoritätsperson verstecken; Dr. Huld im Prozeßroman ist unter seinen Federdecken zunächst kaum zu bemerken. Der Vater Georg Bendemanns im *Urteil* fürchtet, der Sohn wolle ihn ganz zudecken, das heißt unter die Erde bringen, und er bäumt sich im Bett auf. Ein Bett ist bei Kafka kein Ort für Zärtlichkeiten, dagegen oft einer der Tortur. Man denke an das für Folterungen hergerichtete Lager in der Erzählung »Die Strafkolonie«.

Rainer Maria Rilke (ebenfalls in Prag geboren) hat im wenig beachteten, 1908 in Paris verfaßten Gedicht »Das Bett« das Schwere von Liebe, Geburt und Tod darzustellen versucht. Die vier Strophen zeigen den Vorgang der Zeugung im weitesten Sinn. Liebe, Menschwerdung, Ablauf der Stunden, Entstehung eines Gedichts, Sterben erhellen sich gegenseitig. Die zweite Strophe und der Anfang der dritten lauten (die zweite ist mit der ersten durch »da tritt«, wie in den anderen Fällen, durch ein Enjambement verbunden):

> vor den Chor der Nächte, der begann
> ein unendlich breites Lied zu sagen,
> jene Stunde auf, bei der sie lagen,
> und zerreißt ihr Kleid und klagt sich an,
>
> um der anderen, um der Stunde willen,
> die sich wehrt und wälzt im Hintergrunde;
> denn sie konnte sie mit sich nicht stillen.[8]

Die Abstammung von Günter Grass aus östlichen Gebieten spürt man in seinem weitausgreifenden Erzählstil. Tiefsinniger Ernst oder bewußte Verschlüsselungen im Ausdruck vermeidet er geflissentlich. Im Kapitel »Die Verjüngung zum Fußende« der *Blechtrommel* (1959) kommt Oskar Mazerath beim Anblick des Sarges, in dem seine Mutter ruht, auf Gedanken, die einem Schreiner Ehre machen würde. Er findet die sich auf wunderbar harmonische Weise zum Fußende hin verjüngende Sargform großartig und sagt sich: »Hätten Betten doch diesen Schwund zum Fußende hin! Möchten sich doch all unsere gewohnten und gelegentliche Liegen so eindeutig zum Fußende hin verjüngen. Denn, mögen wir uns noch so spreizen, endlich ist es doch nur diese schmale Basis, die unseren Füßen zukommt, die sich vom breiteren Aufwand, den Kopf, Schultern und Rumpf beansprucht, zum Fußende hin verjüngt.« Die Gefühle Oskars vor dem weißlackierten Metallbett der geliebten Krankenschwester Dorothea sind davon nicht sehr verschieden. Er nennt es einen Schlafalter und ahnt dabei offenbar ihren Tod. Im *Butt* (1977) bringt uns Grass dann auch vergnügliche Bettszenen. Ilsebill und der Erzähler finden sich in diesem Roman nach dem Herbstgericht – Hammelschulter, Bohnen und Birnen – »mal ich, mal sie oben« zu fröhlichem Geschäft, einmal auch »außer der Zeit und ihrem Ticktack ... aller irdischen Bettschwere enthoben«. So gelingt eine »ätherische Nebenzeugung«.

Wonneplätze der Zeugung oder damit verbundene ätherische Nebenerscheinungen gibt es im Werk Dürrenmatts nicht, so sehr sein barocker Einfallsreichtum sonst Grass ähnlich scheint. Dürrenmatts Denkweise ist in jeder Hinsicht westlich geprägt.

---

[8] Andrzej Warminski hat das Gedicht überzeugend interpretiert und dabei eine Trias Kind, Stunde, Gedicht angenommen: A. W., »Rilke's ›Das Bett‹«, in: *Rilke. The Alchemy of Alienation*, hg. von Frank Baron u. a., Lawrence (The Regents Press of Kansas) 1980, S. 151–170.

Ähnlich wie die Brechts? In der kurz nach dem Ersten Weltkrieg entstandenen Szenenfolge *Baal* liegt und wälzt sich der paarungsgierige Landstreicher-Dichter allerorten herum; und einmal sagt er, am liebsten würde er sich mit den Bäumen, dem Gras und der Erde vereinigen; in der vierten Szene schleichen sich aber einmal zwei Mädchen in seine Dachkammer, was den einigermaßen konventionellen Rahmen für seine kaum mehr als Intimitäten zu bezeichnenden Beziehungen ergibt. Baal summt am Anfang vor sich hin:

> Den Abendhimmel macht das Saufen
> Sehr dunkel; manchmal violett;
> Dazu dein Leib im Hemd zum Raufen ... [...]
> In einem breiten weißen Bett.

Im einige Jahre später geschriebenen Frühwerk *Die Hochzeit* (oder *Die Kleinbürgerhochzeit*) sind Möbelstücke wie Chaiselonguen naturgemäß recht wichtige Requisiten. Nachdem der Zuschauer über die unkeuschen Gefühle des Brautpaares genügend orientiert worden ist und der Vater des Paares eine seiner unmöglichen Geschichten erzählt hat, bricht das Paar zu den Hochzeitsnacht-Freuden auf – und bald hört der Zuschauer das Bett zusammenkrachen. Das ist die bittere Satire auf die sexuelle Hörigkeit bürgerlicher Provenienz. In Frischs Pendant »Die große Wut des Philipp Hotz«, dies nebenbei, gibt es bezeichnenderweise statt des Bettes Schränke, die zusammenkrachen.

Man sieht, wie tiefsinnig, hintergründig, politisch tendenziös unser Motiv angewendet werden kann. Sein Vorkommen in weiteren literarischen Texten[9], in Humoresken oder gar in der Trivialliteratur übergehe ich, möchte aber doch zum Schluß auf die meines Erachtens schlichteste und klarste Anwendung in Guy de Maupassants Kurzgeschichte »Le Lit« (1882) hinweisen. Der Bettlägrige sagt hier einmal: »Le lit, mon ami, c'est toute notre vie. C'est là qu'on nâit, c'est là qu'on meurt.« Und gegen den Schluß liest man:

> Le lit, c'est l'homme. Notre Seigneur Jésus, pour prouver qu'il n'avait rien d'humain, ne semble pas avoir jamais eu besoin d'un lit. Il est né sur la paille et mort sur la croix, laissant aux créatures comme nous leur couche de mollesse et de repos.

---

[9] Weitere literarische Texte (z. T. habe ich sie schon in meinem Aufsatz in der *Dvjs* genannt) sind z. B.: Kleists *Käthchen* (mit Graf Strahls Traum vom »duftenden Himmelbett«, II,1), Bölls *Gruppenbild mit Dame* (mit Leni Pfeifers Abneigung, sich die Vereinigung mit einem geliebten Mann in einem Bett vorzustellen und ihrem Lieblingswort ›beiwohnen‹). Erwähnenswert ist auch die Sinnbildlichkeit des Motivs in Martin Mosebachs Familienroman *Das Bett* (1983); fast alle Menschen, vor allem der Oblomow verwandte Stephan, empfinden hier eine mehr oder weniger versteckte Sehnsucht nach einer Stätte der Ruhe wie dem Bett der Haushälterin Agnes – nach einer Geborgenheit fast so erwärmend wie die Röcke von Oskar Mazeraths Großmutter in der *Blechtrommel*. Eine Humoreske ist Werner Fincks Gedicht »Das Bett« aus seiner Sammlung *Neue Herzlichkeit*. Im Bereich der Trivialliteratur muß man an die früheren Alkoven- und Boudoirromanzen denken; eher als an die Moderne: die Filmindustrie hat jetzt fast eine Monopolstellung.

Das Lager, auf dem ein Meteor einfällt

Dürrenmatt bevorzugt in seinen Dramen Grenzsituationen krassester Art. Die Variation des ehrwürdigen Jedermann-Spiels, der Anfang 1966 uraufgeführte Zweiakter *Der Meteor*, ist ein Beispiel dafür. Der Tod ist in dieser Komödie nicht mehr der Weisheit letzter Schluß, die Sterblichkeit des Menschen kein Grund mehr zur Besinnung, unter anderem über die mögliche Unsterblichkeit, sondern die Parallele eines reinen Naturereignisses. Das Kleine wird mit Großem verglichen, der Mensch mit astronomischen Vorgängen, Sterben wird zum Verglühen. Der Gedanke an physikalische Vorgänge könnte allerdings solche an menschliche Werte wecken.

So wie ein Himmelskörper, wenn er in die Lufthülle der Erde eintritt, außerordentlich erhitzt wird und einen strahlenden Glanz entwickelt, kommt der sterbende Schwitter noch einmal zu phantastischen Kräften, die vieles um ihn herum zerstören. Alle gesellschaftlichen Bindungen fallen von ihm ab, sagte der Autor 1963 vor der Niederschrift des Stücks (IX, 159). Darum läßt er Schwitter in der (endgültigen?) Wiener Fassung 1978 vielleicht den Heilsarmeemajor Friedli erwürgen und am Schluß aus dem Zimmer fliehen – läßt ihn sich nicht einfach im Bett aufrichten wie in der ersten Fassung (IX, 95 und 165)). Dieser verglühende Meteor fällt im Atelier auf ein Bett, in dem er früher geschlafen hatte. Alles geschieht jetzt am längsten Tag des Jahres, an einem drückend schwülen Nachmittag.

Die Analogie zu Gesetzen der Physik geht im Verlaufe der Handlung teilweise vergessen, denn alles geschieht in einem leicht überschaubaren Raum. Im Maleratelier Hugo Nyffenschwanders hängen neben dem Ofen Windeln, und auf dem Bett liegt zu Beginn des ersten Aktes die nackte Frau des Malers, Auguste, als Modell für eine seiner Aktstudien. Unvermutet betritt der totgesagte Nobelpreisträger das Atelier. Er ist sehr müde und möchte sich ausruhen, am liebsten in den Laken, in denen auch Auguste geruht hat. Sie will ihn zu seinem Lager führen, aber Schwitter entgegnet:

> Lassen Sie mich, Auguste. Ich möchte in meinen letzten Momenten an etwas Wesentlicheres denken als an ein schönes Weib. *Wandelt auf das Bett zu.* Ich möchte an nichts denken. *Legt sich aufs Bett.* Einfach verdämmern. *Liegt unbeweglich.* Mein altes Bett. Immer noch die gleiche unverwüstliche Matratze. Auch die Decke weist den selben Riß auf, und dieses gräßliche Geröhre hat seine Richtung beibehalten. (IX, 17)

Am Schluß des ersten Aktes liegen aber beide in diesem Bett.

Alle möglichen Aussagen und dramaturgisch relevanten Elemente der Komödie sind von den Interpreten erörtert worden; das Bett als doch sicher wichtiges Requisit und Handlungslement wurde mit wenigen Ausnahmen[10] nicht einmal erwähnt, auch nicht vom Autor. Und doch ist der Sterbende und wieder einmal Auferstandene zu Beginn des zweiten Aktes um nichts so besorgt wie um den rechten Platz dieses Bettes; Ehebruch zählt dagegen zu den Nebensächlichkeiten. Es scheint, das Zusammensein habe ihm den Tod gebracht; beim Wiedererwachen sagt er zu Nyffenschwander, der noch ganz konsterniert ist, weil ihn seine Frau verlassen will:

SCHWITTER Das Bett steht falsch. *Betrachtet das Atelier.*
NYFFENSCHWANDER Sie — Sie — *Glotzt Schwitter an.*
SCHWITTER Das Bett stand, wo jetzt der Tisch steht, und der Tisch stand, wo sich jetzt das Bett befindet. *Streckt die Beine aus dem Bett.* Darum kann ich nie sterben. *Hebt den Kranz über den Kopf.* Wieder Totenkränze. Sie rollen mir nach. *Steigt aus dem Bett.* An die Arbeit. Das Bett muß hinüber. (IX, 59)

Ist das der alte Glaube, daß Ort und Richtung der Schlafstätte für Lebende und Sterbende von entscheidender Bedeutung seien? Man lese darüber im Wörterbuch des deutschen Aberglaubens nach. Oder allenfalls im Kapitel »Vom Sinn der Symptome« in Freuds (Dürrenmatt allerdings fremden) »Vorlesungen zur Einführung in die Psychoanalyse«, wo die für unseren Zusammenhang interessanten Zwangsreaktionen einer Neurotikerin beim Einschlafenszeremoniell geschildert werden. Nicht ein Kaffeetischchen wie in der *Ehe des Herrn Mississippi*, sondern ein Möbelstück, das als Kopulations- und Sterbensstätte zu dienen hat, ist hier von zentraler Bedeutung.

Das Interieur im *Meteor* ist erstaunlicherweise gemütlicher als das des Salons Anastasias, der Gemahlin Florestan Mississippis. Im Atelier des Pseudokünstlers hängen neben dem Ofen, wie gesagt, die Windeln seiner Nachkommenschaft, und Nyffenschwander hat an den Aktbildern seine naive Freude. Dürrenmatt erklärt dieses Milieu in einem Interview folgendermaßen: »Weil so viel vom Tod die Rede ist, spielt das Stück im Atelier eines Malers, der dauernd das ›Leben‹ malen will.«[11]

Das Atelier ist eine Mietwohnung. Inhaber ist der große Muheim, Besitzer von Mietskasernen, ein gutherziger Ehegatte. Vor 40 Jahren hatte Schwitter hier mit seiner ersten Frau als Mieter gelebt und bei Muheims eine Doppelrolle gespielt. »Ich brachte Ihrer Gattin jeweils am ersten des Monats den Zins, wir stiegen ins Bett, und ich durfte die hundert wieder mitnehmen.« Beischlaf und Geldgeschäfte werden in ähnlichem Sinne kombiniert wie im Bankunternehmen Franks V. durch Frieda Fürst. Muheim ist konster-

---

[10] Murray B. Peppard: *F. D.*, New York (Twayne Publishers), 1969, S. 81: »The bed — the central and dominant piece of furniture«. Kenneth S. Witton: *The Theater of F. D.*, London (Oswald Wolff), 1980, S. 170: »The bed is a comic contrast between the possible beginning of a life and the certain end of one«.

[11] F. D., »Lazarus der Fürchterliche. Gespräch mit Urs Jenny«, in: *Theater heute*, Februar 1966, S. 11.

niert, wie er Schwitters Bericht vernimmt, denn sein Glück im Winkel war ihm teuer:

> Meine Feinde fürchten mich, und ich besitze viele Feinde. Aber mein Privatleben – *Nimmt eine Zigarre*. Ohne glückliche Ehe gibt es keine wirklich gigantischen Geschäfte, ohn Zärtlichkeit gaunert man sich nicht durchs Leben, ohne Innerlichkeit landet man in der Gosse. (IX, 17)

Bei Schwitter ist das Bett die Stätte für Liebe und Tod, bei Muheim der Kontrast zum Geschäftsleben. Der meteorartig auftauchende gewissenlose Nobelpreisträger zerbricht, unter anderem, eine Stütze der Gesellschaft. Er wirkt gewalttätiger als Brechts Baal, an den man sich im Stück streckenweise erinnert fühlen könnte. Die Kraft, die in seinem Zynismus liegt, ist schrecklich. Darum vielleicht in der späteren Fassung der Mord an Friedli und die Flucht aus dem Zimmer.

Im Rückblick wird uns bewußt, wie groß der Unterschied zwischen Dürrenmatts Darstellung von Schwitters erhofftem Todesbett und seinen Bemerkungen über die Schweiz als Schlupfwinkel, außerdem seinen Bildern von Betten und Höhlen im Frühwerk ist. Das einemal haben die Bilder mit dem politischen Leben, das anderemal mit der menschlichen Existenz im extrem individuellen Sinn zu tun. Das Motiv hilft im *Meteor*, die schlimmstmögliche Wendung zu zeigen. Akzeptiert man die Analogie verglühender Himmelskörper-Erdhülle, so kann Schwitters Bett als letzte Verkörperung alles Irdischen aufgefaßt werden. An dieser Stelle manifestiert sich die Verzweiflung des Nihilisten am deutlichsten.

Über das Problem der Verzweiflung hat sich der für Dürrenmatt wichtige Sören Kierkegaard in der Abhandlung »Die Krankheit zum Tode« (1849) eingehend geäußert. Kierkegaard zählt die Fähigkeit, Verzweiflung zu bestehen, zu den großen Chancen eines Christen. Die Abhandlung geht von der Geschichte des Lazarus aus, auf die auch Dürrenmatt in seinem Stück anspielt, und von der Überzeugung, für Christen bedeute nicht der Tod Verzweiflung, sondern jede Art der Selbstverlorenheit: die Sucht, verzweifelt sich selbst los werden zu wollen. Oder verzweifelt sich selbst sein zu wollen, was zum Trotze führe. Schwitter ist voll davon. Wer nicht mehr beten könne, müße hoffnungslos werden; wer nicht mehr an Gott, den Inbegriff des Möglichen, glauben könne, sei im Innersten krank. Fatalisten und Deterministen – oder Spießbürger, die nur an Wahrscheinliches, statt an Mögliches dächten – seien in diesem Sinne krank. Nur durch »aktive« Verzweiflung könne der Mensch ein ewiges Selbst wählen und werde dadurch neu geboren. Nur dann sei er fähig, seine Vergänglichkeit anzunehmen. Kierkegaard schreibt:

»Zum Tode krank sein« heißt also: nicht sterben können, doch nicht, als ob da noch Hoffnung auf Leben wäre; nein, das Hoffnungslose ist das, daß selbst die letzte Hoffnung, der Tod, nicht kommt.[12]

Das ist das Thema des *Meteor*.

Verzweifelt sich selbst sein zu wollen, führt zum Trotz. Mit Hilfe der Worte Kierkegaards können wir das Stück auch als Bloßstellung der in unserer Gegenwart grassierenden Selbstverwirklichungssucht verstehen — und damit in einem eingeschränkten Sinne als Gegenstück zu Frischs Welt. Der Raum des Pseudokünstlers Nyffenschwander ist eng; er erhält seine große, schreckliche Dimension erst durch den Einfall eines Verzweifelten in diesen Wohnraum mit seinen ja recht trivialen Lebensvoraussetzungen wie dem Bett Augustes und Schwitters.

---

[12] S. Kierkegaard, »Die Krankheit zum Tode«, in: *Gesammelte Werke*, Abt. 24/25, Düsseldorf (Diederichs) 1954, S. 14.

VI FRISCH UND DÜRRENMATT

Der Gegensatz in der schweizerischen Zeitgenossenschaft

Die Kombination zweier Namen für eine Monographie wirkt, nicht nur für Literaturkritiker, peinlich oder dilettantisch. Wer würde schon ein Buch mit dem Titel »Doderer und Musil« oder »Böll und Lenz« ernst nehmen? Daß man die beiden Schweizer aber doch immer wieder zusammen sieht, kann nicht bestritten werden; neben den in meinem Literaturverzeichnis aufgeführten Tieln wie *Kastor oder Pollux?* (1977 – mit dem im Verzeichnis weggelassenen Untertitel »Max Frisch und Friedrich Dürrenmatt: ein ungelöstes Problem«) stößt man des öftern auf Überschriften wie *Die beiden Dioskuren*, und sogar Hans Mayer hat in seiner wegweisenden Studie *Dürrenmatt und Frisch* (1963) die beiden fast vorbehaltlos zusammengesehen; in der Neuauflage 1977 mißbilligt er einleitend allerdings die auf das 19. Jahrhundert zurückgehende Mode der »Doppeldenkmäler«: was man »planmäßig zu Paaren trieb«, gehe oft auf veraltetes Besitzdenken im Bereich der Kunst- und Literaturgeschichtsschreibung zurück. Auch Peter Noll äußerte sich – offensichtlich ehrlich erstaunt – über das Dilemma.[1]

---

[1] P. Noll: *Diktate über Sterben & Tod*, Zürich (pendo) 1984, S. 84f.: »Dürrenmatt und Frisch. Warum werden immer beide in einem Atemzug genannt? Dabei haben sie überhaupt nichts Gemeinsames. Warum werden nicht Bichsel und Muschg zusammen genannt, warum nicht Frisch und Grass oder Dürrenmatt und Hochhuth? Dass die beiden, Dürrenmatt und Frisch, die zwei bedeutendsten Schriftsteller der Schweiz sind, ist doch wirklich noch kein ernsthafter Grund, um das Unvergleichbare immer wieder zu vergleichen und die Frage zu stellen, welcher von ihnen der Bedeutendere sei. Was soll das? Sie gegeneinander ausspielen, bis sie sich selber gegeneinander ausspielen?« S. 100 außerdem sein Vergleich mit dem »paarweise« Zitieren von Goethe und Schiller. – Hans Weigel kommentiert (in einer Gratulation für Torberg und einer Besprechung der Dramen Hochwälders) in seiner satirischen Art das »Doppeldenkmal«: Torberg-Weigel sei keine »Dioskuren-Einheit à la Frisch-Dürrenmatt (sie beide möchten »wie Dürrenmatt« sein). Ferner: Frisch und Dürrenmatt hätten »schwer an dem Stigma ihrer Dioskurenhaftigkeit zu tragen, das sie, die sehr Verschiedenen und auch im Alter um zehn Jahre Unterschiedenen, in einen Topf wirft«. In: H. W.: *Nach wie vor Wörter. Literarische Zustimmungen, Ablehnungen, Irrtümer*, Graz (Styria) 1985, S. 203, S. 259. Der jüngere Rolf Kieser dagegen urteilt forschungsgläubig-dezidiert: »Sowohl die Frisch- wie auch die Dürrenmatt-Forschung sind heute soweit fortgeschritten, dass kaum noch der Versuch gemacht wird, die beiden Autoren von ihren Werken her in einem Atemzug zu nennen, wie das, seit dem unglücklichen Ansatz von Hans

Ich blieb beim Doppeltitel, sowohl wegen mehrerer vergleichenden Überlegungen (besonders im zweiten Kapitel), als auch wegen der wichtigen Briefe beider Autoren im Anhang.

Das ungleiche Paar

Die im Inland weit verbreitete *Schweizer Illustrierte* pflegt seit einigen Jahren Lob und Tadel von Lesern und Redaktionsmitgliedern durch eine »Rose der Woche« und daneben einen »Kaktus der Woche« anzuzeigen. Am 28. Mai 1985 wurde Dürrenmatt mit der »Rose« ausgezeichnet, weil er in einem »ebenso geistreich wie entschieden formulierten Telegramm« dem französischen Kulturminister mitgeteilt habe, er könne die Einladung zur Konferenz über Freiheit und Menschenrechte in Paris nicht annehmen; Frankreich verdiene am Waffenexport viele Milliarden Francs. Eine Woche vorher war dem »couragierten Unruhestifter« Frisch ein »Kaktus« zugesprochen worden, weil er, aufgebracht schon wegen des ständigen Baulärms in seinem Quartier, auf einige Ruhestörer kurzerhand mit einem Gartenschlauch gespritzt und nachher sogar die Polizei zu Hilfe gerufen habe.

Solche Beurteilungen der beiden Schriftsteller sind typisch. Dürrenmatt ist beim Durchschnittsschweizer, trotz hie und da geradezu törichter Äußerungen seinerseits wie der im *Playboy* 1981 oder seiner bissigen Seitenhiebe gegen die Mitbürger relativ beliebt; ihm ist meines Wissens nie, wie Frisch, der Ratschlag gegeben worden, in den Ostblock auszuwandern. Reagiert vor allem die ältere Generation so parteiisch?

Max Wehrli, der im In- und Ausland gleichermaßen geachtete Zürcher Literaturhistoriker, sagte 1958 in einem Vortrag in Hannover, man sei unter Schweizern »auch instinktmäßig« geneigt, in Dürrenmatt »viel unmittelbarer den nun einmal ungehobelten Landsmann anzuerkennen und ihm viel weniger übel zu nehmen als Max Frisch, der schärfer und persönlicher, aber auch humorloser das Problem schweizerischer Existenz« behandle.[2] Ein

---

Bänziger in den frühen sechziger Jahren, gang und gäbe war.« (R. K., »Schweizer Literatur seit 1945 [...]«, in: *Text & Kontext*, Jg. 11 (1982), H. 2, S. 223.

[2] M. Wehrli, »Gegenwartsliteratur der deutschen Schweiz«, in: *Deutsche Literatur in unserer Zeit*, Göttingen (Vandenhoeck) 1959, S. 119. Vorher schreibt Wehrli bei Frisch von Künstlerromanen, »in denen sich schwierige Helden durch peinliche Liebes- und Eheverwicklungen hindurch vors Gericht zitieren« (S. 116), oder dann, als Gegenüberstellung: »Wenn im Werk Max Frischs eine von langer Hand vorbereitete Problematik zum Austrag kommt, in enger Beziehung der schweizerischen zur zeitgenössischen Lage, so wirkt Friedrich Dürrenmatt mit der Ursprünglichkeit eines Aufbruchs, der weiter nicht zu begründen ist, es sei denn aus älteren Herkünften« (S. 118f.). – Dazu die Meinung eines Ungarn (Földényi, F. László: Nachwort zum ungarischen Dramenband Frischs *Drámák*, Budapest [Európa

junger Germanist hat später **Wehrlis** bis heute fordauernde Vorliebe an den Pranger zu stellen versucht.[3]

Liegt der Grund für den Antagonismus Schweiz-Frisch — oder Frisch-Schweiz — in jenem ›Riß‹, der schon in der frühen Prosa als vielsagende Metapher auftaucht? Ich habe das Wort beim Hinweis auf die frühen Skizzen im ersten Kapitel hervorgehoben. Der ›Riß‹ besteht, glaube ich, weiterhin zum Leidwesen sowohl der Gemeinschaft, die auf Frisch angewiesen wäre wie er auf sie, als auch des Autors selber. Er steht in traurigem Kontrast zu jener kritischen Solidarität, an die Frisch immer geglaubt hat und die ihm auch von den verschiedensten Beobachtern zugebilligt wurde (zum Beispiel durch die Äußerungen, daß bei ihm keine Trennung von Gesellschaft und Kunst existiere, oder daß er in einer Welt lebe, in der es kein Exil mehr gebe[4]).

Als im Frühjahr 1981 die Vertreter der geisteswissenschaftlichen Abteilung der Eidgenössischen Technischen Hochschule Zürichs den Vorschlag machten, Frisch, der früher ja hier studiert hatte, zusammen mit Dürrenmatt als Ehrendoktoren zu wählen, fiel der Entscheid der Mehrheit des Gremiums für Frisch negativ aus; mit der Ehrung Dürrenmatts wäre man einverstanden gewesen. Nun ist an sich die ETH nie eine Hochburg verstockten Bürgetums oder gar kapitalistisch-reaktionärer Hintermänner gewesen, wie einige Journalisten im nachhinein annahmen. Zu der Reihe weltbekannter Dozenten gehörten Albert Einstein (über ihn hielt Dürrenmatt 1979 an der ETH einen vielbeachteten Festvortrag) und Carl Gustav Jung, außerdem die Frisch nahestehenden oder gar freundschaftlich verbundenen Gelehrten und Schriftsteller Jean R. von Salis, Karl Schmid (1953—1957 Rektor der ETH, erster wichtiger Förderer Frischs), Adolf Muschg, sein politischer Gesinnungsgenosse. Als Gastprofessor wirkte hier mehrmals Paul Feyerabend, gewiß kein Protagonist veralteter Gesellschaftsformen.

Könyvkiadó] 1978): Dürrenmatt formuliere eindeutiger, er nehme die Rolle eines Heiligtumsschänders und Possenreißers auf sich; Frisch dagegen mit seiner (Stiller ähnlichen) »unverschämten Diskretion«, seiner sadistischen Zärtlichkeit sei bei seinen Mitbürgern weniger beliebt.

[3] Manfred Jurgensen, »Vorwort des Herausgebers«, in: Frisch. *Kritik-Thesen-Analysen*, Bern und München (Francke) o.J. [1977], S.8: »Der Altgroßgermanist Max Wehrli, der in einem Gespräch mit dem Herausgeber [laut M.W. am Telefon] wissen wollte, ›warum uns Frischs Eheprobleme etwas angingen‹«.

[4] Zu Frischs kritischer Solidarität siehe Michael Butler in: *The Times Literary Supplement*, 10.9.1976, S.1133: »Frisch's determination to avoid any divorce between literature and society«; Alexander J. Seiler, »Zeitgenossenschaft« (Zum 75. Geburtstag), in: *Prolitteris*, Nr.1 (Aarau) 1986, S.4: »Zeitgenossenschaft: das heisst bei Frisch auch, dass wir in einer Welt leben, in der es kein Exil mehr gibt.« Sein kritischer Patriotismus sei kein Chauvinismus *à rebours*.

Wenn das Nein von einer traditionsbelasteten Schweizer Universität gekommen wäre, hätte es sicher weniger ärgerlich gewirkt. Günther Rühle hat in jenen Tagen das kulturpolitische Problem objektiv gesehen. Rühle sagt, er nähme, wollte er eine Politbiographie Frischs schreiben, als Dokument des Liebesverlustes — damit übersetzt er vermutlich den englischen Ausdruck ›alienation of affection‹ — dessen gesammelte Reden. Dann:

> Frisch hat sich dem Angebot der Stadt Zürich auf Ausrichtung einer Feier verweigert und sich mit dem Refugium seines Verlegers als seiner festesten Stütze begnügt. Er lebt in Schwierigkeiten mit seiner Stadt und seinem Land.
> Frisch und die Schweiz: das ist eine dauernde Reibung, lesen wir die Festrede des 46jährigen (1957):»Liebe Eidgenossinnen und Eidgenossen. Ich glaube, daß die Schweiz sich selber überschätzt ... Ich glaube, die Schweiz hat Angst vor allem Neuen ... Was ist eigentlich die Schweiz?« Wer so anfängt und dabei bleibt, erntet nur einen Teil der möglichen Liebe.[5]

Eine solche Bemerkung wäre bei Dürrenmatt, der es vorzieht, sich über innenpolitische Detailfragen durch witzige Glossen auszulassen, vollkommen fehl am Platz. Befangen von seinen großartigen Bildern, denkt er an die Sterne, allenfalls an Weltkatastrophen.

Sein Weltbild ist, anders als das von Frisch, im Mythischen begründet. Die politischen Konsequenzen liegen auf der Hand. Aufklärungsversuche an die Adresse seiner Landsleute scheinen ihm unsinnig, die Politiker nimmt er höchstens so ernst, wie ein Bauer seine Volksvertreter ernst nimmt. Überhaupt neigt er dazu, dörfliche Perspektiven auf die Weltpolitik zu übertragen. Das führt zum Paradox des gleichzeitig engen und weiten Horizontes: des mit dem Dörflichen verbundenen Kosmologen.

Frisch, dessen Neigung zum Kosmopolitischen nicht zu übersehen ist, besitzt eine andersartige Bindung an die Gegend seiner Vorfahren. Bei Dür-

---

[5] G. Rühle, »Der schwierige Geburtstag«, in: *FAZ*, 16.5.81. Anschließend an die zitierte Stelle schreibt Rühle: »Es ist ein kritisches [Verhältnis zur Schweiz] und, wo so viel Neigung zur glatten Harmonie ist, also gebrochenes Verhältnis, und nichts hätte die Brüche besser an den Tag gebracht als das Vorspiel dieser Geburtstagsfeier, das Frisch und seinem Kollegen Dürrenmatt (der jüngst öffentlich und in Anwesenheit von Bundespräsident Furgler im Schauspielhaus seinen Sechzigsten feierte) den Ehrendoktor der Technischen Hochschule einbringen sollte. Die Geisteswissenschaftliche Fakultät (unter Führung von Adolf Muschg) war dafür, der Plan scheiterte auf der Ebene der Dekane, in der wohl einige dienstbüchleinverletzte Offiziere sitzen. Man sagt dort: Dürrenmatt ja, Frisch nein; solche Unterscheidung machte wieder die Fakultät nicht mit, so daß nun auch Dürrenmatt den Ehrendoktor nicht erhält.«
Vgl. außerdem zur weitverbreiteten Meinung, Frisch sei kommunistenfreundlich, den Roman des ehemaligen Kommunisten Ulrich Kägi: *Volksrepublik Schweiz 1998*, Olten (Walter) 1975, in dem in der »Volksrepublik« eine »Max-Frisch«-Hochschule für Erziehungswissenschaften in Aarau erwähnt wird (S. 21).

renmatt ist, scheint mir, die Bindung mit zunehmendem Alter komplizierter geworden; ich erinnere an meine Ausführungen über die Feiern in Konolfingen und Guggisberg im vierten Kapitel. Seine Beliebtheit bei der Menge und bei vielen Prominenten fällt aber auf.

Der schwierige Zürcher und der populäre Berner — Andorra und Güllen

Gehört Dürrenmatt gar, im Gegensatz zu Frisch, zu jener offenbar fast aussterbenden Spezies der genuin populären Dichter? Im Sinne seines Großvaters Ueli, der nicht zuletzt wegen seiner auflüpfischen Verse — im Stil eines satirischen Wochenblatts — im Volk beliebt blieb? Ich weiß zwar, daß ein Titel »Der populäre Dürrenmatt« für den Enkel fast so ärgerlich wäre wie der Titel »Trost bei Dürrenmatt«, den er verschiedentlich als die schwerste Beleidigung bezeichnet hat, die er sich vorstellen könne.

Das Problem literarische Popularität ist so komplex und heute durch die Verwechslungsmöglichkeit mit dem germanistischen Modebegriff Trivialliteratur so schwer lösbar, daß ich die Frage vorläufig nur einmal stellen möchte. Es würde sich besimmt lohnen, gründlicher darüber nachzudenken, inwiefern sich Dichter wie Heine, Mörike, Hebel oder früher Bräker von den zu ihrer Zeit ausgesprochen unpopulären Dichtern wie Kleist, Hölderlin, Büchner, Jahnn unterscheiden. »Der Begriff *volkstümlich* ist nicht allzu volkstümlich«, sagte Brecht.[6]

Das Problem ist interdisziplinärer Natur, aber sicher nicht nur deshalb selten erschöpfend diskutiert worden. Bei Dürrenmatt stoßen wir in diesem Fragenkomplex noch auf zusätzliche Schwierigkeiten, weil für ihn wie für die meisten seiner Zeitgenossen alles Volkstümliche einen politisch anfechtbaren Beigeschmack bekommen hat.

---

[6] Brecht, »Volkstümlichkeit und Realismus« (1958), in: B.B.: *Gesammelte Werke*, Bd. 19, Frankfurt (Suhrkamp) 1967, S. 323. Die Volkstümlichkeit von Großvater und Enkel Dürrenmatt hat wenig gemeinsam mit Brechts Sinn für das einfache Volk (der sich aufs schönste in seiner Lyrik zeigt). Bei Brecht fühlt man das große Mitleiden, bei den Dürrenmatts eine ausgesprochene Fähigkeit, in gewissen Fällen gleich lapidar und derb wie die sogenannt einfachen Leute zu schreiben. — Zur literarischen Popularität: Bezeichnend für die Verwirrung der Begriffe scheint mir die Bemerkung von Horst Steinmetz im Konstanzer Vortrag »Negation als Spiegel und Appell. Zur Wirkungsbedingung Kafkascher Texte« vom 11.5.1983, in der Reihe Musil, Joyce, Proust, Brecht, Faulkner, Rilke, Beckett u. a. sei Kafka »der einzige, der wirklich populär geworden« sei. Klärend dagegen die Frühjahrssitzung der Deutschen Akademie für Sprache und Dichtung 1985, vor allem durch den Vortrag Hermann Bausingers »Die Mühen der Einfachheit« (gedruckt im betreffenden Jahrbuch).

Er fühlt sich mit den Lieblingsautoren der Bühnenwelt, Shakespeare und Nestroy, verwandter als mit dem auf ganz andere Art immer noch einigermaßen populären Friedrich Schiller.[7] In der Rede anläßlich der Verleihung des Schillerpreises versuchte er sich trotz einer klaren, nicht nur durch den Anlaß sich aufdrängenden Respektsbezeugung von ihm zu distanzieren, mit der Bemerkung zum Beispiel, die Konzeption von Schillers Dramen sei oft zu genau durchdacht (XX, 87)[8]; er sei eher ein »Usurpator« als ein »legitimer Herrscher« der Bühne wie Shakespeare, Molière oder Nestroy (XX, 90). Aber die Ähnlichkeiten zwischen den beiden Schriftstellern im allgemeinen sind sicher nicht zu übersehen. Beide haben ihre Theaterlaufbahn mit einem Eklat begonnen (*Die Räuber*; *Es steht geschrieben*); bei beiden ist die Philosophie fast ebenso wichtig wie die Dichtung, beide sind nicht zuletzt durch Darstellungen interessanter Verbrechen weiterum bekannt geworden. Die frühen Bärlachgeschichten sind Lesestoff für groß und klein, für Volksschüler wie für Studierende, für Mitteleuropäer wie für Ostasiaten.

So bilden sich im Dunstkreis des Ruhms genau wie bei Frisch eine Menge Fehlinterpretationen.

Frisch und Dürrenmatt sind von vielen Kreisen und in den verschiedensten Gegenden mißverstanden worden. Für Dürrenmatt habe ich im vierten Kapitel genügend Beispiele gegeben (und dabei einige Gedanken über die Wechselwirkung von Mißverständlichkeit und Bedeutsamkeit einer Dichtung geäußert, ohne in jenem Zusammenhang allerdings das Thema Popularität anzuschneiden). Für Frisch sind die Mißverständnisse in den meisten Fällen peinlicher. Wenn die Parabel *Andorra*, in der durch das Schicksal Andris die Notwendigkeit von mehr Toleranz gezeigt wird, in New York und Wien als antisemitisch aufgefaßt wurde, kann man die Gründe für die Mißdeutung zwar leicht erklären, kaum aber über ihre Peinlichkeit hinwegsehen. Ich habe mich über das Pech Frischs, viele Dinge in einem den Zeitgenossen unrichtig scheinenden Moment und mißverständlich zu sagen, andernorts genugsam geäußert, so daß ich mich mit dieser Andeutung begnügen darf. Die meisten Mißverständnisse hängen damit zusammen, daß seine Leser unter Heimat und Toleranz etwas ganz anderes verstehen als er selbst.

Dabei ist nicht zu übersehen, daß Heimat und Toleranz im Gebiet Zürichs anders aufgefaßt werden als im Gebiet des sehr traditionsbewußten

---

[7] Zu Schillers »Popularität« vgl. Klaus L. Berghahn, »Volkstümlichkeit ohne Volk? Kritische Überlegungen zu einem Kulturkonzept Schillers«, in: *Popularität und Trivialliteratur*, hg. von Reinhold Grimm und J. Hermand, Frankfurt (Athenäum) 1974. S. 53 weist Berghahn auf die Lücken in westlichen Literatur- und Reallexika hin.

[8] Band und Seitenzahl beziehen sich auf Fr. Dürrenmatts *Werkausgabe in 30 Bänden*, Zürich (Diogenes) 1980.

Landes Bern. Sicher zum Teil aus einfachen geographischen Gründen. Zürich liegt recht nahe bei Deutschland, ist eher ein Grenzgebiet als das Berngebiet. Die kulturellen und politischen Voraussetzungen der beiden Gebiete sind grundverschieden.

Zwischen Frisch und Dürrenmatt ist eine ähnliche Polarität liberal-konservativ festzustellen wie früher zwischen Gottfried Keller und Jeremias Gotthelf, den zur ungefähr gleichen Generation der Regenerationszeit gehörenden literarischen Repräsentanten von Zürcher und Berner Geist. In der schon früher erwähnten Darstellung Fritz René Allemanns *25mal die Schweiz* (Panoramen der Welt; München [Piper] 1965) lesen wir unter dem Titel »Der metropolitane Kanton« über Zürich, der Vorort von gestern sei zur unbestrittenen Vormacht von heute geworden; das Wachstum der Stadt drohe das schweizerische Gefüge zu sprengen; kaum ein anderer Kanton bürgere so rasch und gern Ausländer ein. Die Familie Frisch hat seinerzeit von dieser Freizügigkeit profitiert. Ob bei einem solch lebenskräftigen Staatsgebilde die Angst vor einer Zwangsintegration besonders groß sein könne, bleibe dahingestellt. Frisch ist wohl nicht ganz frei davon.

Im Gebiet des Kantons Bern ist schon durch die wichtige französischsprechende Minderheit und neuerdings durch die Sezession des Juras die Gefahr einer Vormachtstellung und der damit allenfalls verbundenen gewaltsamen Integration weniger groß. Die Berner ruhen in sich selbst, lautet die landläufige Redensart. Allemanns Beobachtung geht in eine ähnliche Richtung. Das Verhältnis von Stadt und Land, sagt er, sei hier bemerkenswert ausgeglichen und unproblematisch, schon deshalb wohl, weil keine andere Schweizer Stadt ihrer ländlichen Umwelt so innig zugetan sei wie Bern. Der Berner Charakter ruhe fester, unverbrüchlicher und fremdem Geist unzugänglicher in seiner Stammeseigentümlichkeit als der fast aller übrigen Deutschweizer.

Doch man muß sicher nicht unbedingt geopolitische Gesichtspunkte berücksichtigen, um den Unterschied der beiden Autoren zu verstehen. Ich ziehe das Urteil eines Ausländers zu Rate, um zum Schluß zur allzu innerschweizerischen Perspektive mehr Distanz zu gewinnen.

Im letzten Teil seiner hier oft genannten überarbeiteten Dissertation analysiert Walter Schmitz alle wichtigen Elemente des spannungsreichen Verhältnisses im Werk der beiden Autoren; er sagt unter anderem, man könne bei ihrem Wettstreit geradezu von einem agonalen »Öffentlichkeitsdruck« sprechen.[9] Schmitz geht von der Ähnlichkeit des Blindheitsmotivs in Dürrenmatts Frühwerk *Der Blinde* und Frischs Roman *Gantenbein* aus; er meint

---

[9] W. Schmitz: *M. F.: Das Werk (1931–1961)*, Bern (Lang) 1985, S. 326; die folgenden Zitate S. 327 und S. 330.

außerdem, durch *Homo Faber* antworte Frisch in einem gewissen Sinne auf Dürrenmatts Auffassung des Zufalls im Roman *Das Versprechen*. Das Problem des Zufalls sei seitdem überhaupt wichtig für den Vergleich der beiden Autoren. Im Blick auf ihre bekanntesten Werke sagt er, im Anschluß an die Äußerung, ein »Einbruch des Wirklichen«, der sich aus der protestantischen Gnadenlehre herleite, finde bei Frisch nicht statt; das Paradox schließe sich bei ihm gerade gegen die »wahre Realität« ab:

> Das ließe sich an der Variation des Besuchsmotivs, der Komplizenschaft zwischen Biedermann und den Brandstiftern, detailliert nachweisen – obschon Herrn Biedermanns Heimat Seldwyla und Dürrenmatts Güllen Orte vergleichbarer Mentalität sind. Da poltert der Hausvater Biedermann: »Ein bißchen Vertrauen, Herrgottnochmal«, und vergißt ganz den boshaften Kontext, den man in Dürrenmatts »Komödie der Hochkonjunktur« nachlesen kann: »Wir brauchen Kredit, Vertrauen, Aufträge, und unsere Wirtschaft, unsere Kultur blüht.«

Die Parodien von Sophokles sind, so Schmitz, in den beiden Dramen teilweise geradezu identisch.

Im Vergleich des *Besuchs der alten Dame* und *Andorra* kommt er dann, neben dem Hinweis auf die Ähnlichkeit des Auftauchens der Senora und Claires, zu folgenden Überlegungen.

> Die Ähnlichkeiten sind augenfällig: Leitzitate, die auf Dürrenmatt weisen, ziehen sich durch *Andorras* gesamten Text, ob nun der Lehrer die berühmte »schlimmstmögliche Wendung« befürchtet oder der Pater gleich eingangs arglos und entlarvend versichert: »Kein Mensch verfolgt euren Andri [...] – *noch* hat man eurem Andri kein Haar gekrümmt«; »Kein Mensch bedroht Sie!« muß sich der verängstigte Ill vorhalten lassen, während der Polizist schon sein Gewehr lädt, um den entflohenen Panther der alten Dame zu jagen.

Die letzten der wichtigen Vergleiche von Schmitz tragen den Untertitel »Medienkritik bei Dürrenmatt und Sprachkritik bei Frisch«.

Die Schwarzen, die einen jungen Menschen zu Tode quälen und dann töten, sind schrecklich, der Turner, der den fehlbaren Krämer Ill umbringt, wirkt grotesk und stellenweise lächerlich. Die Szenerie der beiden Dramen ist überhaupt grundverschieden: Wohnstuben und Straßen in einer verängstigten Gemeinde bei Frisch, bei Dürrenmatt ein Bahnhof, eine Abortanlage, ein Gasthof (»Goldener Apostel«) in einer Gemeinde, deren Gerechtigkeitslügen zum Himmel stinken. Zu lachen gibt es bei Dürrenmatt, da besteht kein Zweifel. Nicht aus Freude, sondern aus reinem Galgenhumor. Ulrich Greiner hat den Galgenhumor jüngst zu den bürgerlichen Tugenden gezählt – und kommt damit Dürrenmatts Grundstimmung verzweifelt nahe.[10]

---

[10] U. Greiner, »Die Stunde der wahren Empfindung« (in der Serie »Bürgerliche Tugend«), in: *Die Zeit*, 16.5.1986, S. 54.

Frischs Parabel ist – ästhetisch und politisch – bestimmt anfechtbarer, aber dafür frei von dieser so bürgerlichen Untugend.

Sind es nun »alte Freunde«, die sich während eines ganzen Kongresses gern »freundschaftlich aus dem Wege gehen«?[11] Ich schließe mit einer literaturpolitischen Glosse[12], die wegen der Nichtberücksichtigung des Klassikerpaars Goethe-Schiller, das heißt wegen der spezifisch schweizerischen Perspektive neue, weiterführende Fragen aufwirft: »Frisch und Dürrenmatt sind so verschieden von einander, ja so gegensätzlich, daß man kaum berechtigt ist, sie in einem Atemzug zu nennen. Dennoch hat das seinen guten Sinn: Daß sie beide es waren, die in der Nachkriegszeit europäisches, ja internationales Echo fanden, hatte auf das Selbstbewußtsein der in der Schweiz, mindestens der deutschen Schweiz literarisch Tätigen eine so starke Wirkung, wie sie von einem einzelnen Autor niemals hätte kommen können. Seit Frisch und Dürrenmatt gibt es – wieder oder zum ersten Mal? – eine Schweizer Literatur, die nicht nur für sich selbst diesen Anspruch erhebt, sondern auch außerhalb der Schweiz als solche anerkannt ist, so daß sie heute selbstverständlich unter die vier deutschen Literaturen gezählt wird. Nur Gottfried Keller hatte einen vergleichbaren Einfluß auf seine schreibenden Landsleute. Während er für sie jedoch zum Übervater wurde wie seinerzeit Goethe für das 19. Jahrhundert – ohne daß Gotthelf und C. F. Meyer ein Gegengewicht zu Kellers Autorität hätten bilden können –, hat das Nebeneinander von Frisch und Dürrenmatt die belastende Vorbildwirkung eines Einzigen verhindert. Daß die jüngere Schweizer Literatur im Zeichen der Dualität begann, hat jene Pluralität möglich gemacht, die sie heute auszeichnet. Es ist in der Literatur offenbar fruchtbarer, zwei Väter zu haben als nur einen.«

---

[11] So Charlotte Kerr in Ihrem Bericht über das von Prominenten aus aller Welt besuchte Moskauer Abrüstungsforum vom Februar 1987 (*Die Weltwoche*, 26.2.1987, S. 54).
[12] Karl Pestalozzi in einem Brief an Hans Bänziger, September 1986.

VII Briefe

Frisch an Dürrenmatt über eine Vorform des »Mississippi«

Lieber Herr Dürrenmatt, 16.10.1949
ich danke Ihnen für die prompte Lieferung des Mississippi, Akt eins und zwo, die ich ebenso prompt verschlungen habe. Da ich morgen wegfahre nach Avignon, kann ich Ihnen leider nur wenig und flüchtig schreiben. Der erste Akt ist großartig in Situation und Entwicklung, sprachlich sehr unausgeglichen, finde ich, das Ausspielen der Trümpfe macht großen Spaß, das Absurde der enthüllten Situation hat, solange es überraschend ist, eine große Kraft. Wir haben ja im Geplauder diese Dinge schon etwas gestreift; es sind, was ich andeutete, ganz persönliche Empfindungen, die sich dann beim Lesen vor allem des zweiten Aktes wieder einstellten. Das Absurde, scheint mir, ist auf die Dauer kein fruchtbares Klima. Das Immer-Zugespitzte, abgesehen von der Ermüdung und abgesehen davon, daß ich ohne Vordergründe des Durchschnittlichen leicht den Maßstab verliere, das das Unerhörte als unerhört erscheinen läßt, das Immer-Extreme der Beispiele scheint mir eine Gefahr; vielleicht fehlt es einfach an mir, daß mir dann plötzlich die Luft fehlt, was bei den WIEDERTÄUFERN so ganz und gar nicht der Fall war. Das Extreme, das mich verblüfft, ich frage mich manchmal, wie weit seine Wirkung ganz legitim ist; ich habe dann, wie gesagt, Sehnsucht nach einem humaneren Klima, nach Maß selbst im Burlesken, das so leicht in einen Raum gerät, wo einfach alles möglich und alles gleichgültig ist. Die Situation, die Konstellation der drei Leute, Menschen wage ich nicht zu sagen, ist so zweifellos bedeutend, und wie Sie selber das Gefühl haben, ist dieses Stück handwerklich eine beneidenswerte Leistung, obschon der zweite Akt (da weiche ich von Ihrer Meinung ab) noch nicht gelöst scheint; ich glaube dem John nicht, daß er die Pistole abdrückt, und das ist doch ein wichtiges Auflager in dem ganzen Bau. Warum ichs nicht glaube? Er ist ordentlich matt gesetzt, ich gebe es zu, wenigstens denkmäßig, aber nicht lebensmäßig. Der Mississippi denkt ihn über den Haufen, was ihm übrigens spürbar Mühe macht; aber John – er ist zwar in einer irrsinnigen Lage, aber es ist mir für diese Menschensorte (John ist ja kein Intellektueller) alles etwas zu theoretisch. Er tut es kraft dramaturgischer Griffe und philosophischer Erkenntnis des Verfassers, aber der Teufel hole mich, er tut es nicht! Mississippi hat für mich nicht das Hypnotische, und die Intelligenz genügt nicht; der Jean, der die Fräulein Julie zwingt, das Rasiermesser zu nehmen, hat es leichter, sie ist ein fälliges Geschöpf, und Jean nimmt sie ganz und gar vom Triebhaften her, wo Argumente nur Erreger von Leidenschaften und Ängsten sind, aber nicht Argumente wie hier, die als Argumente töten sollen. Ich schreibe so hin, was mir durch den Kopf geht und zwar nach einmaliger Lektüre! Vielleicht liegt es nicht am Mississippi – (apropos: der Spleen mit dem Gesetz Moses dürfte öfter kommen, finde ich) – sondern an ihm, daß er, begreiflich verwirrt, nicht einer Verwirrung anheim-

fällt, sondern seinerseits mississippelt, er führt ein Gespräch, das er nie eingehen könnte, und sobald soviel räsonnierte Debatte da ist, glaube ich nicht mehr an seinen Schuß, sehe nur ein, daß das Stück nicht um diesen Schuß herumkommt, und so nehme ich hin – als absurdes Exempel einer vorgefaßten Aussage, aber nicht als Ereignis, das sich mir zum Exempel erhebt. Ich weiß nicht, lieber Herr Dürrenmatt, ob Sie sehen, warum ich hier Mühe habe, und wenn ich der einzige bin, wird es nichts zu sagen haben. Es sind dann noch einige andere Dinge, weniger zentral, die mich stören, Überzogenheiten, das Zuviel mit dem Besuch der Hinrichtung; das Groteske, das so wesentlich zu Ihrer ganzen Begabung gehört, muß etwas sehr Schwieriges sein, es ist eine Linse für so vieles, was sonst nicht sichtbar zu machen ist, und plötzlich, etwas zuviel, sagt es überhaupt nichts mehr, schlägt irgendwie zurück, die Menschen werden zu Puppen – bei Wedekind, denke ich eben, sind es immer noch Menschen aus Fleisch und Blut, verrückte Situationen, aber nie abstrakt – das alles als sehr persönliche Empfindungen, Ausdruck persönlicher Befangenheiten vielleicht; der Faden, woran auch die groteske Figur immer noch hängen sollte, der Faden des Ernstnehmenkönnens, des menschlichen Interessiertseins reißt mir vielleicht früher ab als andern. Ich bin sehr neugierig auf den dritten Akt! Hoffentlich stört es Sie nicht, was ich da sage. Es ändert nichts an der Bewunderung, die ich öfter schon ausdrückte, verschärft nur meinen persönlichen Wunsch, daß Sie die künftigen Aussaaten in ein »humaneres« Klima streuen; ich habe wirklich das Gefühl, daß das Absurde zwar großartig, unerläßlich, immer wieder fruchtbar, aber nicht ein Daueraufenthalt sein kann.

Grüßen Sie herzlich Ihre Frau, ich wünsche ihr alles Gute mit dem kleinen Ligerzer, und Ihnen selber alles Gute, herzlich Ihr

Max Frisch

Dürrenmatt an Frisch über »Graf Öderland«
(undatiert, vermutlich 1950)

Lieber Herr Frisch,
mit einer nicht geringen Besorgnis unternehme ich es, Ihnen diesen Brief zu schreiben, denn ich bin gar nicht sicher, ob ich das, was auszudrücken mein Wunsch ist, imstande bin zu tun. Ich habe mich jetzt den ganzen Sommer mit dem Grafen von Öderland beschäftigt, natürlich nicht nur mit ihm, doch blieb er immer im Zentrum jener Dinge, über die ich mir in diesen Wochen Gedanken machte, ohne daß ich jedoch sagen könnte, ich sei eigentlich zu einem abschließenden Urteil gekommen, am allerwenigsten über den künstlerischen Wert dieser Moritat, wie Sie es nennen. Dazu kommt noch – vielleicht erschwerend – daß ich mich in meiner eigenen Arbeit um einen Stoff bemühe, der dem Ihren nicht allzu fern liegt, doch möchte ich nicht von meiner Arbeit sprechen, sondern von der Ihren.

Es ist nicht nur der Graf Öderland, der mich sehr interessiert und dem ich in meinen Gedanken oft wie ein Spion nachspüre, sondern es ist auch der Mörder, der einem keine Ruhe läßt, ja vielleicht ist es so, daß der Mörder noch wichtiger ist. Wenn ich über das nachdenke, was geschehen ist, so bleibe ich am Mörder haften und komme nicht von *ihm* los. Auch Öderland ist nicht von ihm los gekommen. Der Mörder sagt von Öderland, er habe ihn verstanden, er sei der einzige gewesen, der ihn verstanden habe. Es kann nun so sein, daß man den Mörder verstehen muß, um das ganze Stück zu verstehen, um Öderland zu verstehen. Und das mag schwer sein. Denken wir vom Zuschauer aus: Auch er wird kaum den Mörder verstehen, er wird von dieser Mordtat hören, dieser sinnlosen Abortgeschichte, die so sinnlos und so schrecklich ist, er wird sich wie Doktor Hahn bemühen, den Mörder zu verstehen, Sinn zu bekommen, und er wird wie Doktor Hahn vor diesem Mord die Waffe strekken, als von etwas Unerklärlichem, das ihn bedroht, das ihn erschüttert, das er sich aber nicht erklären kann: Denn auch der Mörder kann es sich ja nicht erklären, er weiß nur, daß er etwas tat, aber nicht, was er damit wollte, er hat etwas getan, das er in keiner Weise versteht. Doch wird das den Zuschauer nicht verwirren, er wird wie Doktor Hahn, wie der Mörder, von einem Rätsel sitzen; die Ordnung bleibt bewahrt.

Wenn ich nun über Öderland nachdenke, so ist mir zuerst nicht eigentlich sein Leben nach der Begegnung mit dem Mörder wichtig, auch nicht sein Leben vor dieser Begegnung, sondern der Augenblick, wo Öderland den Mörder versteht. Dieser Augenblick muß schrecklich gewesen sein. Es ist ein Augenblick, den keine Kunst darzustellen vermöchte; aber es ließe sich ein Drama Öderland denken, das den Weg zu diesem Augenblick zeigt; es wäre ein Drama ganz zwischen Öderland und dem Mörder, und der Mörder wäre der Sieger. Sie aber stellen den Weg Öderlands nach diesem Augenblick dar. Sie stellen uns Öderland schon als Verwandelten vor. Öderland hat also den Mörder schon begriffen, als er vor den Zuschauer tritt. Und das ist eine Schwierigkeit dieses Stücks, daß nämlich der Zuschauer den Mörder noch nicht begriffen hat, aber Öderland. Und den Mörder zu begreifen ist schwer, weil es Mut verlangt. Denn die Wahrheit Öderlands, die Wahrheit, nach der er handelt – vielleicht würde ich besser die Wirklichkeit sagen – ist etwas, das sich schwer mit einem Begriff darstellen läßt. Sie tun es etwa mit dem Wort Leben, aber auch das ist zu unbestimmt; die Axt drückt es viel besser aus, die Axt, die tötet.

Die zweite größere Schwierigkeit ist nun, daß der Zuschauer Öderland begreifen muß, um dem Stück folgen zu können; denn was beim Mörder ein unbegreiflicher Augenblick war, ein Mord, um so unheimlicher, weil ihn niemand versteht, aber doch ahnt, daß er nicht ohne Sinn sein kann, das ist nun bei Öderland nicht mehr ein Augenblick, sondern ein Leben. Und das muß der Zuschauer verstehen, sonst wird Öderland ein bloß Wahnsinniger, ein Amokläufer, wie ihn Hahn nennt. Er sollte dieses Leben so sehr verstehen, daß er dieser Logik nichts entgegensetzen kann. Die Gründe Öderlands sollten in jedem Falle stärker als die des Zuschauers sein, wie zum Beispiel auch die Gründe des Mephistopheles stärker als die der Zuschauer sind; Öderland sollte überzeugen (wenn es dann auch ein teuflisches Stück würde). Aber es genügt nicht, daß er wie ein Wahnsinniger erscheint (erscheint, er ist es nicht). Aber wie sollten Sie das auch machen können? Ist es nicht ein Fehler, der nicht bei Ihnen, sondern in Öderland selbst liegt? Sein Leben ist vollständig jenseits aller Begriffe, es ist Abgrund und daher auch jenseits aller Metaphysik, wenn Sie wollen auch jenseits vielleicht aller Kunst. Es ist eigentlich nur instinktiv zu erfassen, aber dennoch muß sich nun Öderland den Gesetzen der Dramatik zuliebe erklären, um sich dem Zuschauer begreiflich zu machen. Ich meine: Es ist ein tiefer Gedanke, Öderland durch sich selbst zu widerlegen, nämlich durch seine begrenzte Erlebnisfähigkeit, wodurch er immer wieder die gleichen Personen erlebt. Nun stimmt das vielleicht in einer gewissen Weise auch objektiv; wir erleben immer wenige Typen, aber das interessiert mich hier nicht, ich möchte nur soviel sagen, daß Öderland kein Genie ist. Das festzustellen ist wichtig, glaube ich. Irgendwo im Tagebuch haben Sie geschrieben, daß einige Marion, der sich erhängt hat, einen Ästheten nannten, weil er so nahe am Abgrund war. Ich will mich zu diesen einigen zählen und gerade deswegen Öderland einen Ästheten* in seiner letzten Konsequenz nennen, allerdings auch Don Juan und Jack den Bauchaufschlitzer. Beide waren Genies der Sinnlichkeit (der brave Jack ist zwar eine etwas mythische Figur, er kann auch ein nur verrückter Arzt gewesen sein, ganz sicher aber war der Marquis de Sade ein Genie). Kierkegaard, der sehr über das Ästhetische nachgedacht hat, beschäftigte sich lange Jahre mit der Figur eines Meisterdiebs. Alles also Genies, die einen Genies der Verführung, die andern der Sinnlichkeit. Dazu kann ich zum Beispiel auch Ihren Perregrin zählen in Santa Cruz.

Öderland ist nun kein Genie und zwar bewußt keines. Er war ein Staatsanwalt, ein sehr guter, sicher, aber ein Staatsanwaltgenie schlägt auf die andere Seite um, wenn es verrückt wird. Sagen wir, und ich glaube, ich sehe hier richtig, er war vor dem entscheidenden Augenblick, als er den Mörder begriff, ein Mörder wie der Rittmeister in Santa Cruz. Ein Mensch der Ordnung, der sich verwandelt. Die Frage stellt sich nun bei dieser Verwandlung: Kann ein Rittmeister ein Peregrin werden, ein Staatsanwalt ein Don Juan, ein Marquis de Sade. Wahrscheinlich noch am besten ein Jack der Bauchaufschlitzer, aber nie wird die Rechnung aufgehen, es wird immer ein Rest Rittmeister übrigbleiben. So hat man bei Öderland immer wieder das Gefühl, er doziere, er führe seine Morde so aus, wie etwa ein Professor seine Experimente ausführe, nicht einem Instinkt zuliebe, sondern einer Lehre.

Damit Sie mich nicht falsch verstehen: Die Feststellung, daß Öderland nicht ein Genie ist, will keine Kritik sein; es ist eine Notwendigkeit, daß er es nicht ist. Öderland leidet an einer Krankheit, an der jedermann leidet, die bei Ihnen denn auch folgerichtig auf der ganzen Welt ausbricht. Was ich sagen wollte, war nur dies, daß Öderland eine Gestalt ist, die sich der dramatischen Darstellung eigenartig zu entziehen scheint. Es läßt sich ein Öderland auf dem Ethischen denken (zum Beispiel Michael Kohlhaas, ein Mensch also, der als Henker herum geht und immer die Schuldigen henkt); aber diese Gestalt würde nicht undramatisch sein, denn sie könnte sich immer auf eine entsetzliche Weise begründen, das heißt begreiflich machen. Öderland nun kann sich nicht begründen, und wenn er dies eben doch tut, räsonniert er nur. Das ist mir manchmal sehr an ihm aufgefallen, während der Mörder zum Beispiel nicht räsonniert. Die Griechenlandrede scheint mir so. Der Grund mag darin liegen, daß nichts Derartiges Öderlands Handeln folgerichtig begründen kann.

---

* Entschuldigen Sie, daß ich das, was ich das Ästhetische in seiner letzten Konsequenz nenne, nicht näher umschreibe; ich lehne mich hier an Kierkegaard an. Nehmen Sie das Ästhetische hier als das Nicht-Religiösabgründige.

Anm.: Im Schachspiel des Ästhetischen:

Öderland	Läufer
Jack	Turm
Meisterdieb	Springer
Don Juan	Königin
Künstler	König (droht ständig von ethischen Figuren matt gesetzt zu werden)

Öderland als Läufer: Diagonale zwischen ethischer und ästhetischer Linie, die ins Nichts führt. Räumt vorher noch alle ethischen Bauern auf.

Um auf etwas anderes zu kommen: Vom Theater her fasziniert mich das sehr. Sie wenden die Verkleidung in einer ganz neuen Weise an. Wenn sich auf dem Theater ein Schauspieler verkleidet, so bleibt ja für den Zuschauer die Identität bewahrt, er hat das Vergnügen, zu sehen, wie jemand durch eine verkleidete Person getäuscht wird. Anders ist der Fall, wenn der Schauspieler mit der Verkleidung auch eine andere Rolle annimmt. Ich erinnere mich, Ginsberg in einem Stück von Achard gesehen zu haben; er spielte gleich drei Personen und zwei davon noch in verschiedenen Lebensaltern. Das Stück von Nestroy, wovon ich Ihnen erzählte, wo der gleiche Schauspieler sich selbst, seine Frau und sein Kind spielen muß, möchte ich gern einmal sehen. Bei Ihnen ist die Verkleidung Symbol. Ich bin gespannt, wie der Zuschauer reagiert. Durch die Verkleidung heben Sie das Stück ins Traumhafte. Ein Alptraum, in dem ein Beil blitzt. Ich möchte fast sagen, daß alles in diesem Stück, was nicht Traum ist, stört. Ein Stück, das nie zur Fabel, zur Geschichte werden darf. Eigentlich sehr zu meiner Überraschung, denn ich sagte Ihnen in Zürich, daß, je realistischer die Welt dieses Stückes sei, desto wirklicher werde es auch, desto größer sei auch seine Wirkung. Nun stört die Welt des siebenten Bildes mich nicht etwa, weil sie zu wenig Wirklichkeit hat, sondern weil sie zu wenig Traum ist; es ist alles wie nicht genügend geträumt, ganz Konstruktion. Auch Santorin gefällt mir wenig. Es ist ein Stück, das sich eigentlich nur in Dachkammern, Estrichen, Aborten und Kellern abspielen läßt, irgendwie nie im Freien. In der Novelle im Öderland ist alles ganz anders; da sind Sie, der Erzähler, immer zwischen dem Geschehen und dem Zuschauer, darum scheint mir auch die Erzählung stärker. Ein Punkt, der mir zu denken gibt.

Um auf das Ungeniale zurückzukommen: Öderland ist auch kein Narr. Kein Narr und kein Genie. Niemand macht es dem Zuschauer leichter als die Narren und die Genies; die einen bewundern sie, und über die andern kann man lachen. Öderland ist ein gewöhnlicher Mensch, der das Verrückteste tut. Wenn er richtig erfaßt wird, eine der schrecklichsten Gestalten, eine der bedrohlichsten; wenn man ihn nicht versteht, ein Wahnsinniger, und Wahnsinnige interessieren nicht. Don Quichotte begeistert auch den, der nicht weiß, was er ist, bei Hamlet ist es ebenso.

Das Stück scheint mir sehr groß gedacht, aber sehr wenig realisiert. Die Worte »Herrlich sind wir und frei« kommen mir in der Novelle als schön, im Drama unmöglich vor.

Über das Beil: Der Tod durch das Beil einer der »unästhetischen Tode«. Kaum zu beschreiben. Rote Lache, in der ein gespaltener Kopf schwimmt. In der griechischen Tragödie Vorliebe für grausige Todesarten. Sie geschehen hinter der Bühne und werden durch die Sprache erzählt, so ungefähr wie Salome mit dem Kopf des Johannes hereinkommt; die Sprache bringt den Tod vor den Zuschauer. Im Öderland ist dies nicht der Fall. Kann es nicht sein. Frage, wie der Tod auf der Bühne erscheint. Überhaupt nicht, er ist vom Traum verschluckt.

Anm.: Öderland: Ein Schiffbrüchiger, der vom Orkan des Ethischen an der Klippe des Ästhetischen zerschmettert wird.
Peinlichkeit solcher Sätze. Über Öderland schlechtweg nicht zu philosophieren. Nur zu verstehen.
Mordepidemie, die auf Grund von Öderland ausbricht. Die vom Staat verhängte Strafe über den Autor: Er muß die Grabreden halten.
Anm.: Öderland notgedrungen sehr einseitige, sehr »überdeutliche« Gestalt. Dadurch alles wie in zu großer Höhe, wie in Bergluft, in der kaum zu atmen ist.

Sollte Öderland nicht von Anfang an das Beil des Mörders mit sich herumtragen? Sonst in Holzfällerhütte beinahe die zweite Geburt Öderlands.

Öderland wieder dadurch als Stück gerechtfertigt, daß Santorin in ihm auftaucht. Santorin ein Name, der von einem anderen Planeten aus der Erde gegeben wird. Zu denken, daß der Stoff in die Hände eines Schwächeren geraten wäre: Öderland wäre entweder ganz durchreflektiert und damit ein Hebbelscher Held oder ganz unreflektiert und damit ein Tier. Sie hingegen fielen weder der Charyptis noch der Skylla zum Opfer, sondern erlitten gewissermaßen zwischen beiden Schiffbruch.

Im Öderland ist die Gegenbewegung gegen die Hauptperson der immer gleiche Moment, die immer gleiche Situation, aber gerade diese Gegenbewegung reißt ihn in das Gebiet der Novelle. Vielleicht weil die Prosa mehr Magie als Dramatik haben kann.

Verzeihen Sie mir die sehr unvollständige Ausführung; ich hätte noch viel zu bemerken und vielleicht schon zu viel bemerkt. Verzeihen Sie es auch, daß ich Unkorrigiertes schicke, aber ich will es nicht ausarbeiten, sonst kommt dieser Brief nie fort.
Mit herzlich Grüßen Ihr   Dürrenmatt

P.S. Bitte noch warten. Es geht noch einige Tage, bis ich Ihnen die Manuskripte für Suhrkamp schicken kann. Arbeite gegenwärtig noch einmal am Romulus.

Frisch über Dürrenmatts Rezension des »Öderland« in der »Weltwoche«

Lieber Fritz!   17.2.1951
Ich danke Dir für den gestrigen Anruf, den ich leider nicht habe abnehmen können. Was mich an den Notizen in der Weltwoche freut, ist, daß wenigstens einer festgestellt hat, was mir das wichtigste ist: daß eine Figur erstanden ist, die es vorher nicht gab. Deine Gedanken, die im mündlichen Vortrag natürlich reicher und verständlicher werden, habe ich mir unterdessen öfter durch den Kopf gehen lassen. Die mathematisch errechenbare Unmöglichkeit, die Du so deutlich siehst, war mir, ich gestehe es, nicht so bewußt; anders habe ich in den drei Jahren der immer wieder aufgenommenen Arbeit einiges von dem Problem, das du andeutest, natürlich gespürt – meiner Absicht nach wäre es ja so, daß der Graf Öderland, die mythische Figur, durchaus eine solche bleibt, das heißt daß sie sich nicht verkörpert und nicht die Bühne betritt; sie bleibt, selber geschichtslos, über einem persönlichen Schicksal, das, seinerseits zweifellos ins Private reduziert, nur dazu da ist, die Anziehungskraft der mythischen Figur zu illustrieren. Oder sagen wir ganz simpel: ein Privatmann, Herr Martin, kommt dahin, sich zeitweilig für Graf Öderland zu halten. Gehen wir vom Stück aus, wie es da ist; was tut sich? Wie wird die mythische Gestalt eingeführt? Ein Dienstmädchen erwähnt den Namen, die Legende von Graf Öderland, ohne daß sie erzählt wird; der Kniff: eine Legende, die es bisher nicht gab, wird als berühmt vorausgesetzt. Das nächste im Stück: ein Köhlerkind, das die Legende von Graf Öderland ebenfalls kennt, träumt aus ihrem unerfüllten Leben heraus, daß dieser Legendengraf einmal wirklich werde. Sie träumt davon, wie die Kinder vom Samichlaus oder die Frauen vom Don Juan. Dann, einmal, kommt ein Mann, nicht der Graf, sondern ein Herr

Staatsanwalt; sie nennt ihn Graf Öderland, sie stülpt diesen Namen einer mythischen Gestalt über ihn, hoffend, daß er handle wie der legendäre Graf Öderland, der als solcher, und das sollte deutlich genug sein, nie auftritt. Auch später nicht. Später, wie sein Name das nächste Mal auftaucht, ist es der Name eines Hochstaplers, im Hotel. Ein Hochstapler: ein Mann, der nicht ist, was er vorgibt; ein Herr Martin, der vorgibt, eine mythische Gestalt zu sein. Eine Hochstapelei, die wir alle kennen: Die meisten Menschen haben solche Interferenzen, ein Mann kommt sich wie Don Juan vor oder wie Blaubart, eine Frau kommt sich wie Helena vor. In diesem Bild, das den Hochstapler zeigt, seinen Erfolg und seine Niederlage, geschieht das folgende: das Schiff, mit dem er um die Welt fahren will, ist ein Nippzeug, es steht plötzlich als Nippzeug auf den Tisch. Deutlicher, sichtbarer, scheint mir, läßt sich kaum zeigen, daß es sich um eine Hochstapelei handelt: daß ein Herr Martin vor unseren Augen sitzt, nicht eine mythische Gestalt. Die mythische Gestalt wird nicht gezeigt. Das nächste Mal, wie der Name Öderland auftaucht, kommt er bereits als bloße Chiffre; der General fragt den gefangenen Mörder, was das heißen solle: Nachtigall, Heuschrecke, Vergißmeinnicht, Sonneblume, Santorin, Graf Öderland. Der General sagt deutlich: Das wäre der erste *Code*, der sich nicht entziffern ließe. Es ist hier nicht von Öderland die Rede, von der mythischen Figur, sondern von einem Decknamen. Im nächsten Bild, in der Kloake, ist es sogar Inge, die Geliebte, die weiß, daß ihr Geliebter nicht der mythische Öderland ist; sie nennt es einen Unsinn, wenn man sie Gräfin nennt. Ihr Traum ist ausgeträumt. Im letzten Bild aber, scheint mir, ist die Deutlichkeit in dieser Hinsicht auf die Spitze getrieben. Elsa sagt: Alle schreien, hoch lebe Graf Öderland, aber keiner hat ihn je gesehen (weil er eine Mythe ist). Und ferner: Du, Martin, du bist doch nicht Graf Öderland. − Es ist richtig, die mythische Figur kann keine Geschichte haben und insofern kein Ende; sie geht weiter, ungesehen, man sieht nur ihre blutige Wirkung und hört die Maschinengewehre. Ein Ende, ein durchaus privates, hat nur der Staatsanwalt, der private Herr Martin, der sich eine Zeit lang für Graf Öderland hielt, oder anders gesagt: was wir mit Augen gesehen haben, ist nicht Graf Öderland, die mythische Gestalt, sondern das Öderländische in einem gewöhnlichen Menschen namens Martin, Staatsanwalt. Ich habe nicht erwartet, daß sein privates Schicksal den Zuschauer erschüttert; was mich beschäftigt, ist das Öderländische, eine Wirklichkeit, an der wir möglicherweise zugrunde gehen, das Öderländische, ausgedrückt durch das Mittel einer mythischen Figur, die als solche, wie du richtig sagst, nicht zu zeigen ist − ich habe sie auch nicht gezeigt, ich habe nur versucht, sie zu spiegeln in einem Irgendwer, der uns die Gestalt, die legendäre, einigermaßen umschreibt, indem er dieser Gestalt eine Zeit lang nachzuleben versucht. Er, dieser Irgendwer, geht zum Fenster hinaus; das ändert nicht das geringste an der Gestalt des Öderland, der weiter geht, unsichtbar, aber wirklich − und das ist für unsere Zuschauer wahrscheinlich bedrückender als meine künstlerische Stümperhaftigkeit.

Nun gut, wir werden am nächsten Freitag eine Diskussion haben, die Aufführung wird bald begraben werden, das ist schade, weil auch ich Geld brauche. Ich freue mich, daß Du Dir die Mühe nehmen willst, deine Gedanken noch deutlicher auszuführen. Meine Frau sagte mir, daß du mit dem Artikel in der Weltwoche nicht ganz zufrieden seist, und ich will Dir diesbezüglich nicht widersprechen. Das Gleiche, anders gesagt, hätte anders wirken können, es ist oft nur eine Frage der Reihenfolge; Du sprichst von einem Schiffbruch, und was Du hinten her sagst, das Ernsthafte des Wagnisses betreffend, wirkt wie eine höflich bemühte Milderung, kaum als wirkliche Aussage. Das ist schade, aber ich bin froh, daß gerade in dieser Zeitung, die leider wichtig ist, der Verriß ein kollegialer und ernsthafter ist, und vor allem stecken wir den Brüdern einen Riegel, die von Anfang an und zwar nach beiden Seiten versucht haben, uns gegeneinander auszutrumpfen.

    Komm bald wieder nach Zürich! Viel Glück bei der Arbeit und dem Engel, der von unserer Erde begeistert ist.

    Herzlich dein   Max F.

***

In seiner etwa eine Seite langen Antwort von 19.2.1951 aus der Festi Ligerz entschuldigt sich Dürrenmatt für seine *Weltwoche*-Kritik; beim Schreiben habe er kaum an die Leser gedacht; es sei eine Kritik entstanden, »wie wir sie untereinander pflegen können«; er hätte das Positive deutlicher zeigen, nicht einfach als »Milderung« erscheinen lassen sollen; das sei einfach eine Ungeschicklichkeit gewesen, »ein schriftstellerischer Schiffbruch« seinerseits. *Öderland* sei, ähnlich wie *Faust II*, »ein grossartiges Unding«. Die Leute hätten einfach kein Recht, sich einem solchen Werk zu entziehen.

    Die frühere Erlaubnis, diesen Brief zu drucken, ist jetzt von Herrn Dürrenmatt rückgängig gemacht worden. Aus einer Laune heraus oder seiner bekannten Verachtung literarischer Unternehmungen wie der meinen? Bei Max Frisch hatte es sich seinerzeit um ein entschiedenes Nein gehandelt (vgl. meine Erklärung dazu in meinem Buch *Frisch und Dürrenmatt*, Francke [Bern und München] 1976). Einige wenige Zitate von Frischs Reaktion auf Dürrenmatts *Weltwoche*-Kritik vom 17.2.1951 sind später im Nachwort des von Walter Schmitz herausgegebenen Bandes *Über Max Frisch II*, Frankfurt (Suhrkamp) 1976, S. 546 erschienen. Ich bin froh, hier wenigstens die wichtigsten Passagen des damaligen Briefwechsels zugänglich machen zu dürfen.

VIII Ergänzungen zu Standard- und Spezialbibliographien

Nachgetragen werden hier Titel, besonders fremdsprachiger Rezensionen, die in den bekannten Handbüchern, sogar in der Internationalen Bibliographie (1972, 1984), aber auch in den Spezialverzeichnissen und Materialienbänden fehlen. Die momentan wichtigsten Spezialverzeichnisse sind enthalten in:

Walter Schmitz (Hg.), *Über Max Frisch II*. Frankfurt (Suhrkamp) 1976; vgl. außerdem die Materialienbände von W. S. zu verschiedenen Werken Frischs.

Alexander Stephan, »Max Frisch«, in: *Kritisches Lexikon zur deutschsprachigen Gegenwartsliteratur (KLG)*, hg. von Heinz L. Arnold. München (edition text & kritik) 1982.

Gerhard F. Probst, *Perspectives on Max Frisch*. Lexington (The University Press of Kentucky) 1982.

Johannes Hansel, *Friedrich-Dürrenmatt-Bibliographie*. Bad Homburg (Gehlen) 1968.

Gerhard P. Knapp, *Friedrich Dürrenmatt*, (Sammlung Metzler) Stuttgart. 1980.

Winfried Hönes, Werkausgabe in 30 Bänden, Bd. 30. Zürich (Diogenes) ³1986.

Ders., »Friedrich Dürrenmatt«, in: *KLG*, 1982.

Michael P. Loeffler, *Friedrich Dürrenmatts »Besuch der alten Dame« in New York*. Basel (Birkhäuser) 1976.

Auf Zitate oder weitere Angaben von schwer zugänglichen Rezeptionsdokumenten, die in meinen früheren Arbeiten oder in Arbeiten anderer Autoren vorkommen, wird durch »vgl.« verwiesen. Die ergiebigeren Verweise (mit längeren Zitaten) sind kursiv gesetzt.

Folgende Abkürzungen wurden benutzt:

B 75 = Hans Bänziger, *Zwischen Protest und Traditionsbewußtsein*. Bern/München (Francke) 1975.

B 76 = Ders., *Frisch und Dürrenmatt*. Bern/München (Francke) ⁷1976.

F 77 = Wolfgang Frühwald/Walter Schmitz, *Max Frisch. »Andorra« und »Wilhelm Tell«. Materialien, Abbildungen, Kommentare*. München (Hanser) 1977.

W 78 = *Materialien zu Max Frischs »Andorra«*, hg. von Ernst Wendt. Frankfurt (Suhrkamp) 1978.

S 79 = *Materialien zu Max Frischs »Biedermann und die Brandstifter«*, hg. von Walter Schmitz. Frankfurt (Suhrkamp) 1979 (S. 222f. für meine Zitate).

B 80 = Hans Bänziger, »Verzweiflung und ›Auferstehung‹ auf dem Todesbett. Bemerkungen zu Dürrenmatts *Meteor*«, in: *Deutsche Vierteljahresschrift* 54 (1980), S. 485–505.

B 83 = Ders., »Wolfgang Schwitter's Bed [...], in: *Play Dürrenmatt*, ed. Moshe Lazar. Malibu (Undena) 1983, S. 85–95.

B 85 = Ders. (Hg.), *Max Frisch. Andorra* (Erläuterungen und Dokumente). Stuttgart (Reclam) 1985.

vS 85 = Harro von Senger, »Zur Rezeption der schweizerischen Literatur in der Volksrepublik China«, in: *Asiatische Studien*. 1–2 (1985), S. 108–126.

B 87 = Vorliegendes Buch, Kapitel I–VI.

Mit der Absicht, auf weitere Angaben zu verweisen, hängt die eine oder andere Wiederholung von anderswo registrierten Titeln zusammen. Zu Theaterstücken und politischen Arbeiten sind mehr Nachträge nötig als bei rein literarischen Texten. Theaterrezensionen werden in philologisch orientierten Bibliographien seltener erfaßt; das gleiche gilt für die Boulevardpresse und ähnliches. Nachträge zum Spätwerk sind spärlicher, weil in den kommenden Bibliographien mehr Angaben zu erwarten sind.

Die Titel meiner Verzeichnisse sind chronologisch, die der ungarischen und polnischen Spezialverzeichnisse − gemäß dem Wunsch der Verfasser − alphabetisch geordnet. In meinen Verzeichnissen steht der Vorname, außer bei chinesischen Titeln, vor dem Familiennamen.

Um Komparatisten ein rascheres Auffinden der gesuchten Länder zu ermöglichen, habe ich für für ausländische Rezensionen (also nicht für die BRD und die Schweiz) meist vorweg die Herkunftsländer angegeben, und zwar womöglich durch die offiziellen Abkürzungen.

Bei allen Bibliographien handelt es sich um eine Auswahl. Die ungekürzten Fassungen der Verzeichnisse K. Csepregis und H. Orłowskis sowie die Materialien zu meinen Verzeichnissen können in absehbarer Zeit in der Schweizerischen Landesbibliothek in Bern eingesehen werden. Die Berner Bibliographie zur deutschsprachigen Schweizerliteratur (seit 1976) bringt teils Bestätigungen, teils weitere Ergänzungen.

Max Frisch

A. Interviews, Diskussionen

(GB 1961, 1982; USA 1970, 1976, 1978; H 1972; F 1976; I 1977, 1978; YV 1978; UdSSR 1985)

Alexander J.P. Seiler, »Gespräche mit fünf Schweizer Erzählern« (Frisch, Hohl, Humm, Kübler, Ullmann). Frisch: Die Schweiz ist ein Land ohne Utopie [Andorra keineswegs »ein Gleichnis für die Schweiz«], in: *Ex Libris* (Zürich) 1960/3, S. 17f.

anon., »Max Frisch and the Hero with an Hypothesis« [»*Andorra* is about ... a man who has his hypothesis decided for him; *Graf Öderland* is about a man who picks his hypothesis for himself«], in: *Times*, 28.12.1961.

Gerardo Zanetti, »Soll der Onkel auf die Barrikade steigen?« [über seine innere und äußere Emigration; Onkel Max in Rom soll wieder auf die Barrikaden], in: *Die Woche* (Olten), 19.8.1964. Vgl. B 75.

Dieter Hasselblatt, Radiointerview im Deutschlandfunk (Köln), Ende 1964 [Verantwortung nicht der erste Impuls beim Schreiben; Kunst als Ersatz für politische Kultur]. Vgl. *St. Galler Tagblatt* vom 7.12.1964.

Claus Bremer [über Bauaufgabe des neuen Schauspielhauses Zürich], in: *manuskripte* 13 (1965), S. 26f.

Henning Rischbieter, »Besuch im Tessin« [Beziehung zu Dürrenmatt etc.], in: *Theater heute* 8 (1967), S. 7.

Henry Raymont, »Visiting Swiss Novelist Voices Optimism on American Future« [im Croydon Hotel; über Henry Kissinger], in: *New York Times*, 17.5.1970. Dazu Richtigstellung Frischs im *Tages-Anzeiger* vom 23.5.1970.

Werner Koch (Köln), Interview im Schweizer Fernsehen [Selbstporträt]. Vgl. *Berner Tagblatt* vom 13.11.1970.

Mario Cortesi [über Zirkuserlebnisse: Publikum, die andere Welt ...; Gespräche mit Bichsel, Dürrenmatt, Frisch u.a.], in: *Circus*, heg. von R. Bart und M. Cortesi, Zürich (Schweizer Verlagshaus) 1970, S. 19, 21, 65 etc. Vgl. B 76.

Károly Eke, Radiointerview Herbst 1972 [über das Verhältnis Kunst und Wissenschaft, Institution und Rationalismus]. Auszug in der ungarischen Radio- und Fernsehzeitung vom 22.10.1972.

H. C. F. Mansilla, »Zwei Begegnungen in der Schweiz« (Frisch und Horkheimer), in: *Frankfurter Hefte* 28 (1973), S. 239.

Franck Jotterand, »Nous allons vieillir d'une année. Les joies du troisième âge. Rencontre avec Max Frisch. La folie des vieux« [über *Tagebuch II*], in: *24 heures* (Lausanne), 2.1.1973.

Christian Hoffmann, »Gespräch mit Max Frisch« [in Berzona; »auf Dogmen ist bei mir kein Verlaß], in: *Deutsche Zeitung* (Stuttgart), 5.10.1973.

Podiumsdiskussion in der Berliner Akademie [mit Frisch, Höllerer, Holthusen, Kempowski, Rinser zum Thema Nachkriegsliteratur]. Vgl. Hedwig Rohde, in: *Der Tagesspiegel*, 19.9.1975.

Gespräch im Schweizer Fernsehen mit Frisch, Grass, Muschg [über Ständeratskandidatur Muschgs]. Vgl. Frank A. Meyer, in: *National-Zeitung* (Basel), 1.12.1975.

Anne Surgers, »M. F.: L'homme se trompe s'il se croit libre« [zur Aufführung *Biedermann* in Paris], in: *Le Quotidien de Paris*, 25.2.1976. Vgl. S. 79, S. 222.

Herbert Mitgang [M. F. skeptical of real peace; sees danger in U. S.-Soviet tension], in: *The New York Times*, 22.9.1976. Vgl. auch meine Eintragung zum Friedenspreis des Deutschen Buchhandels.

anon., »L'immagine della Svizzera all'estero« [mit Korrespondenten aus New York, Moskau, Paris, Mailand: Frisch über Kriegslieferungen Bührles, Nestlé und die Dritte Welt]. Nachdruck der »Speciale Sera« vom 12.10.1976 in: *Giornale del Popolo* (Lugano), 16.10.1976.

Walter Schmieding, Fernsehgespräch im ZDF [Eigentumsproblem etc.]. Vgl. Ulrich Greiner in: *FAZ*, 25.10.1976.

Hans Rudolf Hilty, »Kein Interview mit Max Frisch ... aber ein Gespräch über Mittag bei einem Pot-au-feu [...]« [über GW, *Dienstbüchlein*], in: *National-Zeitung* (Basel), 30.4.1976.

Niklaus Meienberg u. a., Alternative private Diskussion über Meienbergs Landesverräter-Film [M. F.: »Der Fall Ernst S. ist ein typischer Fall von Klassenjustiz.«]. Siehe: *Die Tat*, 6.7.1977.

Sandro Scabello, »La Svizzera è davvero neutrale?« [Gespräch in Zürich über Banken, Armee, Fremdarbeiter, Abtreibung, Ziegler], in: *Corriera della Sera* (Milano), 8.10.1977.

Enrico Filippini u. a., Debatte über Literatur und Politik in Mailand [Frisch: »La società può inventare il Nemico«]. Vgl. *Corriera della Sera*, 22.2.1978.

anon., »Unión libre. Max Frisch: Espejismos en el espejo« [spanische Paraphrase von Baraks Interview 1978 in der *New York Times*], in: *El Nacional* (Caracas), 9.4.1978.

Stephan Bosch, »Max Frischs neue Welt« [mit Alice in Manhattan; der von der ETH verweigerte Ehrendoktor, das Archiv in der ETH], in: *Schweizer Illustrierte*, 4.5.1981.

Eduard Stäuble, »Wir werden geschrieben« [statt eines mündlichen Interviews: Fragen an sein Werk und Zitate daraus], in: *Badener Tagblatt*, 9.5.1981.

Gerhard Roth [Begegnung in Zürich: Alice; Fahrt mit dem Jaguar, Haus der Schwiegereltern], in: *Zeit-Magazin* vom 15.5.1981. Vgl. B 87 (I).

Georges Waser, »Geranium vor dem geistigen Fenster« [in Berzona: ›man‹ sei ein Schweizer Zauberwort], in: *Brückenbauer*, 6.11.1981.

Susanna Heimgartner, »Das Frisch-Gericht« [M. F. ließ sich für *Blaubart* von einem spektakulären Zürcher Prozeß inspirieren], in: *Die Woche* (Olten), 26.11.1981.

Arthur Zimmermann, »Polemik – Gespräch mit Max Frisch« [in Berzona], in: *Dossier*, Bern (Zytglogge) 1981. Vgl. B 87.

Ronald Hayman [Interview für »Radio 3 programme«: »An Honest Profession«]. Vgl. Teil B dieses Verzeichnisses: Hayman, 1983.

Nicholas de Jongh, »Passion in the heart of neutrality« [Überblick über F.s Werke im Zusammenhang mit der Schweizer Neutralität, Zitate aus dem Gespräch anläßlich

der englischen Publikation von »Bluebeard« und der Lesung in London von »Triptych«], in: *The Guardian* (Manchester), 24.2.1983.
(bü.), »Der SP-interne Streit um die Regierungsbeteiligung. Fernsehspektakel mit Austrittsappell von M.F.« [der SP aus der Regierungskoalition], in: *NZZ*, 15.12.1983. Vgl. B 87.
Frank A. Meyer im Fernsehen DRS [Verhältnis zu Zürich; Rom war nicht Exil; USA – UdSSR], 28.12.1983.
Anatolij Frenkin [in Zürich; Hoffnung auf eine atomfreie Welt, USA–UdSSR; Schweiz: »Ein neutrales Land ist kein Taubstummenheim«; sein »Individualismus«], in: *Literaturnaja Gazeta*, 7.8.1985. Deutsches Original der russischen Version im Frisch-Archiv. Auszüge daraus in der *AZ* (Basel), 11./12.10.1985.
(mrr), »La valle è mio rifugio. Una serata con Max Frisch« [Das Tal ist mein Zufluchtsort ...; sein Verhältnis zum Valle Onsernone; über dessen Baustil und die sozialen Probleme; Pfannenstil als Jugend-, Tessin als Alterslandschaft; Verlangen nach Utopie], in: *La Voce Onsernonese* (Locarno), August 1986, Nr. 4. Vgl. Kommentar in der *Weltwoche* vom 25.9.1986.
Josef Rennhard, »Ich widerspreche, also bin ich« [Schreiben, um Zeichen zu setzen gegen die Vergänglichkeit; Schreiben: eine Liebeswerbung um dieses Land etc.], in: *Der Schweizerische Beobachter* (Glattbrugg) 9 (1986), S. 90–94.

B. Allgemeine Arbeiten

(R 1963; UdSSR 1967, 1973, 1974, 1976 [2], 1978; CDN 1968; E 1972, 1984; F 1972, 1976 [2], 1981 [3]; IL 1976; GB 1976, 1983; DDR 1976; H 1978; USA 1978, 1981; PRC 1982 [3], 1985)

Rudolf J. Humm, »Irrelevanz« [über Frischs Nachtrag zu »Notizen aus Berlin und Wien« in der *NZZ*], in: *Unsere Meinung. Freie literarische Monatsschrift* 3 (1948). Vgl. auch Nr. 4.
Peter Schmid, »Kultur als Alibi« [Entgegnung zu Frisch Essay mit gleichem Titel in Heft 7], in: *Der Monat* Nr. 11 (August 1949). Vgl. B 87 (I).
Jean Améry, »Die Zukunft des Romans« [M.F.: in der Schweiz der bedeutendste lebende Schriftsteller], in: *St. Galler Tagblatt*, 16.11.1958.
Kasimir Edschmid, »Büchner und Frisch« [»Ein Anti-Schweizer, der ein Ur-Schweizer ist«], in: ders., *Tagebuch 1958–1960*, München (Desch) 1960, S. 33.
Werner Wollenberger, »Darf ich vorstellen?« [u.a. über Varlins Frisch-Porträt: »Mischung aus uralter Eule ... und bekümmertem Lehrer«], in: *Nebelspalter* (Rorschach), 30.3.1960. Vgl. B 76.
Werner Weber, »Gruss« [zum 50. Geburtstag], in: *NZZ*, 13.5.1961.
Alfred Andersch, »Zum 50. Geburtstag«, Schweizer Fernsehen, 15.5.1961.
Romul Munteanu, »M.F. şi problemele romanului elveţian« [= M.F. und die Probleme des Schweizer Romans: Frischs Helden flöhen oft in ein vorläufiges Anonymat], in: *Gazeta Literara* (Bukarest), 16.5.1963.
anon., Frisch behauptet [im Artikel »Legenden und Fakten – drei Beispiele«], in: *NZZ*, 10.1.1965. Vgl. B 87 (I).
(m-z), »Merkwürdiges Vorwort von M.F.« [Artikel über Alexander J. Seilers Buch *Siamo Italiani*], in: *NZZ*, 29.3.1966. Vgl. B 87 (I).
Jean R. von Salis, »Unser Land als Gegenstand der Literatur. Zur Kontroverse zwischen M.F. und Otto F. Walter«, in: *die Weltwoche*, 25.3.1966. Ähnlich in: ders., *Die schwierige Schweiz*, Zürich (Orell-Füssli) 1968. S. 152–160 [hier fehlt die These, Frisch sei der letzte Patriot].
Heinrich Meyer, in: *Was bleibt. Bemerkungen über Literatur und Leben, Schein und Wirklichkeit*, Stuttgart (Hans E. Günther) 1966, S: 38, 272 etc. [Ablehnung Frischs].

Hanno Helbling (Hg.), »Der kleine Kommentar« [über Inschrift auf der Brunnenstele im Rosenhof, Zürich], in: *NZZ*, 15.7.1967. Vgl. GW VI, 59 und B 87 (I).

Felix Philipp Ingold, »M. F. vor der sowjetischen Kritik« [über Pavlova, Kretschetova, Lembrikova, Fradkin etc; eine außerordentlich umfassende Information], in: *National-Zeitung* (Basel), 27.8.1967. Vgl. B 76.

Herbert Whittaker, »Frisch comes in from the cold« [über TV-Porträt, Rezeption in der neuen Welt], in: *The Globe and Mail* (Toronto), 5.7.1968.

Robert Neumann, »Frener« [Parodie], in: *Vorsicht Bücher*, München (Desch) 1969, S. 166–172.

Stephan Kaiser, »Die Besonderheiten der deutschen Schriftsprache in der Schweiz« [Brief F.s vom 23.8.1955, Brief Lektorat], in: *Duden-Beiträge*, Mannheim, I (1969), S. 30–33.

André Biegel, »Max Frisch und die Schweiz«, in: *Beiträge zu den Sommerkursen 1970*, München (Goethe Institut), S. 50–55.

(do.), »Das Podium und M. F.« [Geburtstagsfeier im Theater am Hechtplatz, Zürich], in: *Tages-Anzeiger*, 13.5.1971.

Karl Fehr, »Dank an M. F.« [zum 60. Geburtstag], in: *Zürichsee-Zeitung*, 14.5.1971.

Jürg Federspiel, »Ein Brief« [Erinnerungen an New York], in: *Die Weltwoche*, 14.5.1971.

Reinhardt Stumm, »Um die Welt zu ertragen, um standzuhalten sich selbst ...«, in: *Sonntagsblatt der Basler Nachrichten*, 16.5.1971.

Manuel Pombo Bravo, »Max Frisch, incomprendido« [Frischs Wirkung in Spanien, z. B. als Dramatiker], in: *La Vanguardia* (Barcelona), 22.1.1972.

Carl J. Becher, Mehrfach Max Frisch [Aufführungen *Biedermann, Öderland, Don Juan*] im Bericht »Schauspiel in Paris«, in: *NZZ*, 6.7.1972.

Hellmuth Karasek, »Frisch, Max, oder: die tödliche Wiederkehr des Gleichen«, in: *Theater heute*, September 1972.

Peter von Matt [Biedermann als Vatermord-Stück, Andorra als Kapitulationsstück], in: *Literaturwissenschaft und Psychoanalyse*, Freiburg (Rombach) 1972, S. 74f.

Dimitrij Zatonski, »Auf der Suche nach sich selbst«, in: *Die Kunst des Romans und das 20. Jahrhundert* [Russisch], Moskau 1973. Vgl. auch Felix Ph. Ingold, »Ein romantischer Moralist‹. Zu einer sowjetischen Studie über M. F.«, in: *NZZ*, 19.5.1974; Dimitrij Zatonski, *Der Roman und das 20. Jahrhundert*, Berlin (Verlag Volk und Welt) 1978, S. 444–462. Vgl. auch *B 75*.

Peter Meyer, »Der Heimatschutz kapituliert vor dem Schiller-Killer Max Frisch« [über Frischs Rede anläßlich der Verleihung des großen Schillerpreises 1974, die Helmhaus-Ausstellung »Tell 73«, Frischs abzulehnenden Drang nach Ideologisierung der Schweiz], in: *Die Tat*, 13.6.1975.

Jurij Archipov: Versuche mit der Liebe. Über das Werk des Schweizer Schriftstellers M. F.: *Gantenbein, Montauk* etc. [Russisch], in: *Literaturnaja Gazeta* 29 (1976). Vgl. Felix Ph. Ingold, in: *NZZ*, 20.8.1976.

Claude Baignères, »M. F. ou le théâtre de l'ambigu« [zu Aufführungen in Paris seit 1960, u. a. die Reprise von *Biedermann* und die Premiere von *Don Juan*], in: *Le Figaro*, 15.1.1976.

Carl C. Becher [über Aufführungen in Paris: *Agnès* 1953, Mißerfolg *Don Juan*, Erfolg *Biedermann*], in: *NZZ*, 27.4.1976.

Dieter Bachmann, »Max Frisch und sein Schatten« [Jugendwerk, Gesamtausgabe], in: *Die Weltwoche*, 12.5.1976.

anon., »Max Frisch wird 65«, in: *The Jerusalem Post*, 14.5.1976.

Hans R. Hilty, »Zwischen Corbusier und Jean Luc Godard: Max Frisch«, in: *Luzerner Neueste Nachrichten*, 15.5.1976.

Georg Antisch, »Spiel mit den Möglichkeiten (zum 65. Geburtstag von M. F.)« [über Anerkennung durch DDR-Kritiker wie Links etc.], in: *Neue Zeit* (Berlin-Ost), 15.5.1976.

Beat Brechbühl, »Danke, Max Frisch!«, in: *Blick*, 15. 5. 1976.
Thomas Kielinger, »Odyssee im Tagebuch«, in: *Die Welt*, 16. 5. 1976.
M. G. Dellin, P. Härtling, W. Koeppen, H. Lenz, H. Piontek, K. Struck, »Max Frisch – den hab' ich beneidet ...«, in: *Welt am Sonntag*, 16. 5. 1976.
Heinz L. Arnold, »Mit Stullen in der Tasche geht der Dichter ans Werk«, in: *Welt am Sonntag*, 23. 5. 1976.
G. Wohmann, J. M. Simmel, W. Kemposki [negativ], H. J. Fröhlich etc., »Verehrung und Verdruß [...]«, in: *Welt am Sonntag*, 23. 5. 1976.
Felix Ph. Ingold, »Max Frisch und die Sowjetkritik. Leserbriefe [an *Inostrannaja Literatura*] und ein Interpret«, in: *NZZ*, 20. 8. 1976.
Michael Buttler, »Prose architect's progress« [über GW], in: *Times Literary Supplement*, 10. 9. 1976. Vgl. B 87 (VI).
Jürgen Serke, »Kein Mut zur Liebe. Ein Bericht von J. S.« (Fotos von R. Lebeck) [F.s zweite Ehe, I. Bachmann], in: *Stern* (Hamburg), 16. 9. 1976, S. 56–66.
Peter Bichsel, »Als uns Primo Randazzo *Bin* befahl«, in: *Nationalzeitung* (Basel), 18. 9. 1976. Auch in: *Begegnungen. Eine Festschrift für M. F.*, Frankfurt (Suhrkamp) 1981, S. 20–27.
Walter E. Schäfer, »M. F.: Die Untauglichkeit der Anekdote als Dokument der Zeitereignisse«, in: ders., *Anekdote-Antianekdote*, Stuttgart (Klett) 1977, S. 40–52.
Helmut Motekat, »Das Fragwürdigwerden der Identität«, in: ders., *Das zeitgenössische deutsche Drama*, Stuttgart (Kohlhammer) 1977, S. 143–159.
Francine du Plessix Gray, »Max Frisch Considered« [im Unterschied zu den Romanen der Nachkriegsexistenzialisten vor allem »studies of marriages«], in: *The New York Times Book Review*, 19. 3. 1978, S. 3, 34.
László Földényi, [Nachwort (ungarisch) zu den Dramen *Nun singen sie wieder, Don Juan, Hotz, Biedermann, Andorra, Biografie*], in: *Drámák*, Budapest (Európa Könyvkiadó) 1978. Vgl. B 87 (VI).
Gerda Zeltner, »Jedes Ich, das sich ausspricht, ist eine Rolle« [*Stiller, Faber, Gantenbein, Montauk*], in: dies., *Das Ich ohne Gewähr. Gegenwartsautoren aus der Schweiz*, Zürich (Suhrkamp), 1980, S. 45–77.
Jürg Ramspeck, »Frischab« [kein Ehrendoktor der ETH], in: *Die Weltwoche*, 8. 5. 1981.
Gody Suter, »M. F.: ›Man will doch nicht ständig in einem Bekenntnis wohnen‹« [Besuch im New Yorker Künstlerviertel SoHo], in: *Plus* 20 (Weltwoche-Magazin), 3. 5. 1981, S. 12ff.
Felix Müller, »Max Frisch, der Zürcher Architekt« [mit Fotos von seinen Bauten, einer Zeichnung F.s], in: *Züri Leu*, 15. 5. 1981.
Christoph Kuhn, »Wie Zürich Max Frisch feierte« [im Zunfthaus »Meise«], in: *Tages-Anzeiger*, 16. 5. 1981.
(mey.), »Kunst aus Selbst-Erhaltung«, in: *NZZ*, 16./17. 5. 1981.
(m. V.), »Daß der Mensch allein nicht das Ganze ist« [Mann und Frau], in: *NZZ*, 16./17. 5. 1981.
(Hg.), »Max Frisch und die Schweiz«, in: *NZZ*, 16./17. 5. 1981. Vgl. B 87 (I).
(C. V.), »Max Frisch in zeitlicher Folge« [Festvortrag ETH], in: *NZZ*, 16./17. 5. 1981.
Günther Rühle, »Der schwierige Geburtstag« [Unseld-Feier, nicht Stadt], in: *FAZ*, 16. 5. 1981. Vgl. B 87 (VI).
Jürg Amann, »Kein Feier-Abend für Max Frisch«, in: *Musik und Theater* 5 (1981), S. 15.
Toni Meissner, »Besuch bei einem älteren Herrn« (Illustration Mario Comensoli) [Ehe: »Trojanische Kriege«], in: *Penthouse*, Mai 1981, S. 147–149.
Stephen Singular, »Master Diarist M. F.« [Like Switzerland, »something of an anomaly« in literary tradition; über I. Bachmann, Lynn], in: *New York Times Magazine*, 4. 10. 1981, S. 94–107.

Guy Le Clec'h, »Bienvenue à M. F. Un écrivain de bonne foy« [»Espaces 81«], in: *Le Figaro*, 6.11.1981.

Wilfried Wiegand, »Ein Schweizer in Paris. Huldigung für M.F.« [Lesungen etc. 11.11.1981-5.12.1981], in: *FAZ*, 10.12.1981.

anon., »M.F. in Paris. Eine Veranstaltungsreihe der Pro Helvetia«, in: *NZZ*, 11.12.1981.

Harro von Senger, »China entdeckt Max Frisch« [Übersetzungenschwierigkeiten z. B. bei *Stiller*; gleiche Schriftzeichen für Marx und Max ...], in: *NZZ*, 28.9.1982.

Anita Kraetzer, *Studien zum Amerikabild in der deutschen Literatur* [Frisch-Johnson-Enzensberger], Bern 1982, S. 21-94.

Ye Fengzhi [chines. Lexikonartikel], in: *Zhonuo Da Baike Quanshu: Waiguo Wenxue* [Chinesische Enzyklopädie, ausländische Literatur], Peking 1982. Vgl. vS 85.

anon., Einleitung zur chinesischen Analogie moderner Dramen mit dem Titel »Die Katze auf dem heißen Blechdach« [chinesisch; Frisch, der hier durch *Biedermann* vertreten ist, sei in China weniger bekannt als Dürrenmatt], in: *Kollektion Welt-Literatur* (Peking), Nr. 7/1982, S. 1f.. Vgl. vS 85.

Ronald Hayman, »When every image is a sin« [im Zusammenhang mit dem Radio-Interview vom Vortag: Über die Romane: Lob der ersten, Vorbehalt gegenüber den letzten. Frisch über die Möglichkeit, durch Erzählen die Maske zu verlieren. Vergleich von »Montauk« mit der Collage-Technik K. Schwitters' der Alltags-Gegenstände verwende], in: *The Listener* (London), 13.10.1983.

Peter Stadler, »Max Frisch und die Zauberformel« [»Brief an die NZZ«: über Frischs Vorschlag, daß die SPS aus der Regierungskoalition austrete], in: *NZZ*, 23.12.1983. Vgl. B 87 (I).

Jean R. von Salis [Polarität zwischen F.s Schreiben und seinem Wesen. Der Zürcher Architekt], in: ders., *Notizen eines Müssiängers*, Zürich (Orell-Füssli) 1983, S:-46-54.

Gabriela Cañas, »Max Frisch habla en Madrid con estudiantes sobre ›la esperanza que se desvanece‹« [über Engagement, Gründe des Schreibens], in: *El Pais* (Madrid), 9.3.1984.

Harro von Senger, »Zur Rezeption der Schweizerischen Literatur in der Volksrepublik China«, in: *Asiatische Studien* 1-2 (1985), Bern (Lang), vor allem S. 117-119.

Fredi Lerch, »Frisch schreibt nicht mehr. Wie weiter?«, in: *Die Wochenzeitung* (Zürich), 16.5.1986.

Alexander J. Seiler, »Hommage: Zeitgenossenschaft« [zum Geburtstag], in: *Gazetta Prolitteris* (Aarau), Sommer 1986, S. 3f. Vgl. B 87 (VI).

C. Zu einzelnen Werken

Blätter aus dem Brotsack (1940)

(fra.), »Blätter aus dem Brotsack« [Lob; aber ein wenig beängstigend, »auf Spuren eines romantischen Vitalismus« zu treffen], in: *National-Zeitung* (Basel), 14.4.1940.

(er.), »Blätter aus dem Brotsack«, in: *Die Tat*, 27.6.1940. Vgl. B 87.

Charly Clerc, »Livres de plein air«, in: *Gazette de Lausanne*, 30.6.1940. Vgl. B 87.

Eduard Korrodi, (E. K.) »Blätter aus dem Brotsack«, in: *NZZ*, 24.3.1940. Vgl. B 87.

(e.), »Blätter aus dem Brotsack«, in: *Berner Student*, Januar 1941. Vgl. B 87.

Bin oder die Reise nach Peking (1945)

Renée Steffens-Albala, »Traumschaffende Sehnsucht und existenzielle Gebrochenheit«, in: dies., *Darstellung und Tendenz im deutschen Kunstmärchen des 20. Jahrhunderts*, Tübingen (Diss.) 1964, S. 162-169.

Tomás Bárbulo, »M. F.: ›Aún no he llegado a Pekin‹« [Gespräch anläßlich der Übersetzung von *Bin* ins Spanische], in: *YA* (Madrid), 8.3.1984.
Manuel Hidalgo, »Anhelo [Sehnsucht] de Pekin«, in: *Diario* 16, 7.3.1984.

Nun singen sie wieder (1945)

(J 1955 [2], 1969; H: siehe Bibliographie Csepregi)

Eduard Korrodi [E. K.] [über Buchausgabe], in: *NZZ* 22.12.1945. Vgl. B 87.
anon. [japan. Aufführung der Truppe Nakama in Tokio; man finde keine heftige Leidenschaft im Stück, aber viel Reuegefühle], in: *Tokio shimbun* 1955.
anon. [japan. gleiche Aufführung Januar, 1955; der Zorn über den Krieg trete gegenüber dem Gefühl der Ohnmacht zurück], in: *Nikkon-Sport* 1955.
Momos, »In Sack und Asche« [Negative Besprechung von Fritz Umgelters Fernsehinszenierung], in: *Die Zeit*, 26.11.1965.
Witold F. Tulasiewicz und K. Scheible, »Introduction«, in: *Max Frisch: Nun singen sie wieder*, London (George G. Harrap) 1966, S. 1–35.
Yu Ito [Aufführung der Truppe Nakama in Tokio April 1969; das Stück sei anders als die andern Antikriegsdramen], in: *Akahata* [Rote Fahne; Blatt der kommunistischen Partei], 25.4.1969.
Uwe Friessel, »In unserem Alter«, in: *Sammlung. Jahrbuch für antifaschistische Literatur und Kunst*, Frankfurt (Röderberg) Nr. 5/1982, S. 14–16.

Die Chinesische Mauer (1947)

(J 1957 [2], E 1971, F 1972, 1973)

anon. [japan.: Aufführung durch die Truppe Nakama in Tokio] *Iwate Nippo*, Oktober 1957.
anon. [japan.: über dieselbe Aufführung], in: *Mainichi Shimbun*, Oktober 1957.
Guillermo Diaz-Plaja, »El intelectual y su ›unútil fatiga‹«, in: *La Vanguardia Española* (Barcelona), 16.2.1971.
(j. G.), »Le jeune théâtre national crée `a l'Odéon ›La Grande Muraille‹«, in: *combat*, 9.11.1972.
Philippe Sénart, »La revue théâtrale« [Lob des Stücks und der Aufführung im Odéon], in: *La Revue des deux Mondes*, Januar, 1973, S. 162ff.

Erste Tagebücher (1947, 1950)

Werner Weber (wb.), »Tagebuch mit Marion«, in: *NZZ*, 27.11.1947. Vgl. B 87 (I).
(ks.) [F. verfüge weder über die eiskalte Intelligenz von E. Jünger, noch den wunderbaren Sinn für Gerechtigkeit von A. Gide; sein Tagebuch sei manchmal provinziell, überheblich, ja fast dumm; aber dafür menschlich; verschiedene kluge Glossen, vor allem die über Höflichkeit], in: *Die Weltwoche*, 27.10.1950.
Erich Kuby, »Der Wächter« [Anerkennung und Kritik dieser Position], in: *Frankfurter Hefte* 6/6 (1951), S. 434f.
Max Rychne(r.), »M. F.: Tagebuch 1946–1949« [Rückblick auf das erste Erscheinen], in: *Die Tat*, 20.12.1958.

Als der Krieg zu Ende war (1949)

Brooks Atkinson, »At the Theater« [Aufführung *A House in Berlin*, Regie Brett Warren], in: *The New York Times*, 27.11.1950.
Tautomu Oshima [japan.: Aufführung der Truppe Nakama, Regie Shunichi Nakamura, Juni 1968], in: *Theatro* (Tokio), August 1968.
Mel Gussow, »Theater: Early Frisch« [Aufführung im Ragtime Theater, Regie Jude Schanzer], in: *The New York Times*, 8.4.1980.

Graf Öderland (1951)

(GB 1961, 1963 [2], 1964 [3]; F 1972 [7]; USA 1973)

Jean R. von Salis, »Zu Max Frischs *Graf Öderland*« [Gespräche anläßlich der Uraufführung 1951], in: *Schwierige Schweiz*, Zürich (Orell Füssli) 1968, S. 144-148. Vgl. B 76.
anon., »Max Frisch and the Hero with an Hypothesis« [über *Andorra* und *Graf Öderland*], in: *The Times*, 28.12.1961. Vgl. B 76.
Manuel Gasser, »Kunst-Wochenende in Frankfurt a. M.« [Aufführung im Kleinen Haus der Frankfurter Städtischen Bühnen: so gut wie *Besuch der Alten Dame*], in: *Die Weltwoche*, 10.2.1956.
Peter Ford, »Count Oederland at Bristol«, in: *The Guardian* (Manchester), 22.2.1963.
anon., »Max Frisch on Power« [über Aufführung an der Bristol University; Vergleich mit *Peer Gynt*], in: *The Times*, 26.2.1963.
anon., »Frisch on the Paradoxes of Freedom« [über Aufführung im Theatre Royal, Stratford (London) unter dem Titel »Edge of Reason«], in: *The Times*, 22.4.1964.
B. A. Young, »Edge of Reason« [Aufführung des Theatre Royal, Stratford], in: *The Financial Times*, 22.4.1964.
W. W. Darlington, »Empty Depth in Play by Max Frisch« [Aufführung in Stratford], in: *The Daily Telegraph*, 22.9.1964.
anon., »Stratford Theatre's new Policy« [mit Bild der Aufführung »Edge of Reason«], in: *The Times*, 9.10.1964.
Jean Jaxques Gautier, »*Le Comte Oderland*« [»une pièce forte«: Aufführung im Odéon], in: *Le Figaro*, 3.2.1972.
(J. G.), »Les Comédiens français créent à l'Odéon *Le Comte Oderland* de Max Frisch«, in: *Combat*, 27.2.1972.
Bertrand Poirot-Delpech, »Max Frisch entre Brecht et Mao« [Aufführung der Comédie-Française im Odéon; Erklärungen Frischs], in: *Le Monde*, 2.3.1972.
Gilbert Guilleminault, »*Le Comte Oderland*« [sei leider wenig überzeugend], in: *L'Aurore*, 3.3.1972.
François Bondy, »Spiele von Macht und Ohnmacht« [über Frischs Stück im Odéon, das von Ionesco u. a. in Paris], in: *Die Weltwoche*, 15.3.1972.
Georges Schlocker, »Die Revolutionäre stolpern« [Bezug auf die Rechtspresse und Gautier], in: *National-Zeitung* (Basel), 17.3.1972.
Ders., »Rechtspresse feiert Max Frischs *Graf Öderland*, in: *Tages-Anzeiger* (Zürich), 18.3.1972.
Clive Barnes, »Theater: Frisch's ›Public Prosecutor‹« [über Aufführung des Kreeger Theaters, »Arena Stage« in Washington D. C.; Vorbehalte dem Stück gegenüber], in: *The New York Times*, 3.2.1973.

Don Juan oder die Liebe zur Geometrie (1953)

(GB 1956; PL 1964; UdSSR 1967 [2]; F 1971 [2], 1976 [3]; E 1972; USA 1978)

(S.), »Max Frischs *Don Juan* in der Diskussion« [Umfrage bei Studenten, Handwerkern, Dichtern etc. im Anschluss an die Podiumsdiskussion in Zürich], in: *Die Tat*, 18.5.1953.
anon., »Theatre Royal, Bristol: *Don Juan or the Love of Geometry*« [»The author's refashioning of the legend is somewhat heavy handed.«], in: *The Times*, 7.3.1956.
Roman Szydłowski, [poln.: Paradoxes über Don Juan; Aufführung des Dramatischen Theaters Warschau, Regie Ludwik René], in: *Trybuna Ludu*, 14.11.1964. Vgl. B 76.
I. Rumjanzjewa [russ.: Die Verwandlung des Don Juan; Aufführung im Moskauer Satirischen Theater: I. R. lehnt das Stück aus weltanschaulichen Gründen ab; ausweglosen Pessimismus], in: *Sowjetskaja Kultura*, 14.1.1967.

L. Kljazko, »Noch ein Don Juan« [seit Dezember 1966 ausverkauft im Moskauer Theater; Lob des Stücks und der Aufführung; zahlreiche Bilder], in: *Sowjet-Union heute*, 1. 3. 1967.

Colette Godard, »*Don Juan ou l'Amour de la Géométrie*« [Aufführung der Comédie de Caen; »le mythe do Don Juan est fort, et sa mise en pièce aurait exigé un texte plus agressif.«], in: *Le Monde*, 14. 12. 1971.

J.-C. Texier [Aufführung Caen; »Don Juan victime de la société, telle est l'interpretation de Frisch.«], in: *Combat*, 26. 12. 1971.

anon., »Don Juan o el amor a la geometría« [Teatro María Guerrero; »un nuevo Don Juan ... con la personalidad propia de narcisismo desbordado«], in: *Hoja de Lunes* (Madrid), 13. 11. 1972.

François Nourissier, »*Don Juan* (de Max Frisch) ... ou l'amour du bavardage« [Aufführung im Odéon; »Ce sont là jeux de l'esprit, paradoxes, professoraux, qui gagneraient à être montés avec grâce et désinvolture.«], in: *Le Figaro*, 15. 1. 1976.

Michel Cournot [über Aufführung im Odéon, negativ], in: *Le Monde*, 16. 1. 1976.

Horst Schmumacher, »Abgeblitzter *Don Juan*« [Aufführung in Paris], in: *Die Tat*, 13. 2. 1976.

Margaret Ganz, »Humor's Devaluations in a Modern Idiom: The Don Juan Plays of Shaw, Frisch, and Montherlant«, in: *New York Literary Forum* 1 (1978), S. 117–136.

Stiller (1954)

(GB 1955, 1982; PRC 1982; H 1984)

Robert Haerdter, »Ein Mann wie irgendeiner«, in: *St. Galler Tagblatt*, 27. 11. 1954.

anon., »Questions of Conscience« Rezension zusammen mit Erzählungen von Goes, Penzoldt, Schlier; souverän-positive Inhaltsparaphrase, in: *The Times Literary Supplement*, 7. 1. 1955.

Li Shixun [biographische Notiz auf Chinesisch, im Zusammenhang mit der chinesischen Version der Episoden Isidor und Florence], in: *Shijie Wenxue* [Weltliteratur], Peking 4/1982, S. 59. Vgl. S. 85, S. 118.

S. S. Prawer, »Death of the Doppelgänger« [detaillierte Kritik an Bullocks Übersetzung; wichtige Kommentare zu Namen wie Knobel, Stiller (: Haller); Anerkennung trotz Häufigkeit anderer Rollen-Romane], in: *The Times Literary Supplement*, 30. 7. 1982, S. 814.

Miklós Salyámosy, »Egy svájci regény – Max Frisch: *Stiller*« [Rezension], in: *Helikon* [Revue der ungarischen Akademie der Wissenschaften, Sondernummer Schweiz], Budapest 2–4/1984, S. 346–349.

achtung: die schweiz (1955 etc.)

(c. b.), »Bauen wir eine neue Stadt! Ein kühner Vorschlag für die Landesausstellung 1964«, in: *Die Tat*, 15. 1. 1955.

Erwin Jaeckle (j.), »Zum Ernstfall Schweiz. Ein Beitrag zu einem notwendigen Gespräch«, in: *Die Tat*, 15. 1. 1966.

Erwin Jaeckle (j.), »Die Schweiz der Langeweiler«, in: *Die Tat*, 29. 1. 1955.

Ernst Bieri (b-i.), »Ein fragwürdiges Pamphlet,« in: *NZZ*, 29. 1. 1955.

Hans Marti/Willy Rotzler, »Der Traum von der neuen Stadt«, in: *NZZ*, 5. 2. 1955.

Peter Meyer, »Achtung: Die Schweiz«, in: *Neue Schweizer Rundschau* 11/1955, S. 656–664.

Rudolf J. Humm, »Die neue Stadt rumort«, in: *Die Weltwoche*, 8. 6. 1956.

Ernst Bieri (b-i.), »Die ›neue Stadt‹«, in: *NZZ*, 23. 10. 1956.

Vgl. zu allen Titeln *B 87 (I)*.

Homo faber (1957)

(GB 1959, 1978, PRC 1983)

anon., »On top no more« [Sammelbesprechung; bei Frisch zurückhaltend-verwundert], in: *The Times Literary Supplement*, 4.12.1959.
Karlheinz Deschner, »Prosa am Abend«, in: *Konkret*, März 1961, S. 13f. Dazu Leserbrief ebda., Mai 1961.
Stephen L. Wailes, »The Inward Journey. *Homo faber* and *Heart of Darkness*« [Vergleich mit J. Conrad], in: *New German Studies* 6/1 (1978), S. 31–44.
Jiang Nan [Vorwort zu seiner Übersetzung ins Chinesische], in: M. F., *Homo faber*, Peking 1983, S. 1–3. Vgl. vS 85.

Biedermann und die Brandstifter / *Die große Wut des Philipp Hotz* (1958)

(H 1960; GB 1961 [5], 1963 [2], 1964; DDR 1961; USA 1963 [3], 1968 [2], 1969, 1975; MA 1967; YU 1968 [3]; F 1970 [2], 1976 [3]; KOR 1977; A 1977 [5], IL 1982; PRC 1982)

Janos Komlós, »›Semleges‹ antifasizmusból ›arisztokratikus‹« [der »neutrale« Antifaschismus ist ein »aristokratischer« Antifaschismus; über die Aufführung des Nationaltheaters in den Kammerspielen Budapest], in: *Magyar Nemzet*, 23.3.1960.
Ellen-Maria Jäger, »Schwerin: *Biedermann und die Brandstifter*« [über DDR-Erstaufführung], in: *Theater der Zeit* XVI/8 (1961), S. 73f.
Philip Hope-Wallace, »The Fire Raisers (Royal Court)« [Vergleich mit Vaudeville], in: *The Times*, 22.12.1961.
anon., »Wry Exploitation of the Laugh Sinister«, in: *The Guardian* (Manchester), 22.12.1961.
Alan Brien, »An Explosion in Suburbia« [wie bei Dürrenmatt Darstellung des Dilemmas der Neutralen], in: *Sunday Telegraph*, 24.12.1961.
Bamber Gascoigne, »Mushroom Soup« [Atompilz hinter B.s Haus; Biedermann schaut wie Macmillan aus], in: *The Spectator*, 29.12.1961.
Robert Gellert [sehr positiv], in: *New Statesman*, 29.12.1961. Vgl. B 75.
Howard Taubmann, »The Firebugs‹ opens Off Broadway. In: *The New York Times*, 13.2.1963. (Über Absetzung nach wenigen Tagen: *St. Galler Tagblatt*, 20.2.1963).
anon., »Atrocity Stories« [über *Andorra* und *Biedermann*. »The paradoxical difficulty is that Frisch hopes to arouse the conscience of the beast after demonstrating at tedious length that the beast has no conscience.«], in: *Time*, 22.2.1963, S.75.
anon., »Plays and Ideas« [über *Andorra* und *Biedermann*], in: *Newsweek*, 25.2.1963. Vgl. Titel bei *Andorra* und B 75.
anon., »Double Bill that Enhances Unity's Reputation (Unity Theatre: The Fury of Phillip Hotz and the Scavengers)«, in: *The Times*, 1.6.1963.
Eric Shorter, »›Fire Raisers‹ suffers by compression«, in: *Telegraph*, 12.12.1963.
Ian Donaldson [mehr Lob fürs Stück als für die Aufführung im Oxford Playhouse], in: *The Guardian*, 5.11.1964.
Walter M. Dielmann, »Aufgewärmtes Réduit?« [Über Dialektsendung im Fernsehen; Diskussionsbeiträge von H. Meier, M. Schmid, W. Widmer], in: *Zürcher Woche*, 19.3.1965.
(E.R.), »Notes de voyage: 1. Maroc. La tournée CDR-Théâtre de Carouge au Magreb« [mit Unterstützung Pro Helvetica; Pressestimmen aus Marokko], in: *Journal de Genève*, 22.11.1967.
Nasko Frndić [serbo-kroat.: Die Tragikomik des kleinbürgerlichen Lebens; Aufführung des Kroatischen Nationaltheaters auf der Bühne der Arbeiter-Universität »Moša Pijade«, Zagreb], in: *Borba* (Zagreb), 19.2.1968.
Marija Grgičević [Eine verfehlte Aufführung; über dies. Aufführung in Zagreb], in: *Večernji List*, 19.2.1968.

Jozo Puljizević [Wie beim alten Walzer; über die Aufführung in Zagreb], in: *Vjesnik*, 19.2.1968.

Vincent Canby, »Theater: A transformed ›Firebugs‹« [Martinique Theater. »The confrontation is no longer nebulous, but the specific confrontation between races in white and black America«], in: *The New York Times*, 2.7.1968. Vgl. B 75.

Jürg Federspiel, »Besprechung einer Kritik« [über die im Vergleich mit der *New York Times* interessantere Besprechung in der *Village Voice*], in: *Tages-Anzeiger*, 12.3.1968.

Henry Raymont, »›The Firebugs‹ gives Lesson. Parable Stresses Peril in Moral Apathy« [Aufführung auf Deutsch der Schauspieltruppe Zürich im Barbizon-Theater: *Philipp Hotz* und *Biedermann*], in: *The New York Times*, 27.11.1969.

Hansres Jacobi (haj.), »Monsieur Bonhomme et les Incendiaires. Gastspiel des Théâtre National de Strassbourg im Theater 11« [Reichstagsbrand 1933 als historischer Hintergrund], in: *NZZ*, 28.10.1970.

Elisabeth Brock-Sulzer, »Frischs Biedermann als Musical« [Fehlinszenierung], in: *Die Tat*, 29.10.1970.

(Gm.) [Aufführung auf Berndeutsch im Theater am Zytglogge, Bern], in: *Berner Zeitung*, 24.2.1973.

(bn.), »Châller-Kumedi, Bern« [Nachdr. der Rez. im *Bund*], in: *Dialog*, April 1973.

(-tt-), »Eindrucksvolle Zusammenarbeit. Thorberger Anstaltsinsassen spielten M.F.s *Biedermann*« [Aufführung durch Gefangene], in: *Der Bund*, 24.6.1973.

(K.P.), »*Biedermann* und *Hotz*« [Theater des Kantons Zürich], in: *NZZ*, 23./24.11.1974.

Clive Barnes, »Cocteau Repertory Does M.F's ›Firebugs‹« [Ionesco-like], in: *The New York Times*, 27.3.1975. Vgl. S 79, S.222.

François Nourissier, »Biedermann et les incendiaires. Le ventre mou des bougeois ...«, in: *Le Figaro*, 3.3.1976. Vgl. *S 79*.

Dominique Jamet, »La Bourgeoisie qui brûle (Au Théâtre de la Ville)«, in: *L'Aurore*, 3.3.1976. Vgl. S 79, S.222.

anon., »B. et les incendiaires. Farceur et sournois«, in: *France Soir*, 3.3.1976.

anon., »Minjung to Perform «Firebugs» by Frisch«, in: *Korea Herald*, 24.1.1977. Vgl. S 79, S.223.

(J.He), »*Biedermann und die Brandstifter*, Aufführung im Basler Marionettentheater«, in: *NZZ*, 4.2.1977.

Paul Blaha, »Flüssiger Zündstoff. Akademietheater: Lessing und M.F.« [»Lessing verhält sich zu Frisch wie ein Kraftwerk zu einem Fahrrad-Dynamo«], in: *Kurier*, 9.4.1977.

Viktor Reimann, »Getarnter Terror (Akademie: *Juden*, *Biedermann*)« [anerkennend], in: *Neue Kronenzeitung*, 9.4.1977.

Piero Rismondo, »Das alte Vorurteil, die ewige Dummheit« [gleiche Aufführung; großer Beifall], in: *Die Presse*, 10.4.1977.

Duglore Pizzini, »Von Kunst und Kunststoff« [gleiche Aufführung], in: *Wochenpresse*, 13.4.1977. Vgl. S 79, S.223.

Otto F. Beer, »Steigbügelhalter. Lindtberg kontrapunktiert Frisch mit Lessing«, in: *Rheinischer Merkur*, 22.4.1977. Vgl. S 79, S.223.

Elisabeth Brock-Sulzer, »Wahrheit als Tarnung« [»hat sich durchaus gehalten« wenn man all die Kurven bedenkt, die Frisch in diesen zwanzig Jahren geschnitten hat«], in: *Züri Leu*, 5.5.1978.

Hans R. Hilty, »Warum Biedermann?«, in: *Die Weltwoche*, 10.5.1978.

Irma Voser (I.V.), »Biedermann und die Brandstifter.« [»Flau und lustlos«], in: *NZZ*, 5.5.1978.

Uri Rapp, »Object Lessons« [Lob des Stücks, Ablehnung der Aufführung], in: *The Jerusalem Post*, 19.11.1982.

anon. [Einleitung zur Übersetzung ins Chinesische]. Vgl. Teil B in diesem Verzeichnis.

Andorra (1961)

(S/DK 1962; USA 1963 [6]; H 1963; CS 1964 [3]; GB 1964 [13]; F 1965 [4], 1970; IL 1965; J 1968; N 1972; CR 1974 [3]; KOR 1981; Bangladesch 1983)

Harry Katlev, »Hvem kommer først i København?« [Lob der Aufführung in Stockholm; Bedauern, daß das Stück noch nicht in DK zu sehen war], in: *Berlingske Tidende*, 9.3.1962.
Kurt Hirschfeld, »Zur Wiederaufnahme von M.F.s *Andorra* (Gespräch mit Diogenes)«, in: *Die Tat*, 21.12.1962.
John Chapman [»to me, it lacks the unity, the steadiness of purpose, which might have made it an outstanding play«], in: *Daily News*, 10.[?].2.1963.
Howard Taubman, »Frisch Drama Aimed at German Conscience [«Frisch's fury is directed at bigotry and chauvinism and the sources from which the.se evils spring»], in: *The New York Times*, 11.2.1963. Vgl. B 75.
anon., »Atrocity Stories« [über *Andorra* und *Biedermann*], in: *Time*, 22.2.1963. Vgl. Eintragung zu *Biedermann* und *B 75*.
anon., »Plays of Ideas« [über *Andorra* und *Biedermann*. »Frisch seemed a prophet deserving of honor, even though his works defy the local taste«], in: *Newsweek*, 25.2.1963. Vgl. *B 75*.
Howard Taubmann, »*Andorra*, European Success, Can't Survive on Broadway«, in: *The New York Times*, 25.2.1963.Vgl. *W 78*.
Rachel W. Coffin (Hg.), *New York Theatre Critics' Reviews 1963*, New York 1964, S.380–382 [mit Kritiken von W. Kerr, *Herald Tribune*; Coleman, *New York Mirror*, u.a.]. Vgl. *B 75*.
Endre Sós, »Andorra im Thália Theater« [ungar.: über den Paraboliker, Unterschied zu Dürrenmatt], in: *Magyar Nemzet*, 27.9.1963.
anon., »A Warning against human labels« (The National Theatre, Old Vic, Regie: Lindsay Anderson) [»From this clear-minded author, the effect is astonishingly Teutonic«], in: *The Times*, 29.1.1964. Vgl. B 75.
(C.B.), »Target missed, but it's no museum piece«, in: *Daily Express*, 29.1.1964.
W.A. Darlington, »The plight of the outsider« [»a play about labels. But I prefer to believe it is really a play about man's need to have an outsider and his need to comfort himself with his own image«], in: *Evening Standard*, 29.1.1964. Vgl. B 75.
Philip Hope-Wallace [»first appearance at the Old Vic. It is a sombre parable, not in the event quite so scarrifying as one had hoped and expected«], in: *The Guardian* (Manchester), 29.1.1964. Vgl. B 75.
B.A. Young [»Andorra is a play about difference, and about indifference«], in: *Financial Times*, 29.1.1964.
Harold Hobson, »Through Gentile eyes«, in: *The Sunday Times*, 2.2.1964. Vgl. *B 85*.
W.A. Darlington, »Mistaken Identity« [»it still seems topsy-turvy to me«], in: *Daily Telegraph*, 2.3.1964.
anon., »Adventurous – to bring us this German *Andorra*« [Schiller-Theater Berlin im Aldwych. »Much of the play is heavy and repetitious«], in: *Evening Standard*, 31.3.1964.
anon., »Moral breakdown with dignity« [»inflated reputation on the Continent«], in: *The Times*, 31.3.1964. Vgl. *B 75*.
James Kennedy, »Schiller theatre Company at the Aldwych« [»the author's argument are not made my means of recognisable people so much as by cyphers.«], in: *The Guardian*, 31.3.1964.
B.A. Young [Kortner's production marginally preferable to that at the National Theatre], in: *The Financial Times*, 31.3.1964.
anon. [diese deutsche Aufführung sei teils besser, teils schlechter als die Aufführung auf Englisch], in: *Sunday Telegraph*, 15.4.1964.

V. Běhounek [tschech.: *Andorra* – ein Drama von der Stärke der Lüge], in: *Práce* (Prag), 1.4.1964, Vgl. *B 76* und B 85.
Pavel Grym [tschech.: Ein Stück von der Grausamkeit der Dummköpfe. Aufführung Tyl-Theater], in: *Lidová demokracie* (Prag), 5.4.1964. Vgl. *B 75*.
Sergej Machonin [tschech.: u.a. über *Andorra*-Aufführung im Tyl-Theater], in: *Literární noviny* (Prag), 11.4.1964.
(scr.), »Max Frischs *Andorra* auf dem Bildschirm« [NDR; negativ], in: *NZZ*, 23.10.1964.
anon., »Andorra in Paris« [verschiedene Pressestimmen], in: *Die Weltwoche*, 5.2.1965.
Franz Vossen, »Monsieur Frisch, Ihr Andorra...«, in: *Süddeutsche Zeitung*, 9.2.1965. Vgl. B 85.
Jean Tailleur, »Homo Frisch«, in: *Les Lettres Françaises*, 10.2.1965, S. 2/4. Ferner S. 9 Kritik von Claude Olivier. »Le succès d'une équipe: Andorra [Aubervilliers; großes Lob für Stück und Aufführung].
(J.L.), »*Andorra* de M.F. au Théâtre de la Commune d'Aubervilliers«, in: *Figaro*, 10.2.1965.
Teo Otto, »Kostüme für *Andorra* in Haifa«, in: T.O., *Meine Szene*, Köln (Kiepenhauer und Witsch) 1965, S. 84–88.
T. Asoo, »›The Show‹ – frisch und jung« [japanische Besprechung der Aufführung des Bungakuza Atelier no Kai, Regie Hisao Ivamura], in: *Teatro* (Tokio), August 1968. Vgl. B 75 und *B 85*.
Jeanne Lorang, »*Andorra* de M.F.«, in: *Les Voies de la Création Théâtrale* 2, Paris (C.N.R.S.) 1970, S. 111–153.
Finn Jor, »Det norske paradoks« [über Kleinstaaten wie N und CH, das Andorra-Symbol], in: *Aftenposten*, 25.3.1972. Vgl. *B 75*.
anon., »Compañia Nacional de Teatro« (Costa Rica) [Aufführung im Teatro al Aire Libre], in: *La Republica*, 9.2.1974. Vgl. B 75.
anon., »Max Frisch, poeta de la libertad« [verständnisvolle Charakterisierung des Stücks, außerdem des unbequemen Frisch, im Gegensatz zum eher akzeptierten Dürrenmatt], in: *La Prensa Libre*, 14.2.1974.
anon., »Los habitantes de Andorra actúan hoy al aire libre«, in: *La Nacion*, 19.2.1974. Vgl. *B 85*.
Wong-Ung Bong [Korean. mit deutscher Zusammenfassung: Die Entfremdung des Bürgers in M.F.s Andorra], in: *Koreanische Zeitschrift für Germanistik* (Seoul) 1981, H. 26, S. 70–89.
Arshad Mahmud, »An evening with Max Frisch« [Aufführung in Bangla und Dhaka, Bangladesh], in: *Holiday*, 15.4.1983.

Gantenbein (1964), *Zürich-Transit* (1965/66)

anon., »What are you as?« [über deutsche Ausgabe; Eindruck des Essayistischen. Zwar experimentell, aber doch eine vorgegebene Schlußfolgerung. In der Besprechung von *Montauk* (*TLS* vom 2.1.1972) dann aber als Höhepunkt beurteilt.], in: *The Times Literary Supplement*, 3.9.1964.
Charlotte von Dach (C.v.D.), »Ist es ein Menschenentwurf?« [Kunstkniffe ersetzen mangelnden Gehalt], in: *Der Bund* (Bern), 25./26.9.1964.
Werner Wollenberger, »Meine kleine Zürcher Woche« [Präsentation des Romans im Zürcher Zunfthaus »Meise«], in: *Zürcher Woche*, 9.10.1964.
Charlotte Peter, »Aimez-vous Gantenbein?« [Umfrage bei verschiedenen Lesern und Nichtlesern; Skepsis gegenüber dem Bestseller-Getue], in: *Zürcher Woche*, 29.1.1965.
(ms.), »Max Frischs Filmpech« [Abbruch der Dreharbeiten »Die Asche eines Pfeifenrauchers« wegen Erkrankung Bernhard Wickis], in: *NZZ*, 9.12.1965.

(G. F. H.), »Max Frisch als Drehbuchautor. Vorstellung des Drehbuches *Zürich Transit* in der Berliner Akademie der Künste« [großer Beifall], in: *NZZ*, 28. 3. 1966.

Dieter Saupe, »Mein Name sei Gänseklein«, in: D. S., *Autorenbeschimpfung und andere Parodien*, Bern (Scherz) 1969, S. 29–30.

anon. [Kritik an der ungar. Hörspielfassung des Drehbuchs *Zürich-Transit* in der Übersetzung von Gábor Thurzó], in: *Népszabadság* (Budapest), 18. 7. 1972.

Biografie (1968)

(GB 1968 [2]; UdSSR 1968; USA 1979 [4])

(haj.), »Die verschobene Uraufführung von M. F.s *Biografie*. Eine Pressekonferenz von Rudolf Noelte« [Noeltes Einwand, eine Szene sei ein politischer Fremdkörper. Bericht über Stellungsnahme des Schauspielhauses], in: *NZZ*, 2. 10. 1967; vgl. auch die weiteren Beurteilungen Urteile, z. B. im *Tages-Anzeiger* vom 27. 2. 1968 (Äußerungen Noeltes und Frischs), *Theater heute* vom Februar 1972 (Niederlage Noeltes vor dem Bundesgerichtshof). Vgl. B 76.

Hans H. Holz, »Ovationen für Max Frisch« [aber Ablehnung durch die Rezensenten], in: *National-Zeitung* (Basel), 3. 2. 1968.

(-oe-), »Denkspiel um Daseinsvariationen«, in: *Tages-Anzeiger* (Zürich), 3. 2. 1968.

(C. C.), »Das unwiederholbare Leben« [neben Lob Vorbehalte], in: *Der Bund*, 4. 2. 1968.

anon., »Dreimal *Biografie*« [Rezensionen der Aufführungen in Düsseldorf, München, Frankfurt], in: *FAZ*, 5. 2. 1968.

anon., »Alternative Endings« [über deutsche Ausgabe; »strangely shallow and halfhearted«; Vergleich mit Hofmannsthals *Andreas*], in: *The Times Literary Supplement*, 25. 1. 1968.

H. R. Beard (Zürich), »Frisch play on life as a game« [Lob], in: *The Times*, 6. 2. 1968.

Eugène Jaccard, »Changer de Vies comme de Chemises« [über Aufführung in Zürich], in: *Journal de Genève*, 11. 2. 1968.

W. Serow [russ.: über Aufführung in Zürich, D u. A; Kürmann könne zwar die bourgeoise Wirklichkeit nicht akzeptieren, er fühle sich intuitiv zum Marxismus hingezogen ...], in: *Sovietskaia Kultura* Nr. 30, 12. 3. 1968.

(H.), »Das Leben ein Quiz?« [über Fernsehfassung; mehrere Illustrationen], in: *Die Woche* (Olten), 2. 9. 1970.

Rolf Hädrich (Regisseur), »Begeistert von M. F. (Gespräch)«, in: *Tele* (Zofingen), 10. 9. 1970.

(Kn.), »Verschandelte *Biografie*«, in: *Tages-Anzeiger* (Zürich), 16. 9. 1970.

(ms.), »M. F.s *Biografie*« (Deutschweizer Fernsehen), in: *NZZ*, 16. 9. 1970.

Mel Gussow [»Aufführung Chelsea Theater Center, New York; ›Biographie‹ is a providential exercise in gamesmanship – and in playwriting«], in: *The New York Times*, 6. 4.

Clive Barnes, »Fascinating *Biography*« [»Its themes repeat themselves as in a symphony«], in: *New York Post*, 6. 4. 1979.

anon., »Off Broadway [Chelsea]. Check and Mate« [»... is not a particularly profound play, but it is theatrical«], in: *The New Yorker*, 16. 4. 1979.

Gordon Rogoff, »Small changes at the Last Minute« [»B. is not, in itself, trite. Rather, it is a painfully overcrafted specimen of High Art that cannot resist the impulse to trivialize the heartfelt«], in: *The Village Voice*, 16. 4. 1979.

Wilhelm Tell für die Schule (1971)

(F 1971; GB 1971; BR 1974)

anon., »Immer wieder Wilhelm Tell. Die Ansichten von M. F. und Timothy Leary« [Koinzidenz der Verhaftung Learys in der Schweiz und das Erscheinen von F. s Tell. Zitate von Leary und F.], in: *FAZ*, 3. 9. 1971.

(A. S.), »Es kann auch anders gewesen sein. M. F. gab in der Balser ›Komödie‹ über sein neues Buch Auskunft«, in: *National-Zeitung* (Basel), 29. 9. 1971.

Hans O. Fehr, »Wilhelm Tell – der Meuchelmörder. Diskussionsabend mit dem Schriftsteller Max Frisch in der Komödie Basel«, in: *Mannheimer Morgen*, 30. 9. 1971.

Claus Braun, »Tell – eine nicht vorwärtsbringende Haltung. M. F. zu seinem neuesten Buch«, in: *Die Tat*, 2. 10. 1971.

Franck Jotterand, »*Guillaume Tell pour l'école*« [»M. F. improvise brillamment (...) sur les hasards et les nécessités«], in: *Le Monde*, 8. 10. 1971.

anon., »Frisch beraubt...« [Karikatur F.s und des Heros Helveticus], in: *Nebelspalter* (Rorschach), 13. 10. 1971.

anon., »The re-telling of Tell« [zurückhaltend ironisierende Besprechung der ironisierenden Erzählung in der Rubrik »Social Studies«], in: *The Times Literary Supplement*, 15. 10. 1971.

Günther Mehren, »Weil die el-Fatah sich auf Tell berief« [Diskussion mit Schülern und Studenten in Basel. Frisch: Veröffentlichung, um sich zum 60. Geburtstag in aller Leute Mund zu bringen; möchte Winkelried als Nationalhelden], in: *Frankfurter Rundschau*, 21. 10. 1971.

(sj.), »1500 Jungbürgerinnen und Jungbürger hören Frischs *Tell*. Tradition in neuer Form erfolgreich« [Vorlesung anläßlich einer offiziellen Feier], in: *Basler Nachrichten*, 2. 12. 1971.

Oswald Sigg, »Frisch's Geschoss« [mühsame Verquickung von Vergangenheit und Gegenwart], in: Neutralität, Januar 1972, S. 27–30.

(-m-), »Frischs *Tell* als Zielscheibe« [Podiumsgespräch mit Lehrern], in: *Zürcher AZ*, 15. 1. 1972.

Hans R. Hilty, »Seldwyla 72« [Nein der Regierung, Schülern des Büchlein gratis abzugeben], in: *Zürcher AZ*, 25. 2. 1972.

Gerhart Schürch (Dr. iur., Finanzdirektor der Stadt Bern, Nationalrat), »Hatte Wilhelm Tell einen Kropf?« [Polemik; dazu im *Bund* Zuschriften vom 16. und 30. April], in: *Der Bund*, 9. 4. 1972. Vgl. B 76, W 77, B 87 (I).

anon., »Mito y sentimiento patriotico en una polemica obra de M. F.«, in: *El Cronista Comercial* (Buones Aires), Januar 1974.

Gertrud Leutenegger, *Das verlorene Monument* (*FAZ*, 1979), Frankfurt (Suhrkamp) 1985, S. 46f. Vgl. B 87 (I).

(Wichtiger Hintergrund für diese Titel: F 77)

Tagebuch II (1972), *Adaptionen* (1975, 1976)

(A 1972; GB 1971; F 1976, 1977)

anon. [Notiz, keine Rezension], in: *NZZ*, 2. 4. 1972. Vgl. B 75, B 87 (I).

(Sd), »Die Angst vor sich selbst macht humaner«, in: *Frankfurter Neue Presse*, 6. 4. 1972.

Peter Meier, »Im Zeichen ›liberaler Toleranz‹«, in: *Tages-Anzeiger*, 22. 4. 1972.

Ilse Leitengerber, »In seiner Zeitgenossenschaft begriffen«, in: *Die Presse* (Wien), 26. 4. 1972.

Roman Brodmann, »Trost bei Frisch« [nicht negativ gemeint], in: *National-Zeitung* (Basel), 28. 4. 1972.

Arnd Rühle, »Unmöglich, von M. F. nicht befragt zu werden«, in: *Münchner Merkur*, 7. 5. 1972.

Franz Dilger, »M. F. im Stadium der Angst«, in: *Luzerner Neueste Nachrichten*, 27. 5. 1972.

Toni Lienhard, »M. F. und die ›herrschende Meinung‹« [F.s Kritik sei veraltet], in: *Tages-Anzeiger*, 2. 6. 1972. Vgl. B 87 (I).

Christoph Geiser, »Mit den Macht-Inhabern an einem Tisch – oder: Verunsicherte Bourgeoisie« [F.s Haltung sei reaktionär], in: *Badener Tagblatt*, 1. 7. 1972. Vgl. B 87.

Franck Jotterand, »Un tour en Suisse allemande« [u.a. Vergleich von F.s und Hunebelles Darstellung von Kissinger], in: *24 heures* (Lausanne), 9.7.1972.
anon., »Prospectus of the Suicide Society« [vielleicht seien einige enttäuscht; aber im ganzen ein außerordentliches Werk; die verschiedenen Schriftbilder], in: *The Times Literary Supplement*, 29.9.1972.
Heinz F. Schafroth, »Gewalt und Gegengewalt. Frisch [›Verhöre‹] und Viala in Solothurn uraufgeführt«, in: *Die Weltwoche*, 29.10.1975.
(jt.), »Solothurner Jubiläum mit M.F.« [»Vier Verhöre«], in: *NZZ*, 5.11.1975.
Ulrich Seelmann-Eebert, »Welterfolg durch Kleinstadtbühne. Solothurner Spezialitäten: Uraufführungen, in: *Rheinischer Merkur* (Koblenz), 7.11.1975.
Gerda Benesch, »Spektakuläre Novitäten. Uraufführung der ›Verhöre‹ von M.F.«, in: *Basler Nachrichten*, 10.11.1975.
(wg.), »Analyse einer Schrecksekunde. Zur M.F.-Verfilmung ›Das Unglück‹ von Georg Radanowicz« [Fernsehen DRS und NDR; Anerkennung], in: *NZZ*, 24.12.1976.
Pierre Sipriot, »L'élève et le maître: M.F. et Bertolt Brecht« [Einleitung zum Teildruck der Gallimard-Übersetzung], in: *Le Figaro*, 6.6.1976.
Roger-L. Junod, »Les questionnaires de M.F.« [zur Übersetzung durch M. und J. Tailleur bei Gallimard], in: *La Tribune de Genève*, 10.6.1977.
siehe auch S. Singular unter B. Allgemeine Arbeiten.
Hanno Helbling (Hg.), »Was bleibt, ist die Unruhe. Die Tagebücher M.F.s«, in: *NZZ*, 30.4.1983. Vgl. B 87 (I).

Dienstbüchlein (1974)

(B 1974; I 1978; F 1986)

Niklaus Meienberg, »Heute ›wütend über seine blöde Geduld von damals‹« [»Vielleicht etwas zu literarisch abgefasst«], in: *Tages-Anzeiger*, 9.3.1974. Leserzuschriften 18.3.1974 ebda. Vgl. B 76.
Bruno Knobel, »Nur Frisch, nur Frisch gesungen; und alles, alles ist wieder gut!« [Verdacht, es sei opportunistisch], in: *Nebelspalter* (Rorschach), 10.4.1974, S.49 Leserzuschriften 1.5.1974 ebda.
Max Rychner (-r), »Blätter aus dem Dienstbüchlein« [Wohl souveränste inländische Kritik. »Geständnis eines vielfach Empfindlichen«. Erfahrungen mit »heutigem soziopolitischem Filter aussortiert«], in: *Die Tat*, 4.5.1974.
François Bondy, »Max Frisch und der Aktivdienst« [sein Stil: »zwischen Selbstpreisgabe und Abwehr jedes Versuchs anderer, da irgendwie mitzumachen«], in: *Schweizer Monatshefte*, Dezember 1974, S.669f. Vgl. B 76.
(N.V.), »Grote Max Frisch, kleine soldaat« [»is dus opnieuw een schijnbaar naieve herinnering«], in: *Het Laatste Nieuws* (Brüssel), 10.7.1974.
Frank Seethaler [Einladung F.s zum Truppenbesuch, um die Schweizer Armee besser zu sehen]. Vgl. *Tages-Anzeiger*, 13.1.1975; *Der Spiegel*, 9.2.1976; *NZZ*, 12.1.1976. Vgl. B 76.
Vincent Philippe, »Livret de service (Garde à vous, Frisch!)« [»Ce qui annonce un Pamphlet. Ce n'en est pas un. Mais c'est mieux], in: *Tribune de Lausanne*, 3.6.1977.
Alfredo Passadore, »Quando gli svizzeri aspettavano l'invasione« [Italienische Ausgabe bei Einaudi. »Frisch rievoca il passato con grottesca ironia«], in: *Corriera Mercantile* (Genua), 1.2.1978.
Muriel Berg, »Max Frisch au canon« [über Ausgabe bei l'Age d'homme. »La force de ce livre, c'est d'être un formidable dispositif d'incertitude et d'ambiguïté«], in: *Libération* (Paris), 11.2.1986.
Vgl. zu Titeln 1974 und 1975 B 87 (I).

Montauk (1975), *Journal I–III* (Dindos Film 1981)

(I 1976; USA 1976, 1982; DK 1976 [4]; F 1981)

Arnd Rühle, »Zum erstenmal: Frisch über Frisch. Der Autor stellt in München (Universität) sein neues Buch vor« [Gespräch mit Joachim Kaiser], in: *Münchner Merkur*, 22. 9. 1975.
Egon Wilhelm, »Das aufrichtige Ich«, in: *Der Landbote* (Winterthur), 30. 9. 1975.
Christoph Kuhn, »Max Frisch zwischen Privatheit und Kunstzwang« [»im Bereich einer superindividualistischen, superegoistischen ›Art pour l'art‹ ein luxuriöser, erlesener Genuss«], in: *Tages-Anzeiger*, 4. 10. 1975.
August E. Hohler, »Aufrichtig?« [»Information, wenn sie in der Andeutung verbleibt, wird leicht zur Indiskretion«], in: *National-Zeitung* (Basel), 11. 10. 1975.
Ueli Jaussi, »Bruchstücke einer Konfession«, in: *Der Bund* (Bern), 2. 11. 1975.
Peter Zeindler, »Literatur 1975: Der Intellektuelle und der Mechaniker«, in: *Luzerner Neueste Nachrichten*, 29. 11. 1975.
anon., »Das fade Leben« (M. F.: »Und sie keinesfalls zu küssen«), in: *Elle* (Zürich), 15. 12. 1975, S. 49.
S. S. Prawer, »In and out of character« [über Zeitformen, Dezenz; »Stichworte« als notwendige Ergänzung für *Montauk*], in: *The Times Liteary Supplement*, 2. 1. 1976.
François Bondy, »Autoritratto di Frisch« [*Montauk* è in questo momento il più letto fra i romanzi tedeschi], in: *Il Giornale* (Mailand), 31. 1. 1976.
Rolf Schneider, »Ich habe gelesen« [»das heimliche Verhältnis ihres Verfassers zum Seelenkitsch«], in: *konkret*, Februar 1976, S. 49.
Peter Handke im Gespräch mit H. L. Arnold [über das Verschweigen durch Schreiben, wie M. F.], in: *Die Zeit*, 12. 3. 1976, S. 18.
Michael Wood [»... comes off as a literary king with the common touch, out there riding his regal bike among ordinary folk«], in: *The New York Times Book Review*, 16. 5. 1976.
Proben Ramløv [dänisch: zur Übersetzung Per Øhrgaards; ein sehr schönes Buch, es gebe wohl keine existenzielle Frage, die nicht behandelt werde], in: *Kristeligt Dagblad* (Kopenhagen), 17. 9. 1976.
Braad Thomsen [dänisch: man habe nicht das Gefühl, daß M. F. und die Amerikanerin Besonderes erlebt hätten], in: *Information* (Kobenhagen), 18. 9. 1976.
Jannick Storm [dänisch: Lob der Übersetzung Øhrgaards], in: *Aktuelt* (Kopenhagen), 21. 9. 1976.
Tage Taaning [dänisch: die Erzählung sei in Szenen eingeteilt wie ein Drehbuch, aber selbst die pointenlosen hätten Charakter], in: *Berlingske Tidende*, 22. 9. 1976.
(che.), »Anmerkungen zu Richard Dindos ›Max Frisch, Journal I–III‹« [Film in Zürich], in: *NZZ*: 13. 2. 1981.
Louis Marcorelles, »Cinéma: Le métier d'écrire« [»aller-retour incessant ... écrivain/amant«], in: *Le Monde*, 14. 11. 1981.
Peter Figlestahler, »Kaum Resonanz für ›Max Frisch: Journal I–III‹« [in New York], in: *NZZ*, 14. 3. 1982.

Friedenspreis des deutschen Buchhandels (1976)

(A 1976; F 1976; USA 1976 [2])

Heinz L. Arnold, »Die Literatur stört die Herrschenden in ihrem Verdummungswillen«, in: *Vorwärts* (Bonn), 16. 9. 1976.
Heinz Beckmann, »Die Friedensarbeit des Max Frisch«, in: *Rheinischer Merkur*, 17. 9. 1976.
Heinz L. Arnold, »Der Mündig-Macher«, in: *Deutsches Allgemeines Sonntagsblatt*, 19. 9. 1976.

Oskar Reck, »Quittung für einen Friedenspreis« [Gefahr der Mißverständnisse], in: *Basler Nachrichten*, 20.9.1976.
(A.O.) [Bericht über Laudatio Hentig, Preisverleihung etc.], in: *NZZ*, 20.9.1976. Vgl. B 87.
Günter Zehm, »Der Feind in der eigenen Brust. M.F. Rede in der Paulskirche oder: Wie man sich seelisch entlastet«, in: *Die Welt*, 20.9.1976.
Wolfgang Ignée, »Gantenbein ist alles andere als blind. Ist der neue Mensch nicht eingetreten?«, in: *Stuttgarter Zeitung*, 20.9.1976.
Gérard Guillot, »Francfort 1976: l'année des banquiers« [allgemeine Bemerkung; zu Frisch: »Contrairement à ce que l'on a pu dire, ce n'est pas un écrivain politique de première ligne.«], in: *Le Figaro*, 20.9.1976.
(hai), »Plädoyer für die Utopie. Friedenspreisträger M.F. blieb in seiner Dankesrede nicht literarisch«, in: *Die Presse* (Wien), 20.9.1976.
Herbert Mitgang [Eine Art Interview im Zusammenhang mit dem Friedenspreis. Über Weltlage; F.s Liebe zu Manhattan], in: *The New York Times*, 22.9.1976.
Günther Schloz, »Hoffen mit Max Frisch. Wahrheitsarbeit und Biedermanns-Literatur«. [C. Jürgens war da und H. Kohl; aber im Blickpunkt standen Max Frisch und die Geschäfte mit der Ware Buch], in: *Deutsche Zeitung*, 24.9.1976.
Theo Sommer, »Schreckliche Rohrbruchkatastrophe. Zum Mut ermahnt. Frischs Predigt an die Demokraten« [Analyse durch die Politiker: »So verstanden, war Frischs Paulskirchen-Rede, wo nicht ein Muster stringenter politischer Analyse, ein vrdienter Schuß vor den Bug. Der Schriftsteller hatte recht und sei es auch aus den falschen Gründen], in: *Die Zeit*, 24.9.1976.
Raymond Broger [Ständerat, »König« von Appenzell], »Verehrung für Frisch, aber ...«, in: *Sonntags-Blick* (Zürich), 26.9.1976.
Adolf Muschg, »Max Frisch, oder die Anstiftung zum Frieden«, in: *Sonntags-Blick*, 26.9.1976.
anon., »Max Frisch und die Demokratie«, in: *Aufbau* (New York), 1.10.1976.
anon., »M.F. wurde vom Bundesrat geehrt« [Empfang in Wattenwyl-Haus, Bern], in: *Tages-Anzeiger*, 6.1.1976.
Werner Ross, »Sicher wie das Amen in der Paulskirche. Einige Bemerkungen über die Duckmäuserei der Literaten« [Intellektuelle »im Protestritus erstarrt«], in: *Deutsche Zeitung*, 8.10.1976.

Weitere politische Voten, in: Montreux (1976), Hamburg (1977), Fernsehen mit Furgler (1978), Interlaken (1979)

(Bü.), »Abbau der demokratischen Rechte? M.F. am SPS-Parteitag«, in: *NZZ*, 1.11.1976. Vgl. B 87 (I).
Frank A. Meyer, »Krisen-Parteitag?« [Beziehung zum Gewerkschaftsbund], in: *National-Zeitung*, 1.11.1976.
(M.S.), »M.F. sieht demokratische Rechte in Gefahr«, in: *Tages-Anzeiger*, 1.11.1976.
(Mr.), »Gastrede M.F.s« [am SPD-Parteitag in Hamburg], in: *NZZ*, 18.11.1977. Vgl. B 87 (I).
Jens Gundlach, »Philippika gegen Unverstand der Biedermänner. Schweizer Schriftsteller M.F. goß Wehrmutstropfen in die Harmonie der SPD«, in: *Hannoversche Allgemeine Zeitung*, 18.11.1977.
Willy Brandt, »Dank an die Ketzer, die nicht verbrannt wurden« [Antwort auf drei Fragen M.F.s], in: *Frankfurter Rundschau*, 8.12.1977.
W. Brandt, »La qualità della democrazia« (Lettera aperta), in: *L'Umanità*, 30.1.1978.
(ms.), »Bundesrat und Schriftsteller im Gespräch« (Blick auf den Bildschirm), in: *NZZ*, 6.3.1978. Vgl. B 87 (I).
anon., »›Kunst ist subversiv‹ – ›Kunst ist beglückend‹« [Das Streitgesprch M.F./Kurt Furgler am Schweizer Fernsehen; mit Zitaten], in: *Tages-Anzeiger*, 6.3.1978.

Golo Mann, Adolf Muschg u. a., »Glossen im Bildbericht: Das Duell. Was Sie am Bildschirm nicht sahen«, in: *Schweizer Illustrierte*, 6. 3. 1978.
Anton Krättli, »Von der Behaftbarkeit der Schriftsteller« [Frisch/Furgler], in: *Schweizer Monatshefte* 58/4 (1978), S. 254–257.
(gfh.), »Max Frisch, der VPOD [Verband Personal Öffentliche Dienste] und die Repression« [Versammlung in Interlaken], in: *NZZ*, 2. 7. 1979. Vgl. B 87 (I).
(M. S.) [Bericht über den Verlauf des Kongresses in Interlaken. Zitate aus dem Vortrag Frischs über Repression], in: *Tages-Anzeiger*, 2. 7. 1979.

Triptychon (1978)

Georg Hensel, »Das neue Drama von M. F. als Lesestück« [neben anderen Hinweisen], in: *FAZ*, 23. 8. 1978.
Jürgen Becker (Gespräch mit Herbert Glossner), »Szenen von Toten für die Lebenden«, in: *Deutsches Allgemeines Sonntagsblatt*, 15. 4. 1979.
Jens Clasen, »Plädoyer gegen den Stillstand im Leben« [Ursendung im Deutschlandfunk], in: *Frankfurter Rundschau*, 14./15. 4. 1979.
Eva-Maria Lenz, »Totenreich ohne Strom des Vergessens« (Hörspiel), in: *FAZ*, 18. 4. 1979.
(rma.), »Unselige Totenwelt. Uraufführung von M. F.s Triptychon in Lausanne«, in: *NZZ*, 12. 10. 1979.
Christoph Kuhn, »Tote, die weiter da sind und miteinander reden« (Lausanne), in: *Tages-Anzeiger*, 12. 10. 1979.
Gerhart Waeger, »Agnostisches Traumspiel« (Lausanne), in: *Die Weltwoche*, 17. 10. 1979.
Dieter Bachmann, »Totsein – wie ist das?«, in: *FAZ*, 20. 10. 1979.
(haj.), »Ewigkeit ohne Erwartung« [Deutschsprachige Erstaufführung in Wien], in: *NZZ*, 4. 2. 1981.
Adolf Dütsch, »Deprimierendes Theater« [Aufführung in Zürich], in: *Reformatio*, 30/4 (1981), S. 256f.
Brigitte Salino, »On joue sa pièce Triptyque, à l'Odéon«, in: *Les Nouvelles Littéraires* (Paris), 9. 3. 1983.

Der Mensch erscheint im Holozän (1979)

(USA 1980 [5]; GB 1980)

(li.), »Die Steine brauchen unser Gedächtnis nicht«, in: *Der kleine Bund* (Bern), 17. 3. 1979.
Hugo Leber, Besprechung in Radio DRS [über Arman Schulthess als Modell für Geiser, Erinnerung an den Bildhauer Karl Geiser, der sich ebenfalls »einschloß«], 4. 4. 1979.
Hermann Burger, »Die plötzliche Einsamkeit des Herrn Geiser«, in: *Brugger Tagblatt*, 14. 4. 1979.
Jean Villain, »Der alte Mann und der Tod«, in: *Vorwärts*, 26. 4. 1979.
Elsbeth Pulver, »Scott im letzten Biwak«, in: *Domino*, Juni 1979, S. 8f.
Wildfred Schiltknecht, »Un nouveau récit de M. F.: insolite et admirable de cohérence«, in: *Gazette de Lausanne*, 24. 6. 1979.
John Leonard [»Does M. F. feel as bad as Samuel Beckett? Not really. The odd triumph ... is resistance«], in: *The New York Times*, 22. 5. 1980.
George Stade, »A luminous parable« [»aspect of a classic ... because of its lucidity and elegance of form«], in: *The New York Times Book Review*, 22. 6. 1980.
Kathleen Leverich, »From a Swiss writer, a parable of stoic resolve«, in: *The Christian Science Monitor*, 20. 8. 1980.

Michael Hamburger, »Remembering the essentials« [»By understatement, dryness and coldness Frisch has turned one man's consciousness, one little village, and the threat of extinction to both, into a microcosm.«], in: *The Times Literary Supplement*, 12.9.1980.
Arthur Sainer, »Courting Disaster« [Vergleich der Situation Geisers und der Schweiz], in: *The Nation* (New York), 20.9.1980.
anon. [Notiz über Bezeichnung als wichtigstes Buch durch New Yorker Kritiker], in: *NZZ*, 11.12.1980.

Blaubart (1982)

(PRC 1983; USA 1983 [3])

Ronald Sondereer, »Was hat M.F. zu seinem «Blaubart» inspiriert?«, in: *Tintenfaß*, Zürich (Diogenes) 1982, S. 67–70.
anon. (?) [chines.: Vorspann zur Übersetzung durch Yue Sinian], in: *Waiguo Wenxue* (Ausländische Literatur, Monatsschrift), März 1983. Vgl. vS 85.
Jim Miller, »Trial by Inner Jury« [»clever puzzlebox of a tale«], in: *Newsweek*, 18.7.1983.
Paul West, »The tie that binds« [»The book reads like a mind's-eye closet drama«], in: *The Washington Post*, 17.7.1983.
Robert M. Adams, »Shay Dog Fable« [»The book ... is an extended exercise in tantalizing and bafflement«], in: *The New York Review of Books*, 29.9.1983.
(che.), »An der Arbeit zu *Blaubart* und ›Bluebeard‹. Verfilmung von M.F.s Erzählung im Fernsehstudio DRS«, in: *NZZ*, 16.12.1983.
(che.), »Ein Film, wie ›vom Blatt gespielt‹? Zu Krzysztof Zanussis Umsetzung von M.F.s *Blaubart*«, in: *NZZ*, 19.10.1984.

D. Klára Csepregi-Horváth: Die Rezeption Max Frischs in Ungarn bis 1975

Die Übersetzung der Titel ins Deutsche stammt von der Verfasserin der Bibliographie, der Überblick von mir (H.B.). Die im Original vor Nr. 159 verzeichneten Titel (Primärtitel, Übersetzungen u.ä.) sind für meine Absichten nicht relevant. Weitere Lücken in der Numerierung zeigen die Lücken dieser gegenüber dem Original gekürzten Fassung. Dort finden sich auch weitere Rezensionstitel zu den Stücken und Romanen wie *Stiller*, *Homo faber*, auch aus ungarischen Zeitungen anderer Länder.

Nun singen sie wieder: Nr. 169, 172, 175, 177, 194*, 205, 215, 216*, 223, 265, 283*, 293, 299*, 300*, 301*, 327, 328* (*: über die erste Aufführung eines Frisch-Stücks in Ungarn [1959]).
Als der Krieg zu Ende war: Nr. 161.
Don Juan: Nr. 168, 170, 178, 191, 192, 222, 244, 249, 253, 264, 267, 276, 285, 289, 298, 318–326.
Stiller: Nr. 206, 245.
Homo faber: Nr. 206.
Biedermann und die Brandstifter: Nr. 172, 179, 181, 188, 189, 210, 212, 214, 215, 223–225, 251, 254, 258, 262, 263, 272, 274, 279, 280, 290, 292, 294, 296, 310–317.
Die große Wut des Philipp Hotz: Nr. 176, 196, 218, 221, 248, 268.
Andorra: Nr. 159, 160, 167, 183, 186, 190, 195, 259, 275, 277, 281, 282, 284, 291, 302–308.
Mein Name sei Gantenbein: Nr. 288.
Zürich-Transit: Nr. 165, 338.
Biografie. Ein Spiel: Nr. 164, 171, 174, 180, 184, 187, 197, 201, 203, 211, 220, 246, 247, 250, 252, 255–257, 260, 266, 269, 278, 286, 297, 330, 337.

159 A., »Tetszett: Egri István, mint Ferrer Doktor« [Gut gefallen: István Egri als Doktor Ferrer (*Andorra*)], in: *Esti Hírlap* (unabhängige politische Tageszeitung), Budapest, 23.11.1963.

160 Abody Béla, »Max Frisch: *Andorra*«, in: *Köznevelés* (Wochenschrift für Pädagogik und Bildung), Budapest, 8.11.1963.

161 Albert Gábor, »Német krónika 1945–1964. – A nyugatnémet dráma útjai« [Eine deutsche Chronik 1945–1964. Wege des westdeutschen Dramas (*Als der Krieg zu Ende war*)], in: *Valóság* (Zeitschrift für Gesellschaftswissenschaften), Budapest, 1965, Nr. 8.

164 Barabás Tamás, »Max Frisch: Játék az életrajzzal – A Schloßpark-Theater vendégjátéka« [Max Frisch: *Biografie. Ein Spiel* – Gastspiel des Schloßpark-Theaters], in: *Esti Hírlap*, Budapest, 15.11.1969.

165 Barta András, »*Zürich-Transit*«, in: *Film Színház Muzsika* (Wochenillustrierte für Theater, Film und Musik), Budapest, 8.7.1972.

167 Bernáth László, »*Andorra*. Bemutató a Thália Színházban« [*Andorra*. Premiere im Thalia-Theater], in: *Esti Hírlap* Budapest, 27.9.1968.

168 Bernáth László, »Bemutató a Vigszinházban«. Don Juan, avagy a geometria szerelme [Premiere im Komischen Theater. *Don Juan oder die Liebe zur Geometrie*.], in: *Esti Hírlap*, Budapest, 14.8.1973.

169 (b.i.), »És a holtak újra énekelnek. – A Fazekas és Csokonai Gimnázium színjátszóinak bemutatója« [*Nun singen sie wieder*. Aufführung des Laientheaters der Schüler im Fazekas – und Csokonai-Gymnasium.], in: *Hajdu-Bihari Napló* (Tageszeitung), Debrecen, 3.3.1969.

170 Bogácsi Erzsébet, »Az első szerep« [Die erste Rolle. *Don Juan oder die Liebe zur Geometrie*.], in: *Film Színház Muzsika*, Budapest, 26.5.1973.

171 Bor Ambrus, »Játék az életrajzzal. – Max Frisch bemutató a Thália Színházban« [*Biografie: ein Spiel*. Max Frisch-Premiere im Thalia-Theater.], in: *Magyar Nemzet* (Tageszeitung der Ungarischen Volksfront), Budapest, 7.12.1969.

172 Bögel József, »Max Frisch drámáiról« [Über die Dramen Max Frischs. (*Nun singen sie wieder*; *Biedermann und die Brandstifter*)], in: *Alföld* (Zeitschrift der Sektion des Ungarischen Schriftstellerverbandes), Debrecen, 1960, Nr. 2.

174 (bt), »Max Frisch új drámája« [Max Frischs neues Drama. (*Biografie: ein Spiel*)], in: *Esti Hírlap*, Budapest, 11.4.1968.

175 Csáky Lajos, »Max Frisch: ... és a holtak újra énekelnek« [Max Frisch: *Nun singen sie wieder*], in: *Petőfi Népe* (Tageszeitung im Komitat Bács-Kiskun), Kecskemét, 29.11.1959.

176 Csáky Lajos, »Klubszinház Kecskeméten« [Klubtheater im Kecskemét (*Die Große Wut des Philipp Hotz*)], in: *Petőfi Népe*, Kecskemét, 28.1.1971.

177 Csapó György, »És a holtak újra énekelnek« [*Nun singen sie wieder*], in: *Ország-Világ*, Budapest, 23.12.1959.

178 Csapó György, »Színházi Jegyzet. – Don Juanról és a geometriáról« [Theaternotiz über *Don Juan*], in: *Ország-Világ*, Budapest, 26.9.1973.

179 Csatár Imre, »Max Frisch: *Biedermann und die Brandstifter*«, in: *Munka* (Monatsblatt der Gewerkschaften), Budapest, 1960, Nr. 11.

180 Csillag, »Játék az életrajzzal« [*Biografie: ein Spiel*], in: *Fonalőr* (Monatsblatt der Arbeiter in der Textilindustrie), Budapest, 17.2.1970.

181 d., »Tandráma tanulság nélkül. – Beszélgetés Marton Endrével egy értékes színmüről« [Lehrstück ohne Lehre – Ein Interview mit dem Regisseur Endre Marton über ein wertvolles Schauspiel (*Biedermann und die Brandstifter*)], in: *Esti Hírlap*, Budapest, 18.3.1960.

183 Demeter Imre, »Színházi levél az új Tháliáról és két premierjéről [Ein Theaterbrief über das neue Thalia-Theater und seine zwei Erstaufführungen (Andorra)], in: *Film Színház Muzsika*, Budapest, 4.10.1963.

184 Demeter Imre,»Játékok a játéktéren« [Spiele auf der Bühne (*Biografie*)], in: *Film Színház Muzsika*, Budapest, 13.12.1969.

186 Doromby Károly,»Színházi Krónika« [Theaterchronik (*Andorra*)], in: *Vigilia* (Zeitschrift der katholischen Kirche), Budapest, 1963, Nr. 11.

187 É.H.,»Wie wäre es gekommen, wenn... — Das Schloßpark-Theater spielt Max Frisch« [*Biografie: ein Spiel*], in: *Daily News* (Tageszeitung in deutscher und englischer Sprache), Budapest, 19.11.1969.

188 — ez —,»Biedermann és a gyújtogatók« [*Biedermann und die Brandstifter*], in: *Autobusz* (Betriebswochenschrift der Autobusbetriebe in Budapest), Budapest, 7.4.1964.

189 Fábián Imre,»A Biedermann és a gyújtogatók zenéjéről« [Über die Musik des *Biedermann und die Brandstifter*], in: *Film Színház Muzsika*, Budapest, 14.6.1960.

190 Fáy Árpád,»A nagy sikoltás« [Der große Schrei (Andorra)], in: *Pesti Müsor* (Programm- und Informationsheft für Theater, Kino und Konzerte in Budapest), Budapest, 26.9.1963.

191 (f.f.),»Egy Don Juan, aki fütyül a nőkre. — Max Frisch bemutató előtt a Vigszínházban« [Ein Don Juan, der auf die Frauen pfeift. Max Frisch vor einer Premiere im Komischen Theater], in: *Esti Hírlap*, Budapest, 6.9.1973.

192 (f.f.),»Nem lakberendezés. Fehér, fekete, óarany a színpadon. — Beszélgetés Fehér Miklóssal« [Kein Einmöblieren. Weiß, Schwarz, Altgold auf der Bühne — eine Reportage mit dem Regisseur Miklós Fehér (*Don Juan*)], in: *Esti Hírlap*, Budapest, 15.10.1973.

193 Fodor Géza,»Világszínpad« [Weltbühne], in: *Kritika* (Zeitschrift des Instituts für Literaturwissenschaft der Ungarischen Akademie der Wissenschaften, der Gesellschaft für Ungarische Literaturgeschichte und des Schriftstellerverbandes), Budapest, 1970, Nr. 10.

194 Földes Anna,»És a holtak újra énekelnek« [*Nun singen sie wieder*], in: *Nők Lapja* (Wochenillustrierte des Ungarischen Frauenverbandes), Budapest, 10.12.1959.

195 Gábor György,»Két svájci színdarabról« [Über zwei Dramen aus der Schweiz (*Andorra*)], in: *Nagyvilág* (Zeitschrift für Weltliteratur), Budapest, 1963, Nr. 12.

196 Gabor István,»Hérosztrátosz — Ha egyszer Hotz úr duhbe gurul. — Két egyfelvonásos a «Kecskeméti Játékszín» színpadán« [Herostratos — *Die große Wut des Philipp Hotz*. Zwei Einakter auf dem Spielplan der Studiobühne Kecskemét.], in: *Magyar Nemzet*, Budapest, 25.2.1971.

197 Gábor István,»Játék az életrajzzal« [*Biografie: ein Spiel*], in: *Köznevelés*, Budapest, 1970, Nr. 1.

201 —gy—,»Max Frisch új darabjának sorsa, avagy a kettős hatalom a színházban« [Schicksal des neuen Max Frisch-Dramas, oder die doppelte Macht im Theater (*Biografie*)], in: *Nagyvilág*, Budapest, 1967, Nr. 12.

203 »Max Frisch: Játék az életrajzzal« [*Biografie: ein Spiel*], in: *Csepel* (Betriebszeitung des Eisen- und Metallkombinates Csepel), Budapest, 17.4.1970.

205 Győry Zsuzsa,»Válaszúton« [Auf dem Scheideweg: Über die Aufführung der Győrer Literarischen Jugendbühne (Nun singen sie wieder)], in: *Kisalföld*, Győr, 3.9.1960.

206 Gyurkó László,»Az idegember és a gépember« [Der Nervenmensch und der Maschinenmensch (*Stiller, Homo Faber*)], in: *Nagyvilág*, Budapest, 1962, Nr. 1, S. 94—98.

209 Gyurkó László: Max Frisch A német irodalom a huszadik században. [Die deutsche Literatur im 20. Jahrhundert], in: *Gondolat Kiadó*, Budapest, 1966, S. 425—441.

210 Hajdu Ferenc,»Biedermann és a gyújtogatók. — Max Frisch Színdarabja a Katona József Színházban« [*Biedermann und die Brandstifter*. Max Frischs Drama im Theater József Katona.], in: *Esti Hírlap*, Budapest, 23.3.1960.

211 Halász Júlia, »Ha újra kezdhetném ... Premier előtt a Thália Színházban« [Wenn ich es neu beginnen könnte ... Vor der Erstaufführung im Thalia-Theater (*Biografie*)], in: *Esti Hírlap*, Budapest, 25. 11. 1969.
212 Hámori Ottó, »Biedermann és a gyújtogatók. Max Frisch színműve a Katona József Színházban.« [*Biedermann und die Brandstifter*. Das Schauspiel Max Frischs im Theater József Katona.], in: *Film Színház Muzsika*, Budapest, 25. 3. 1960.
214 Hámos György, »Biedermann és a gyújtogatók. Max Frisch tragikomédiája a Katona József Színházban« [*Biedermann und die Brandstifter*. Max Frischs Tragikomödie im Theater József Katona.], in: *Népszabadság* (Zentrale Tageszeitung der Ungarischen Sozialistischen Arbeiterpartei), Budapest, 31. 3. 1960.
215 Hegedüs András, »Egy antifasiszta író vészkiáltása« [Notruf eines antifaschistischen Dichters (*Biedermann und die Brandstifter, Nun singen sie wieder*)], in: *Kisalföld*, Győr, 24. 4. 1960.
216 Hegedüs Géza, »Gyászmise a háború ellen« [Requiem gegen den Krieg (*Nun singen sie wieder*)], in: *Nagyvilág*, Budapest, 1959, Nr. 5.
218 H. N., »Stúdiószínház alakult. — Kecskeméti Játékszín '71« [Ein Studiotheater ist entstanden. Studiobühne Kecskemét '1. (*Die große Wut des Philipp Hotz*)], in: *Petőfi Népe*, Kecskemét, 9. 1. 1971.
220 Koltai Tamás: Antijáték a színházzal. Max Frisch drámája a Tháliában [Antispiel mit dem Theater. Max Frischs Drama im Thalia Theater (*Biografie*)], in: *Népszabadság*, Budapest, 10. 12. 1969.
221 Koltai Tamás, »Stúdiószínházi bemutató Kecskeméten« [Premiere des Kammertheaters in Kecskemét (*Die große Wut des Philipp Hotz*)], in: *Népszabadság*, Budapest, 23. 2. 1971.
222 Koltai, Tamás, »Don Juan, avagy a geometria szerelme. Max Frisch komédiája a Vígszínházban« [*Don Juan oder die Liebe zur Geometrie*. Die Komödie Max Frischs im Komischen Theater.], in: *Népszabadság*, Budapest, 22. 9. 1973.
223 Komlós János, »Miért gyújtogatnak a gyújtogatók? Max Frisch színműveiről« [Warum legen die Brandstifter Feuer? Über die Dramen von Max Frisch (*Nun singen sie wieder, Biedermann und die Brandstifter*)], in: *Magyar Nemzet*, Budapest, 22. 3. 1960.
224 Komlós János, »›Semleges‹ antifasizmusból ›arisztokratikus‹ antifasizmusba. Max Frisch ›Biedermann és a gyújtogatók‹ c. darabjáról« [Vom »neutralem« Antifaschismus zum »aristokratischen« Antifaschismus. Über das Schauspiel *Biedermann und die Brandstifter* von Max Frisch.], in: *Magyar Nemzet*, Budapest, 23. 3. 1960.
225 Komlós János, »Hol a hangsúly? A Biedermann és a gyújtogatók bemutatójáról« [Wo ist der Akzent? Über die Premiere des *Biedermann und der Brandstifter*.], in: *Magyar Nemzet*, Budapest, 24. 3. 1960.
226—242 Kurzrezensionen.
243 Köröspataki Kiss Sándor, »Kilendülni a skatulyából. Beszélgetek Kapás Dezsővel« [Frei von den Vorurteilen. Eine Unterhaltung mit dem Regisseur Dezső Kapás.], in: *Színház* (Zeitschrift für Theaterkunst), Budapest, 1973, Nr. 9.
244 Kürti László: »Don Juan, avagy a geometria szerelme« [*Don Juan* ...], in: *Film Színház Muzsika*, Budapest, 22. 9. 1973.
245 K. V., »Max Frisch: Stiller«, in: *Magyar Nemzet*, Budapest, 24. 5. 1970.
246 L. A., »Nyugat-berlini színészek Budapesten« [Westberliner Schauspieler in Budapest (*Biografie: ein Spiel*)], in: *Magyar Hírek* (politisches Tageblatt), Budapest, 19. 11. 1969.
247 Létay Vera, »Kürmann úr orra« [Die Nase Herrn Kürmanns (*Biografie: ein Spiel*)], in: *Élet és Irodalom* (Wochenschrift des Ungarischen Schriftstellerverbandes), Budapest, 9. 12. 1969.

248 L. G., »Háromkezes« [Für drei Hände [Max Frisch: *Die große Wut des Philipp Hotz*, Aldo Nicolai: Ordnung muß sein, Gui Foissy: Gelenkentzündung); die Aufführung der literarischen Jugendbühne zu Győr], in: *Kisalföld*, Győr, 18.12.1969.
249 Lukácsy András, »Don Juan — avagy a geometria szerelme. Max Frisch komédiája a Vígszínházban« [*Don Juan oder die Liebe zur Geometrie*. Die Komödie Max Frischs im Komischen Theater.], in: *Magyar Hírlap*, Budapest, 19.9.1973.
250 Lukácsy András, »Játék az életrajzzal. Max Frisch-bemutató a Tháliában« [*Biografie: ein Spiel*. Max Frisch-Premiere im Thalia-Theater.], in: *Magyar Hírlap*, Budapest, 30.11.1969.
251 Maár Gyula, »Max Frisch: Biedermann és a gyújtogatók« [*Biedermann und die Brandstifter*], in: *Könyvtáros* (Zeitschrift für Bibliothekswesen), Budapest, 1960, Nr. 6.
252 Márton Vera, »Játékok az életrajzzal« [Spiele mit der Biografie (*Biografie*)], in: *Színház*, Budapest, 1970, Nr. 3.
253 Márton, Vera, »A Vígszínház premierje elé« [Vor die Premiere des Komischen Theaters (*Don Juan*)], in: *Néző* (Theaterillustrierte des Zentralen Vorverkaufbüros für Theaterkarten), 1973, Nr. 5.
254 Máté Lajos, »A ›Biedermann és a gyújtogatók‹« [Biedermann und die Brandstifter], *Programmheft des Theaters Jókai*, Békéscsaba, 1968.
255 Mátrai-Betegh Béla, »Játék az életrajzzal« [*Biografie: ein Spiel*]. Manuskript der Sendung im Rundfunk Petőfi, Budapest, 5.12.1969.
256 Mátrai-Betegh Béla, »Das Leben — Ein Spiel? Die *Biografie* von Max Frisch im Theater Thalia«, in: *Budapester Rundschau* (Wochenzeitung für Politik, Wirtschaft und Kultur), Budapest, 12.12.1969.
257 m. b., »Láttuk. A Nyúgat-Berlini Schiller Színház kamaraszínháza« [Wir sahen. Das Kammertheater des Westberliner Schiller-Theaters (*Biografie: ein Spiel*)], in: *Uj Ember* (Katholische Wochenschrift), Budapest, 30.11.1969.
258 Mezei Éva, »Biedermann és a gyújtogatók« [*Biedermann und die Brandstifter*], in: *Élet és Irodalom*, Budapest, 1.4.1960.
259 M. G. P., »Andorra, A Thália Színház bemutatója.« [*Andorra*. Premiere des Theaters Thalia.], in: *Népszabadság*, Budapest, 2.10.1963.
260 M. G. P., »Játék az életrajzzal. A Schloßpark Theater vendégjátéka« [*Biografie: ein Spiel*. Gastspiel des Schloßpark Theaters], in: *Népszabadság*, Budapest, 16.11.1969.
262 Nagy Judit, »Bemutatjuk: Cselényi József díszlettervezőt« [Wir stellen den Bühnenbildner József Cselényi vor (Über die Dekoration des Stückes *Biedermann*)], in: *Film Színház Muzsika*, Budapest, 1.4.1960.
263 Nagy Judit, »›Mert a világ gyúlékony ...‹ Max Frisch művének a próbáján« [Da die Welt entzündbar ist ... An der Probe des Stückes von Max Frisch (*Biedermann*)], in: *Film Színház Muzsika*, Budapest, 11.3.1960.
264 Nagy Judit, »Don Juan a huszadik században« [Don Juan im zwanzigsten Jahrhundert], in: *Film Színház Muzsika*, Budapest, 8.9.1973.
265 Nagy Judit, »Énekelők és emlékezők egy kolostorban. ... És a holtak újra énekelnek« Gesänge und Erinnerungen in einem Kloster. ... *Nun singen sie wieder*], in: *Film Színház Muszika*, Budapest, 13.12.1970.
266 n. j., »Játék az életrajzzal. Próbán a Thália Színházban« [*Biografie: ein Spiel*. Bei der Probe im Thalia-Theater.], in: *Film Színház Muzsika*, Budapest, 15.11.1969.
267 Ökrös László, »Don Juan. Évadnyitás a Vígszínházban. Fővárosi Színházi Esték« [*Don Juan*. Saisoneröffnung im Komischen Theater. Hauptstädtische Theaterabende.], in: *Pestmegyei Hírlap* (Tageszeitung im Komitat Borsod), Budapest, 19.9.1973.
268 Pályi András, »Klubszínház Kecskeméten« [Klubtheater in Kecskemét (*Die große Wut des Philipp Hotz*), in: *Magyar Hírlap*, Budapest, 20.1.1971.

269 (párkány),»A Felolvasó Színpad bemutatója. Játék az életrajzzal« [Premiere der Vorlesebühne. (*Biografie: ein Spiel*)], in: *Észak-Magyarország* (Tageszeitung im Komitat Borsod-Abaúj-Zemplén), Miskolc, 3. 4. 1969.
270 Pesold Ferenc,»Max Frisch Kőbányán« [Max Frisch in Kőbánya], in: *Esti Hírlap*, Budapest, 31. 3. 1960.
272 *Programmheft des Theaters Jókai in Békéscsaba* (Biedermann), Békéscsaba, 1968.
274 Rajk András,»Biedermann és a gyújtogatók. Bemutató a Katona József Színházban.« [*Biedermann und die Brandstifter*. Premiere im Theater József Katona.], in: *Népszava*, Budapest, 30. 3. 1960.
275 Rajk András,»Andorra. Max Frisch drámája a Thália Színházban.« [*Andorra*. Das Drama Max Frischs im Thalia-Theater.], in: *Népszava*, Budapest, 6. 10. 1963.
276 Rajk András,»Don Juan, avagy a geometria szerelme« [*Don Juan oder die Liebe zur Geometrie*], in: *Népszava*, Budapest 16. 9. 1973.
277 S. A.,»Andorra. Max Frisch drámája a Vörösmarty Színházban« [*Andorra*. Das Drama Max Frischs im Vörösmarty-Theater.], in: *Fejér Megyei Hírlap*, (Tageszeitung im Komitat Fejér), Székesfehérvár, 15. 4. 1964.
278 (s. á.),»Játék a játékban. Ma este: premier a Thália Színházban« [Spiel im Spiel. Heute abend: Premiere im Thalia-Theater (*Biografie*)], in: *Magyar Ifjúság* (Wochenschrift des Ungarischen Kommunistischen Jugendverbandes), Budapest, 28. 11. 1969.
279 S. E.,»Biedermann és a gyújtogatók« [*Biedermann und die Brandstifter*], in: *Magyar Hírlap*, Budapest, 27. 5. 1968.
280 [sevcsik],»Biedermann és a gyújtogatók. Max Frisch drámája a Katona József Színházban« [*Biedermann und die Brandstifter*. Das Drama Max Frischs im Theater József Katona.], in: *Egyetemi Lapok* (Monatsschrift der Universität Loránd Eötvös), Budapest, 16. 4. 1960.
281 Simon Gy. Ferenc,»Színházi nyitány« [Eine Theaterouverture (*Andorra*)], in: *Magyar Ifjúság*, Budapest, 26. 10. 1963.
282 S. K.-né,»Andorra«, in: *Orvosegyetem* (Monatsschrift der Medizinischen Universität Semmelweis), Budapest, 1963, Nr. 11.
283 S. O.,»A rendező Max Frisch darabjáról. Seregi László nyilatkozata« [Der Regisseur László Seregi gibt über das Schauspiel *Nun singen sie wieder* ein Interview.], in: *Petőfi Népe*, Kecskemét, 8. 12. 1959.
284 Sós Endre,»Az Andorra a Thália Színházban. Max Frisch színmüvének bemutatója« [Das *Andorra* im Thalia-Theater. Die Premiere des Schauspiels von Max Frisch.], in: *Magyar Nemzet*, Budapest, 27. 9. 1963.
285 Spiró György,»Don Juan, avagy tévéjáték a színpadon« [*Don Juan* oder Fernsehspiel auf der Bühne.], in: *Színház*, Budapest, 1973, Nr. 12.
286 Szalontay Mihály,»Max Frisch: Játék az életrajzzal. A Thália Színház bemutatója« [*Biografie: ein Spiel*. Premiere des Thalia-Theaters.], in: *Népszava*, Budapest, 3. 12. 1969.
288 Thurzó Gábor,»Max Frisch új regényéről. (Hadd legyen a nevem Gantenbein)« [Über den neuen Roman von Max Frisch. *Mein Name sei Gantenbein*.], in: *Nagyvilág*, Budapest, 1965, Nr. 1.
289 Tímár,»Don Juan és a vonzódás a geometriához. A moszkvai Szatírikus Színház előadásáról« [*Don Juan oder die Liebe zur Geometrie*. Über die Aufführung des Satirischen Theaters in Moskau.], in: *Ország Világ*, Budapest, 28. 6. 1967.
290 Tóth Lajos,»Tandráma tanulsáal! Max Frisch: Biedermann és a gyújtogatók.« [Ein Lehrstück mit Lehre! M. F.: *Biedermann und die Brandstifter*.], in: *Békés Megyei Hírlap* (Tageszeitung im Komitat Békés), Békéscsaba, 29. 8. 1968.
291 T. T.,»Kaposvári Ifjúsági Színpad: Andorra« [Jugendbühne in Kaposvár: *Andorra*.], in: *Somogyi Néplap* (Tageszeitung im Komitat Somogy), Kaposvár, 21. 3. 1972.

292 Ungvári Tamás,»Utószó« (Max Frisch: Biedermann és a gyújtogatók) [Nachwort zu *Biedermann und die Brandstifter*], in: Max Frisch, *Biedermann és a gyújtogatók*, Budapest (Európa Kiadó: Modern Könyvtár 30) 1960.
293 Ungvári Tamás,»Utószó« [Nachwort zu *Nun singen sie wieder*], in: Max Frisch, ... És a holtak újra énekelnek, Budapest (Európa Kiadó: Modern Könyvtár 10) 1958.
294 Ungvári Tamás,»Bemutatjuk Max Frisch« [Wir stellen Max Frisch vor (Biedermann und die Brandstifter)], in: *Film Színház Muzsika*, Budapest, 18.2.1960.
295 Ungvári Tamás,»Drámákkal a barbarizmus ellen« [Mit Dramen gegen die Barbarei (*Biedermann und die Brandstifter*)], in: *Pesti Müsor*, Budapest, 18.3.1960.
296 Ungvári Tamás,»Néhány szó a ›Biedermann és a gyújtogatók‹-ról« [Einige Worte über »*Biedermann und die Brandstifter*«.], in: *Egészségügyi Dolgozó* (Monatsschrift der Gewerkschaften für Gesundheitswesen), Budapest, 7.5.1960.
297 Ungvári Tamás,»A Schloßpark-Theater vendégjátéka a Pesti Színházban« [Gastspiel des Schloßpark-Theaters im Pester Theater (*Biografie: ein Spiel*)], in: *Magyar Nemzet*, Budapest, 18.11.1969.
298 Ungvári Tamás,»Don Juan, vagy a geometria szerelme. Max Frisch színművének bemutatója a Vígszínházban« [*Don Juan oder die Liebe zur Geometrie*. Die Premiere des Schauspiels von Max Frisch im Komischen Theater.], in: *Magyar Nemzet*, Budapest, 16.9.1973.
299 Vajda György Mihály,»Max Frisch Kecskeméten« [Max Frisch in Kecskemét (*Nun singen sie wieder*)], in: *Nagyvilág*, 1960, Nr.3.
300 Zay László,»... És a holtak újra énekelnek. Magyarországi ősbemutató a kecskeméti Katona József Színházban« [... *Nun singen sie wieder*. Ungarische Uraufführung im Theater József Katona in Kecskemét.], in: *Magyar Nemzet*, Budapest, 9.12.1959.
301 Zs.I.,... És a holtak újra énekelnek. Max Frisch drámája az Egyetemi Színpadon a kecskeméti Katona József Színház előadásában» [*Nun singen sie wieder*. Max Frischs Drama auf der Universitätsbühne, in der Aufführung des Theaters József Katona zu Kecskemét.], in: *Egyetemi Lapok*, Budapest, 27.2.1960.
302 Zs.I.,»Frisch és Dürrenmatt: Thália Színház: Andorra – Petőfi Színház: Ötödik Frank« [Frisch und Dürrenmatt: *Andorra* im Thalia-Theater, *Frank V.* im Petőfi-Theater.], in: *Élet és Irodalom*, Budapest, 28.9.1963.
303 Zs.I.,»Színész szemével. Egri István válaszol« [Mit den Augen des Schauspielers. Antwort gibt: István Egri (*Andorra*)], in: *Film Színház Muzsika*, Budapest, 22.11.1963.
304 Zs.I.,»Andorra«, in: *Kritika*, Budapest, 1970, Nr.10.
305 Zs.I.,»Andorra« in Ungarn», in: *Neue Zeitung*, Budapest, 21.2.1964.
306 Zs.I.,»Max Frisch: Andorra«, in: *Új Ember* (Katholische Wochenschrift der Aktio Catholica), Budapest, 27.11.1963.
307 Zs.I.,»Színházi esték. Max Frisch: Andorra« [Theaterabende. Max Frisch: *Andorra*.], in: *Vörös Csillag* (Betriebszeitung der Maschinenfabrik »Roter Stern«), Budapest, 9.10.1963.
308 Zs.I.,»Színházi kaleidoszkóp« [Theaterkaleidoskop (*Andorra*)], in: *Nők Lapja*, Budapest, 19.9.1963.
310 Zs.I.,»Rivaldafényben« [Im Rampenlicht (Über die Premiere *Biedermann*)], in: *Film Színház Muzsika*, Budapest, 22.4.1960.
311 Zs.I.,»Biedermann és a gyújtogatók «[*Biedermann und die Brandstifter*.], in: *Békés Megyei Hírlap*, Békéscsaba, 26.5.1968.
312 Zs.I.,»Biedermann és a gyújtogatók« [*Biedermann und die Brandstifter*.], in: *Film Színház Muzsika*, Budapest, 8.6.1968.
313 Zs.I.,»Évadnyitó hétfőn. Modern drámaestek a Rába Művelődési Házban« [Montag Saisoneröffnung. Moderne Dramaabende im Kulturhaus Rába (*Biedermann und die Brandstifter*)], in: *Kisalföld*, Győr, 4.10.1970.

316 Zs. I., »Két színházi prognózis. Riport Max Frisch-sel« [Zwei Theaterprognosen. Reportage mit Max Frisch (*Biedermann und die Brandstifter*)], in: *Valóság*, Budapest, 1971, Nr. 8.
317 Zs. I., »Max Frischova hra v Békéscsabe« [Das Spiel Max Frischs in Békéscsaba (*Biedermann und die Brandstifter*)], in: *Ľudove noviny* (Wochenschrift des Demokratischen Verbandes der Slowaken in Ungarn), Budapest, 28. 5. 1968.
318 Zs. I., »A halhatatlan Don Juan« [Der unsterbliche *Don Juan*], in: *Néző*, Budapest, 1973, Nr. 5.
319 Zs. I., »Don Juan«, in: *Néző*, Budapest, 1973, Nr. 4.
320 Zs. I., »Don Juan«, in: *Néző*, Budapest, 1974, Nr. 4.
321 Zs. I., »Évadnyitó a Vigszínházban« [Saisoneröffnung im Komischen Theater (*Don Juan oder die Liebe zur Geometrie*)], in: *Képes Újság*, Budapest, 6. 10. 1973.
322 Zs. I., »Don Juan, avagy a geometria szerelme« [*Don Juan oder die Liebe zur Geometrie*.], in: *Néző*, Budapest, 1973, Nr. 11.
323 Zs. I., »Max Frisch Lausanne-ban is ... Hír a svájci előadásról« [Max Frisch auch in Lausanne ... Ein Bericht über die schweizerische Aufführung (*Don Juan oder die Liebe zur Geometrie*)], in: *Film Színház Muzsika*, Budapest, 15. 4. 1960.
324 Zs. I., »Max Frisch: Don Juan vagy a geometria szerelme. Vígszínház, Magyarországi bemutató« [Max Frisch: *Don Juan oder die Liebe zur Geometrie*. Ungarische Premiere im Komischen Theater.], in: *Színházi Eseménynaptár* (Monatsschrift des Ungarischen Theaterinstituts), Budapest, 13. 9. 1973.
325 Zs. I., »Vígszínházi jelentés: Don Juan« [Bericht aus dem Komischen Theater: *Don Juan*.], in: *Élelmezési Dolgozó* (Monatsschrift der Gewerkschaft für Lebensmittelversorgung), Budapest, 1973, Nr. 12.
326 Zs. I., »Vígszínház: Max Frisch: Don Juan avagy a geometria szerelme« [Komisches Theater: Max Frisch: *Don Juan oder die Liebe zur Geometrie*.], in: *Tükör*, Budapest, 25. 9. 1973.
327 Zs. I., »És a holtak újra énekelnek« [*Nun singen sie wieder*], in: *Esti Hírlap*, Budapest, 31. 3. 1960.
328 Zs. I., »Max Frisch drámájának bemutatójára készül a Katona József Színház« [Das Theater József Katona bereitet sich zur Premiere des Dramas von Max Frisch vor (*Nun singen sie wieder*)], in: *Petőfi Népe*, Kecskemét, 29. 11. 1959.
330 Zs. I., »Játék az életrajzzal« [*Biografie: ein Spiel*.], in: *Film Színház Muzsika*, Budapest, 6. 12. 1969.
331 Zs. I., »Játék az életrajzzal« [*Biografie: ein Spiel*], in: *Fórum*, Budapest, 6. 12. 1969.
332 Zs. I., »Játék az életrajzzal« [*Biografie: ein Spiel*], in: *Nők Lapja*, Budapest, 1970, Nr. 1.
333 Zs. I., »Max Frisch: Játék az életrajzzal« [*Biografie: ein Spiel*], in: *Budapesti Húsipari Hírlap* (Betriebszeitschrift für Fleischindustrie in Budapest), Budapest, 2. 12. 1969.
334 Zs. I., »Max Frisch: Játék az életrajzzal« [*Biografie: ein Spiel*], in: *Néző*, Budapest, 1970, Nr. 4.
335 Zs. I., »Max Frisch: Életrajz. A Thália Színház bemutatója« [*Biografie: ein Spiel*. Premiere des Thalia-Theaters.], in: *Szervező*, Budapest, 1969, Nr. 10.
336 Zs. I., »Max Frisch: Játék az életrajzzal« [*Biografie: ein Spiel* (im Thalia-Theater)], in: *Színházi Eseménynaptár*, Budapest, 1969, Nr. 11.
337 Zs. I., »A néző szerepében: Gyárfás Miklós« [In der Rolle des Zuschauers: der Kritiker Miklós Gyárfás (*Biografie: ein Spiel*)], in: *Tükör*, Budapest, 9. 12. 1969.
338 Zs. I., »A rádió mellett. Filmszerűség a rádióban« [An dem Rundfunk. Filmhaftigkeit im Radio (*Zürich – Transit*)], in: *Népszabadság*, Budapest, 18. 7. 1972.

Friedrich Dürrenmatt

A. Interviews, Diskussionen

(USA 1958, 1964, 1970; GB 1963; UdSSR 1967, 1983 [2], 1985; CSSR 1969; H 1971; IL/CH 1974; PRC 1982; PL 1982, ET 1985 [3])

Maria Netter, »Es gibt heute nur eine Möglichkeit des modernen Theaters: Die Komödie« [Zigarren, Sartre, Wedekind, Giraudoux], in: *Inspiré* Nr. 32 (Dezember 1951), S. 25f.

Werner Wollenberger, »Wer viel fragt ...« [Erschrecken sei die heutige Form der Ergriffenheit], in: *Die Weltwoche*, 14. 12. 1956.

Joseph Morgenstern, »Dürrenmatt Visit« [Maxime, daß man keine Maxime verwenden dürfe], in: *The New York Times*, 25. 5. 1958.

(rdr.) [Ein Kritiker soll nicht mit Moral kommen], in: *Der Bund* (Bern), 3. 11. 1959.

Walter Jonas, »F. D. und die ›abstrakte Bühne‹« [anläßlich Ausstellung Oskar Schlemmer im Kunstgewerbemuseum; D. möchte nicht für Marionetten oder maskentragende Schauspieler schreiben], in: *Zürcher Woche*, 30. 6. 1961.

Martin Esslin, »D., Merciless Observer« [Physiker weniger politisch, als philosophisch, gedacht; *Romulus*; Schweiz als guter Arbeitsplatz], in: *Plays and Players* (London), März 1963, S. 15f.

Curt Riess mit Lotti D., »Ich machte mich auf ein armseliges Leben gefasst« [über schwierige und gute Zeiten], in: *Die Weltwoche*, 31. 5. 1963.

Robert Pirk, »Berliner Gespräch mit D.« [zur Premiere der *Physiker* in Berlin; für die Dramaturgie keine Regeln], in: *Schweizer Rundschau* 62/7 (1963), S. 404f.

Werner Wollenberger [über Rußlandreise, Begegnungen mit Kopelev, Sartre, Anissimov etc., allgemeine Eindrücke], in: *Zürcher Woche*, 10./17./24. 7. 1964.

Peter Wyrsch, »Die nicht gehaltene Rede« [Schewtschenkofeier in Kiew etc., Abdruck des Redemanuskripts], in: *Schweizer Illustrierte*, 13. 7. 1964.

Jean-Pierre Lenoir, »Portrait of a reluctant pessimist« [D.s Stolz auf seine neuartige Malerei; als Dramatiker nichts Neues], in: *The New York Times*, 18. 10. 1964.

Walter Widmer, »Monolog statt Dialog. Fernsehen: Kritikgespräch mit F. D.« [»D. verpfuschte ihnen (Reich-Ranicki, H. Mayer) das wohlpräparierte Konzept«], in: *Zürcher Woche*, 11. 6. 1965.

anon., »D. bei *Blick*: Sind alle Kritiker Verräter?« [Ein Panoptikum von Weltansichten auf *Blick*-Niveau], in: *Blick* (Zürich), 20. 1. 1966. Ebda. 21. 1. : D.s Erläuterung zum *Meteor*.

Alfred A. Häsler, »Gespräch zum 1. August mit F. D.« [»D.s Welt zur Hölle gemacht«, *Frank V.* »D.s Kommunismus und wir«, »Neutralität – eine listige Formel«, »Ich bin gern Schweizer«, »D.s Verwirrende sichtbar machen« etc.], in: *Ex Libris*, 8 (August 1966), S. 9–21. Vgl. B 87 (V).

I. Mletschína [D. am 4. Sowjetischen Schriftstellerkongress in Moskau; Theaterpläne; Anekdote Elefant-VW], in: *Literaturnaja Gazeta*, 28. 6. 1967. Auszüge (und Kritik an D.s Teilnahme am Kongreß), in: F. Ingold [fin.], »Ein bekannter Autor macht es sich leicht«, in: *National-Zeitung*, 11. 7. 1967.

anon., »Theater auf Bestellung? Zu einem Gespräch mit F. D. am Deutschen Fernsehen« [Diskussion darüber], in: *Wir Brückenbauer*, 5. 4. 1968.

Esther Cornioley, »Pressekonferenz. Interview mit F. D. und W. Düelin« [Basler Theater-Pläne], in: *Radio + Fernsehen* Nr. 36 (September 1968), S. 82f.

Hans R. Linder, »Der Autor als Leser« [erste Premiere der Ära Düelin; Uraufführung von *König Johann*], in: *National-Zeitung*, 16. 9. 1968.

Rainer Litten, »*König Johann*. Ein Basler Theaterexperiment«, in: *Tages-Anzeiger*, 17. 9. 1968.

Jindřich Lion [über Basel, Arbeit an *Porträt eines Planeten*, Theater und Kleinstaat, Schweiz und Revolutionäre], in: *Svobodné slovo* (Prag), 22. 11. 1969.

Mario Cortesi [D. liebt das Zirkuspublikum wegen der vielen Kinder; keine geweihte Stätte wie das Theater; echte Gefahren, Ausnahme Clown; träumte nie davon, Clown zu sein], in: M.C. u.a. (Hg.), *Circus*, Zürich (Schweizer Verlagshaus) 1970, S. 19, S. 24.

Maria-Luise Caputo-Mayr, »D.s Meteor in Philadelphia. Erinnerungen an eine Premiere, an Reden und Gespräche«, in: *NZZ*, 15.4.1970. Vgl. B 76; hier weiteres Zitat aus der Diskussion lt. Tonband.

(wsp.), »Gespräch mit D.« [Thema »Klassiker heute«; Stadthaus; W. Wollenberger u.a.], in: *NZZ*, 4.1.1971.

Sylvia Gysling, »Der Tell ist unser Oberammergau« [Gesprächsprotokoll der Veranstaltung im Stadthaus, s.o.], in: *Neue Zürcher Nachrichten*, 6.11.1971.

Walther Kauer, »Fernsehen ist für mich ein Dokument« [Aufnahme *Porträt eines Planeten*, Unterschied Theater − Fernsehen], in: *Tele* (Zofingen), 11.11.1971.

Christoph Geiser: Pessimismus, Optimismus u. Kunst [über *Sturz*, »Monstervortrag«, *Porträt eines Planeten*], in: *Neutralität*, Dezember 1971, S. 24−29.

Walter Vogt, »Besuch in Neuenburg« [D. sehe die Welt mit den großen Augen eines Embryos; der Salat-Esser: DDT-Speicherung], in: *Neutralität*, Dezember 1971, S. 30−32. Vgl. B 87 (IV).

Tibor Hámori [D.s sportliche Aktivitäten, früher Fußball, Ski, jetzt Golf, Schwimmen], in Ders.: *Randevu világhírü emberekkel*, Budapest (Medicina) 1971, S. 26−34.

Yvonne Charitonidou u.a. [Schüler der Deutschen Journalistenschule; D.s intellektuelle Überheblichkeit], in: *Süddeutsche Zeitung*, 7.12.1972.

Dieter Bachmann, »Mitmacher sind wir alle« [vor Uraufführung des Stücks], in: *Die Weltwoche*, 7.3.1973.

Curt Riess, »Ein Dürrenmatt-Schlachtfest« [nach Aufführung *Mitmacher*], in: *Die Welt*, 19.3.1973.

Roger Cahn: »Man muss dort gewesen sein, um zu begreifen ...« [Lebensrecht Israels, D.s Eindrücke des Landes, Palästinenser], in: *Israelitisches Wochenblatt für die Schweiz*, 20.12.1974.

(W.H.), »Les habitants illustres de la ville de Neuchâtel«, in: *Bulletin officielle de la Ville de Neuchâtel*, 4.9.1975.

Hans-R. Lehmann, »Die grösste Gefahr, das ist der Ruhm« [Rückzug von der Bühne, Problem der Theater-Subventionen], in: *Leserzeitung* (Bern), 27.7.1976.

Dieter Bachmann/Peter Rüedi, »Bruchstücke einer grossen Konfession« [vor Uraufführung *Frist*; Vergleiche mit Marques, Carpentier], in: *Die Weltwoche*, 5.10.1977.

Peter Meier, »Vier Stunden bei F.D.« [vor Aufführung *Frist*], in: *Tages-Anzeiger*, 6.10.1977.

Jürg Altwegg, »Ich bin ein Visionär« [D. als Maler, Schabtechnik, 13 Illustrationen], in: *Basler Magazin* (der *Basler Zeitung*), 23.9.1978.

Rudolf Blum/R. Mühlemann, »Ich mag mich nicht lesen«. Zur Sendung Annäherung an F.D., ARD 26.4.1979. In: *Tele* (Zofingen), 13.4.1979.

Ronald Sondereer, »Das Schweizer Theater ist mir völlig wurscht!« [seine Schweizer Zeit sei jetzt abgelaufen, dafür Wien], in: *Schweizer Illustrierte*, 19.11.1979.

André Müller, »Playboy Interview« [der »Dichterfürst«, Eltern, Kinder, Sexualität, eheliche Treue, Dichterkollegen wie Grass und Frisch], in: *Playboy*, Januar 1981, S.-43−50. Vgl. dazu *Spiegel* vom 5.1.1981 über Müllers Perfidie; D.s Entschuldigung.

Ye Tingfang [Chines.: Freundschaft am Fuß des Jura; über China], in: *Beijing Wanbao* (Pekinger Abendzeitung), 2.5.1982.

(J.O.), »Der Mensch ist ein Raubaff«, in: *St. Galler Tagblatt*, 24.9.1982.

anon., [Wiedergabe des Interviews in *Le Monde*], in: *Zycie Warszawy* (Warschau), 11./12.12.1982.

Anatoli Frenking [russ.: Ein Klausner öffnet seine Pforten; Berich über Besuch in Neuenburg, Gespräch über Tod von D.s Frau, A. Arnolds These von der Absurdität D.s], in: *Literaturnaja Gazeta*, 7.11.1983.
Ders. [russ.: Ich bin überhaupt kein Pessimist; Rückzug vom Theater? D.s Lob einer Moskauer Aufführung, Kriminalromane (Chandler), Maler], in: *Literaturnaja Gazeta*, 7.11.1983.
Matthias Matussek,»Der Dichter und die Bösewichte« [Besuch anläßlich Vorabdruck *Justiz*; über Kollegen D.s, Theologie, Ch. Kerr], in: *Stern*, 15.8.1985, S. 122−123.
Zoheira El Biali [arab.: Gehirn interessanter als Geschlecht.; Rolle der Frau, D. als literarischer Arzt], in: *Revue October*, 24.11.1985.
Dr. Magdi Youssef [arab.: D. liebt 1001 Nacht; las daraus seiner Frau zum Einschlafen vor], in: *Al-Ahram*, 28.11.1985.
Anis Mansour [Übersetzer D.s ins Arab.; Erinnerung an D.s ersten Besuch in Ägypten 1966; über D.s »Existenzialismus«, Heideer], in: *Revue Akher Sâa*, 4.12.1985.
W. Kusnezow [russ.: über *Achterloo*, Reagans SDI-System sei dumm, Weltlage, Kapitalismus], in: *Iswestia*, 7.12.1985, S.5.

B. Allgemeine Arbeiten

(DDR 1959; USA 1959, 1969 [2]; H 1959, 1960/74, 1963, 1966, 1970, 1971, 1978, 1980; PL 1959, 1962, 1963; UdSSR 1964 [2], 1965, 1967, 1983; J 1965, 1969, 1971; R 1966, 1978, 1981; YU 1966, 1967; RA 1968; A 1972, 1974, 1975 [2], 1984; GB 1972, 1975, 1981; IL 1974 [6]; PRC 1980, 1981, 1982, 1984, 1985; KOR 1981; ET 1985 [4])

André Müller,»Die Haltung des F. D.« [Angriff auf D.s reaktionäre Weltanschauung], in: *Theater der Zeit* (DDR), Februar 1959, S. 9−15. Vgl. die Reaktion in Polen auf diesen Aufsatz: Nr. 17 der Bibliographie Orłowskis.
Nerin E. Gun,»New York. Ein amerikanischer Literaturpreis für F. D.« [D. in New York; seine Verhandlungen über die Verfilmung der *Alten Dame*; verschiedene Illustrationen], in: *Schweizer Illustrierte*, 15.6.1959.
János Komlós [Direktor des Kabaretts »Mikroskop«], »Az Imperializmus elszabotálása« [Sabotage des Imperialismus], in: *Valóság* 6 (1959), S. 51−58. Vgl. *B 80*.
Jean Améry,»Die verbannte Kuckucksuhr« [gemütliches Aussehen, ungemütliches Werk; D. ein nationales Phänomen], in: *St. Galler Tagblatt*, 26.7.1959. Vgl. B 87 (IV).
Ernest Prodolliet,»D.s Mausefalle« [Gegensatz zum Erfolgsdramatiker von Arx; Kriminalgeschichten], in: *Zürcher Woche*, 21.8.1959.
László Németh,»Dürrenmattról« (1960) [über verschiedene Werke; wichtig für Németh *Romulus, Die Panne*], in: Ders.: *Sajkódi esték* [Abende in Sajkod], Budapest 1974, S. 267−290.
I. Frühling [poln.: D.s Theater], in: *Nowa Kultura* Nr. 45, 11.11.1962.
Antal K. Jakab [ungar.: Die Dilemmas von D.; seine Riesenphantasie, keine Menschendarstellung; über *Mississippi, Physiker*], in: *Korunk*, November 1963, S. 1495−1503. Vgl. B 80.
Jerzy Stadnicki,»Dürrenmatt und die Polen« [Zitat aus D.s Beurteilung des polnischen Theaters. Dürrenmatt in Polen sogar häufiger als in Deutschland gespielt. Sein Einfluss auf Mrozek und Różewicz], in: *Deutsch-polnische Hefte* (Uffing, Obb.) 63, 7/8, S. 430f.
(V. M.),»F. D. in Moskau« [Ansprache D.s auf der Feier für Schewtschenko im Gorki-Institut], in: *NZZ*, 24.6.1964.
R. Samarin,»Boj koje pero gospodina M.«, in: *Literaturnaja Gazeta*, 22.8.1964.
Felix Philipp, Moskau [F. Ingold],»D. im Spiegel der sowjetischen Kritik« [zahlreiche präzise Informationen, u. a. über die Attacke anläßlich der Plenarsitzung des Zentralkomitees der KPdSU, z. B. durch J. N. Furcera gegen die *Physiker*], in: *Die Tat*, 3.12.1964.

Keizo Miyashita, »Dürrenmatt no Butai-sekai – Aruiwa, grotesk-na hikigeki-teki Kûkan« [»D.s Bühnenwelt – ein grotesker tragikomischer Raum« (D.s Weltanschauung, seine Bühnenpraxis, u. a. in der *Alten Dame*, den *Physikern*, *Romulus*, *Mississippi*)], in: *Neue Stimme* (Tokio), Nr. 4, 1965, S. 4–22.

an., F.D., »Der Autor unseres neuen Fortsetzungsromans« [D. Richter u. s. Henker]. In: *Neuer Weg* (Bukarest), 5. 2. 1966.

Enes Cengic [kroat. serb.: F.D., Schriftsteller u. Maler; Besuch bei D.; er sei Anhänger d. sozialistischen Gesellschaft!], in: *Male Novine* (Zagreb), 20. 12. 1966.

Imre Vámos [ungar.: über Verfilmung »Alte Dame«, ü. »Meteor«; zurückhaltend], in: *Magyar Nemzet*, 25. 12. 1966.

Johannes Anderegg: Zu F.D.s dramatischem Werk, in: *NZZ*, 15. 1. 1967.

Aleksandar Reichling [serb. kroat., u. a. über »Wiedertäufer«, ca. 4 S.], in: *Telegram* (Zagreb), 31. 3. 1967.

Nina Pavlova: F.D. [russ.], Moskau 1967 [74 S.], Vgl. *B 76*.

Alfredo Cahn: »Con el padre de la Anciana Dama« [Besuch b. D., ein Bär?, A.C. sehr beeindruckt, wichtig], in: *Comentario* [Argentinien] Nr. 63 (Nov. Dic. 68), S. 54–56.

Keizo Miyashita, »Shi ni mihanasareta Shisha« [»Der vom Tode verlassene Tote« (über D.s Anti-Helden, Komödie als moderne Tragödie, *König Johann*, Wiedertäuferdramen Inhalt und Struktur *Meteor*)], in: *Neue Stimme* (Tokio), Nr. 10, 1969, S. 89–107.

an.(ag.), »Rücktritt F.D.s v.d. Basler Theatern«, in: *NZZ*, 13. 10. 1969.

Werner Wollenberger, »Basler Theaterkrach«: In Sachen D. und Düggelin. In: *Die Weltwoche*, 17. 10. 1969.

an.(H. K.), »Krach mit D.«, in: *Die Zeit*, 28. 10. 1969.

an.(sm), »Ein Dokument (Resolution d. Ensembles); Ein Kommentar (Das Unfeine an Herrn D.)«, in: *Theater heute*, Dezember 1969.

an.(.S.), »F.D.s Kritik a. d. schweizer. Kulturpolitik; Kultur bedeutet Aufgabe, nicht Besitz« [Ansprache anl. Grosser Literaturpreis Kt. Bern etc.], in: *National-Zeitung*, Basel, 27. 10. 1969.

Aurel Schmidt, »Unbequemer Kritiker« [Kommentar z. Preisübergabe], ebda.

A. Huber, »Ds Vouk isch mit üs!« [D. Volk ist m. uns]. Berns Preisstifter sind mit D. nicht zufrieden. [Schokierte Honoratioren, Rockers], in: *Die Weltwoche*, 31. 10. 1969.

an. (D. Ehrendoktor in Philadelphia), in: *Time*, November 1969, S. 48. Vgl. *B 76*.

V. Ketels, über D.s Amerika-Besuch [makabre Zwischenfälle i. Philadelphia, Temple-University etc.], in: *ZW-Sonntags-Journal*, Nr. 48 (29./30. 11. 1969), S. 26. Vgl. *B 76*.

Tamás Ungvári, »F.D., Dramaturgiaja«, in: T. U. *Ikarusz Fiai* [D. Söhne d. Ikarus], Budapest Szépirodalmi Könyvkiadó, 1970, S. 515–523. Vg. dt. Zitate b. E. Haldimann, in: *NZZ*, 19. 5. 1974.

Tamás Ungvári, »D. – ein Fünfziger«. In: *Budapester Rundschau*, 4. 1. 1971.

Elisabeth Brock-Sulzer (ebs.), »Das Phänomen F. D.«. In: *Die Tat*, 5. 1. 1971.

an.(K. O.), »Unbekannter D., Matinée im Schauspielhaus Zürich« [Darbietg. a. z. T. unveröffentl. Texten, wie »Komödie«]. In: *NZZ*, 19. 1. 1971.

Kurt Marti, »Notizen und Details« [Gratulation Bundeskanzler Brandts, a. d. Schweiz offiziell nichts], in: *Reformatio*, März 1971, S. 190.

Yasuo Kojima, »Zu F.D.s Begriff v. d. Komödie« [japan., dt. Zusammenfassung], in: *Doitsu Bungaku*, H. 48 (Oktober 1971), S. 25–36

Hanno Kühnert, »Wenn ein Dichter am Telefon wütend ist. F.D. in Zürich wegen Beleidigung Hans Habes vor Gericht«, in: *FAZ*, 29. 3. 1972.

Beat Wieser, »Zürcher Literatenfehde vor Gericht. Ehrbeleidigungsprozess Habe kontra D.«. In: *Die Presse* (Wien), 29. 3. 1972. Vgl. dazu u. a. folgenden *B 76*.

an.(emr.), »Licht auf Schatten der Vergangenheit. Die Parteivorträge im Prozess Habe gegen D.«. In: *NZZ*, 31.3.1972.
Werner Birkenmaier, »Eichenlaub gegen Goethe-Medaille« (Habe-D.Prozess), in: *Die Zeit*, 11.4.1972.
an.(emr.), »Hans Habe gegen F. D., Der Ausgang des Ehrverletzungsprozesses«, in: *NZZ*, 5.6.1972.
an.(d. b.), »Play Dürrenmatt« [Kandidatur f. d. Schauspieldirektion], in: *Die Weltwoche*, 12.4.1972.
an.(sda.), »Berufung D.s zum Direktor des Schauspielhauses«, in: *NZZ*, 17.4.1972.
F. L. (F. Luft?), »Prinzipal Dürrenmatt« [Daumendrücken f. D. und Zürich], in: *Die Welt*, 17.4.1972.
an.(haj.), »Nach Dürrenmatts Ablehnung« [der Schauspielhausdirektion], in: *NZZ*, 6.5.1972.
an., »Private order and public disorder« [Über »Play St.«, »Porträt«, »Sturz« etc.; »The idea is that of a private, or at least small-scale, order in a complex relationship to the large-scale disorder outside it.«], in: *The Times Literary Supplement*, 27.10.1972.
Ernie Meyer, »Jewish fate is the fate of the western world« [Zitate a. D.s Rede i. d. Senatshalle d. Hebrew University], in: *The Jerusalem Post*, 4.11.1974.
an., »D. in Beersheba« (Zitate a. d. Interview m. d. »Jerusalem Post«), in: *Die Presse* (Wien), 7.11.1974.
an.(P. F.), »Israel ehrt D., Dankesrede d. Schweizer Autors«, in: *NZZ*, 7.11.1974.
Alice Schwarz: »Besuch des alten Freundes. F. D. in Israel«, in: *Der Tagesspiegel*, 22.11.1974.
Erich Gottgetreu, »Dürrenmatt im Negev. Israels Wüsten-Universität ehrte den Schweizer Dramatiker«. In: *Die Welt*, 26.11.1974. Vgl. B 76.
Erich Gottgetreu, »Dürrenmatt-Tage in Israel« [mit Laudatio d. Univ. Beersheba], in: *Das neue Israel* (Zürich), Dezember 1974, S.407—410.
an.(E. B.), »Walisischer Preis für D.« [Wahl D. f. d. International Wrtier's Prize], in: *NZZ*, 21.7.1975.
Hans Kühner, »Wie frei sind Europas Schriftsteller?« (über Wiener PEN-Tagung u. D.s Interventionen im Wortlaut), in: *Die Weltwoche*, 26.11.1975.
Otto F. Beer, »Der Dichter und sein Henker. D.s Standpauke auf dem PEN-Kongress in Wien«, in: *Rheinischer Merkur*, 28.11.1975.
an.(R. C.), »Der unerwartete Gast« [D. als Statist i. d. Aufführung v. Brechts »Schweyk« im Zürcher Schauspiel-Ensemble], in: *NZZ*, 7.6.1977.
Horst Fabritius, »Der Hang zum Gewohnten. Zwei D.-Inszenierungen auf Bukarester Bühnen« [»Romulus«, »König Johann«], in: *Neue Literatur* [Zeitschrift der rumän. Schriftsteller] Nr. 4/1978, S.99—103.
Magdolna Balkányi, »D. in Ungarn« [Beurteilung durch Méometh, Veres, Dery u. a.], in: *Arbeiten zur Deutschen Philologie* XII (Debrecen), 1978, S. 115—121.
Kurt Werner u. a. (Leserzuschr.), »Ungereimtheiten v. F. D. zum 1. August« [Radio DRS-Gespräch über d. Kleinstaat Schweiz], in: *NZZ*, 10.8.1979.
Magdolna Balkányi, »Der ironische Held — das Ende des Dramas?« (Tendenzen i. dramat. Schaffen F. D.s i. d. 70er Jahren), in: *Arbeiten z. Dt. Philologie* XIV (Debrecen), 1980, S.79—99.
an.? [chines.: Vorwort, kritische Vorbehalte prinzipieller Art]. In: *Nuoyan -Xi-Ou Fanzui Xiaoshuo Xuan* (Auswahl westeuropäischer Kriminalromane), Peking 1980, S.28f. Vgl. *vS 85*, S. 117.
Marcel Reich-Ranicki, »Frisch, D.: Dürrenmatt im Rückspiegel«, in: *Die Weltwoche*, 30.12.1980.
Rea Brändle, »D. und die Frauen. D. literar. Damenwelt. Hure u. Heldin, Klofrau u. Kurtisane«. [außerdem B. Cantienis Interview u. D.s Essay »Wie d. ›Frist‹ entstand«], in: *Annabelle* 1/81, S. 18—20.

Kurt Marti, »F.D. zum 60. Geburtstag«, in: *Der kleine Bund* (Bern), 3.1.1981.

Heinz L. Arnold: »Ein Skeptiker riskiert sich selbst«, in: *Deutsches Allgemeines Sonntagsblatt*, 4.1.1981.

an.(haj.), »Ehrung eines Gedankendramaturgen. Geburtstagsfeier für F.D. im Schauspielhaus Zürich«, in: *NZZ*, 12.1.1981.

Peter Meier, »D.-Feier fand unter Polizeischutz statt« [Gäste wurden v. 50–100 Angehörigen d. Jugendbewegung empfangen, Bundesrat Furgler u. Stadtpräs. Widmer durch d. Hintertür], in: *Tages-Anzeiger*, 12.1.1981.

Zhen Chai [chines.: Lob der wundersamen Phantastereien], in: *Zhongguo qingnian bao* (Chinesische Jugendzeitung [Organ des Zentralkomitees des chin. Jugendverbandes]), 6.8.1981. Vgl. vS 85, S.117.

Walter Engel, »Die D.-Rezeption in Rumänien. Sein dramatisches Werk im Spiegel der Kritik« [Lob der *Alten Dame*, der *Physiker*, Schwierigkeiten mit der makabren Komik], in: *NZZ*, 10.9.1981.

Michael Butler, »Blunders in the labyrinth« [über GW, den umstrittenen D., D.s Entwicklung], in: *The Times Literary Supplement*, 16.10.1981, S.1197.

Ernst O. Maetzke, »In Tägu hat D. geneigte Leser. Bei Germanisten in Südkorea«, in: *FAZ*, 2.11.1981.

Harro von Senger, »Die Bewunderung des Fudidelixi Dulunmate« [Außer bei den Komödien besonderer Erfolg von *Der Richter und sein Henker*, als Comicstrip; über andere Übersetzungen; mehrere Illustrationen], in: *Weltwoche-Magazin*, 20.1.1982, S.10–14.

Juri Archipow [russ.: Einleitung zum Interview Frenkin], in: *Literaturnaja Gazeta*, 7.11.1983, S.11.

Peter Noll [die Mütter befreundet, Bekanntschaft mit D. seit 1943, unglaubliche Geschichten z.B. Bärengraben, D.s Freundin, Generalprobe *Der Blinde*], in: P.N., *Diktate über Sterben und Tod*, Zürich (pendo) 1984, S.85–90, 100f.

Hans Weigel, Laudatio anläßlich des Staatspreises [Wien; Auszug], in: *Nebelspalter* (Rorschach), 10.4.1984, S.35. Vollständig in: H.W., *Nach wie vor Wörter*, Graz (Styria) 1985, S.71–77.

Zhang Peifen [Übersetzer von *Der Richter und sein Henker*; chines.: Über die Kunst der Novelle], in: *Waiguo Wenxue Yanjiu Jikan* (Schriften zur Erforschung der ausländischen Literatur), 9. Folge, Peking 1984, S.89–128. Vgl. vS 85, S.124.

Harro von Senger, »Zur Rezeption der Schweizerischen Literatur in der Volksrepublik China«, in: *Asiatische Studien*, Bern (P. Lang) 1–2 (1985), vor allem S.113–117.

Moustafa Abdullah [arab.: Bericht über Empfang bei Dr. M. Maher; Fragen die Gäste über Nobelpreis etc.], in: *Al Akhbar*, 4.12.1985.

Mohamed Saleh [arab.: kritische Kommentare zur Einladung; D.s Einstellung zu Ägypten; Berichte über angefochtene Äußerungen D.s zum Theater], in: *Al Ahram*, 4.–11.12.1985. Vgl. B 87 (IV).

Mousafa Maher [arab.: Die 2. Nacht nach der Tausendsten. Bericht über Empfang bei M.M.; über Lesung D.s an der Universität aus *Romulus*], in: *Revue Oktober*, 15.12.1985.

Youssef Idriss [arab.: Tagebuch/Protokoll über das Erreichte und das nicht Erreichte; Theater], in: *Al Ahram*, 23.12.1985.

Heinrich Wiesner, »Vom Wesen des Humors« [Anekdote von D.s zweimaligem Ausgleiten auf einem Hundedreck], in: H.W., *Neue Kürzestgeschichten*, Rorschach (Nebelspalter) 1985, letzte Seite.

Peter Dürrenmatt, »Was F.D. zu vergessen geruhte« [Erinnerungen des Cousins an die Elternhäuser, den Pietismus der Eltern F.D.s, finanzielle Unterstützung durch verschiedene Kreise in Basel: P.D., den »Beobachter« etc.], in: *Vaterland* (Luzern), 15.9.1986. Auch in P.D., *Zeitwende – Stationen eines Lebens*, Luzern (Maihof) 1986, S.120–124.

C. Zu einzelnen Werken

Bilder und Zeichnungen (1961–1978)

Katharina Hoke, »Sehen, was ist. Zu den Dichter-Bildern in der Galerie Keel« [von Hesse, Frisch, D. etc.], in: *Die Zeit*, 6.10.1961.
Manuel Gasser, »Varlin malt Dürrenmatt«, in: *Die Weltwoche*, 26.10.1962.
(ar), »F.D. expose dans un restaurant« (»Du Rocher«), in: *Tribune de Lausanne*, 5.11.1976.
(AM), »Fünf vor Apokalypse« [über Ausstellung im Restaurant »Du Rocher« von H. Liechti], in: *Die Weltwoche*, 10.11.1976.
(P. Wd.), »F.D. als Zeichner« [über Ausstellung Neuchâtel], in: *NZZ*, 10.11.1976.
Alfred Nemeczek, »Katastrophen vom Nachtmaler« [mit farbigen Reproduktionen], in: *Stern*, 21.9.1978.
R. Stumm (rst.), »Dürrenmatt: Immer entsetzlich« [Ausstellung Galerie Keel], in: *Tages-Anzeiger*, 22.9.1978.
Vgl. auch Interviews 1951, 1978.

Es steht geschrieben (1947)

Renée Saurel, »Les Fous de Dieu« (Théâtre des Noctambules) [Lob des Wagnisses; Vorbehalte dem Stück gegenüber], in: *Lettres Françaises*, 5.12.1952.
Franz Bäschlin [über Stück und Aufführung], in: F. B., *Theaterabende*, Zürich (Gute Schriften) 1974, S. 18–23.
Peter Lotar, »Vorgeschichte einer Uraufführung« [*Es steht geschrieben*: P. L.s Einsatz für die Aufführung in Basel; wie er es sah, Ablehnung durch Horwitz], in: *Schweizer Monatshefte* 61/1 (1981), S. 35–40.

Der Blinde (1948)

Werner Weber (Wb.), »F.D.s Schauspiel *Der Blinde*« (Uraufführung in Basel), in: *NZZ*, 12.1.1948. Vgl. B 76.
François Bondy [unvergeßliche letzte Szene], in: *St. Galler Tagblatt*, 14.1.1948. Vgl. B 76.
Elisabeth Broch-Sulzer (ebs.) [Zweideutigkeiten=Doppeldeutigkeiten, D.s »Arien«, großer Erfolg der Uraufführung], in: *Die Tat*, 14.1.1948.
(.G.O.) [das Reaktionäre an D.], in: *Die Weltwoche*, 17.1.1948. Vgl. B 76.

Romulus der Große (1949)

(PL 1959; F 1964; UdSSR 1965; YU 1966; J 1970; GR 1973; R 1978)

Hanno Helbling (Hg.), »*Romulus der Große*. Erstaufführung der Neufassung im Schauspielhaus«, in: *NZZ*, 26.10.1957.
Jan Kott [poln.: 1959: Stück vom Ende der Welt, Geburt einer neuen]. Auch in: J. K., *Theatre Notebook 1947–1967*, New York 1968, S. 94–99.
François Bondy, »Pariser Theater. D.s *Romulus le Grand* im Théâtre National Populaire« [Man sah Entsprechung zu Marschall Pétain; Vgl. mit Grillparzers *Bruderzwist*; Publikum relativ positiv], in: *NZZ*, 22.5.1964. Vgl. B 76.
Martin Schlappner [ms.], »Blick auf den Bildschirm« [über Käutners Fernsehinszenierung für Sender Freies Berlin], in: *NZZ*, 8.6.1965.
Momos, »Fernsehen. Von Hühnern und Helden«, in: *Die Zeit*, 18.6.1965.
Nina Pavlova [Parodierung des traditionellen Boten, konstruiert], in: *Inostrannaja literatura*, VII (1965), S. 202f. Vgl. *B 76*.
Zarko Jovanović [serbo-kroat.: Eine tragikomische Vision der Welt. Aufführung des Warschauer Theaters in Zagreb], in: *Telegram* (Zagreb, Wochenschrift), 24.6.1966.

Johannes Jacobi, »Swinarski [des polnischen Regisseur] ganz normal« (Theater der freien Volksbühne Berlin), in: *Die Zeit*, 5.5.1967.
Peter Rühmkorf, »Schmierzettel« [über Fernsehfassung], in: *Konkret* 3 (1968), S.26.
Keizo Miyashita [japan.: Die Methode, wie man Eier von Komik brütet. Aufführung der Truppe Mingei, März 1970], in: *Teatro* (Tokio), April 1970, S.56–59.
M. C. Georgoussopulos [neugr.: über Aufführung des Nationaltheaters von Nordgriechenland; D. als letzter Cartesianer; in seiner Antidialektik gefährliches Stück], in: *To Vima* (Athen), 7.4.1973.
Horst Fabritius [Aufführung Bukarest, »Ideenstück«, Übersetzungsschwierigkeiten], in: *Neue Literatur* 4 (1978), S.99–103. Vgl. oben Teil B.
Hanno Helbling (Hg.), »Wiedersehen m. R., Silvesterpremiere im Schauspielhaus Zürich« [der ernste Scherz, Regnier als Romulus nicht »ethisch rückversichert«], in: *NZZ*, 3./4.1.1981.
Vgl. auch Interview Esslin 1963.

Frühe Erzählungen, Hörspiele (seit 1950)
Rezensionen zu *Die Panne* werden weiter unten angeführt.)

(USA 1962; GB 1962; UdSSR 1971; PRC 1980)

Werner Weber (Wb.), »Der Nihilist. Zu einer Erzählung von F. D.«, in: *NZZ*, 23.11.1950.
anon., »Modern Morality Play« [*The Quarry*. »This is straight out of the Marquis de Sade, with some Sartrean existentialist glosses«], in: *Time* (New York), 9.2.1962, S.84f.
anon., »Gothic Revival« [*The Quarry*; beim Vergleich mit den »Gothic Novels« schneide D. schlecht ab), in: *The Times Literary Supplement*, 31.8.1962.
anon. [russ.: über Fernseh-Adaption *Verdacht* in Studio Odessa], in: *Sovietskaia Kultura* (Moskau), 8.2.1971.
Ernst P. Grimm, »Feuer aus vielen Rohren« [D.s *Nächtliches Gespräch* und Diskussion mit Dr. Joh. Meyer-Ingwersen (des Marxisten), Diskussion interessanter als Stück], in: *Stuttgarter Nachrichten*, 15.1.1973.
Adelheid Duvanel, »Das Leben – ein Traum« [*Abendstunde* im »Tabourettli«), in: *Basler Nachrichten*, 7.2.1975.
anon.(?), »Neirong Tiyao« [chinesische Inhaltsangabe von *Der Richter und sein Henker*], in einem Bilderheft des Volksverlags der Provinz Guizhou, Dezember 1980. Vgl. *vS 85, S.114*.

Die Ehe des Herrn Mississippi (1952)
(USA 1958, 1969; GB 1959 [3], 1965; E 1973)

(R.B.), »Herr M. kommt nach New York« [erste amerikanische D.-Aufführung vor *The Visit*; Off-Broadway, u. d. T. »Fools are passing through«; Beifall von viel Prominenz], in: *Die Tat*, 19.4.1958. Vgl. B 76.
anon., »Macabre Comedy Washed in Allegory« [Lob der Regie von Clifford Williams und des Anfangs, Vorbehalte gegenüber der allegorisierenden Konsequenzen], in: *Times*, 1.10.1959.
Peter Roberts, »The Marriage of Mr. Mississippi« [gleiche Aufführung; D. versuche das Fehlen von Shakespeare, Shaw, Pirandello, Brecht in der Schweizer Dramatik wettzumachen], in: *Plays & Players*. (London), November 1959, S.15.
anon., »Durrenmatt Satire on Morality« [Aufführung in Manchester, Regie: D. Scase; das Stück wirke milder als *The Visit* wegen Fehlen der Realität und der Botschaft Übelohes], in: *Times*, 14.7.1960.
(M.), »*Die Ehe des Herrn Mississippi*. Zum neuen Praesens-Film im Zürcher Cinéma ›Capitol‹«, in: *Die Tat*, 2.9.1961.

anon., »A Dramatic Parable on the Human Condition« [Lob der Regie von R. Macdonald; dramaturgische Vorbehalte; »Mississippi is both murderer and victim and the universe is both ordered and chaotic«], in: *Times*, 21.9.1965.
(oe.), »Tragikomisches Fiasko der Weltverbesserer. Schauspieltruppe Zürich mit D.s ›Mississippi‹ im Schauspielhaus«, in: *Tages-Anzeiger*, 26.3.1968.
Henry Raymont [über Aufführung Schauspieltruppe Zürich im Barbizon-Plaza, N.Y.], in: *The New York Times*, 20.11.1969. Vgl. B 76.
Jürgen Schmidt, »Eine graue Ehe. D.s revidierter *Mississippi*« [Ablehnung], in: *Frankfurter Rundschau*, 2.10.1970.
Adolfo Prego [über Aufführung im Teatro Arniches; Übersetzung C. Muñiz], in: *ABC* (Madrid), 11.3.1973.

Ein Engel kommt nach Babylon (1953/1977)

(H 1967; USA 1979)

Elisabeth Brock-Sulzer (ebs.), »Einführungsabend zu der D.-Premiere« [O. Wälterlin; D. über die geplante Trilogie], in: *Die Tat*, 30.1.1954.
Johannes Jacobi, »Bad Hersfeld ist anders geworden. F. D.s ›Welttheater‹ in der Stiftskirche [...]«, in: *Die Zeit*, 19.7.1963.
(L. R.) [ungar.: über die Aufführung im staatlichen Marionettentheater], in: *Népszabdság*, 11.1.1967.
Rudolf Kelterborn, »Anmerkungen zu meiner Oper« [mit Partitur-Probe], in: *NZZ*, 21./22.5.1977.
Mario Gerteis, »Kelterborn: ›... der Engel sang schon immer bei mir‹« [mit Reminiszenzen von Autor und Komponist], in: *Tages-Anzeiger*, 3.6.1977.
(ab.), »Uraufführung von Kelterborns D.-Vertonung«, in: *NZZ*, 7.6.1977.
Peter Hagmann, »Kelterborn-Erfolg mit D.«, in: *Basler Zeitung*, 9.6.1977.
Gerhard R. Koch, »Wettbetteln und Antiquariat im Sintflutgäßlein« [Kelterborn Oper in Zürich], in: *FAZ*, 10.6.1977.
Mel Gussow, »D. Premiere at PAF« [Performing Arts Foundation; *An Angel comes to Babylon*: American premiere], in: *The New York Times*, 16.1.1979.

Grieche sucht Griechin (1955)

(USA 1965 [3]; GB 1966; PRC 1981)

Theodor Thomann, »*Grieche sucht Griechin*« [allzu krude Erfindung mancher Szenen; kabarettistisch], in: *NZZ*, 2.12.1955.
Karl H. Plesse [die Synthese Komödie-Prosa nicht gelungen], in: *Die Zeit*, 15.12.1955.
Kurt Vonnegut Jr., »Everything goes like Clockwork« [wie eine Schweizeruhr; aber im Grunde seien es Träume à la C.G. Jung], in: *New York Times Book Review*, 13.6.1965.
Charles Poore, »Two Cinderellas on a Collision Course« [»the season's most entertaining light novel«], in: *The New York Times*, 10.7.1965.
anon. [»Once a Greek ...« sei etwas ermüdend und unzusammenhängend], in: *New Yorker*, 14.8.1965.
anon., »At the Housemaid's Knee« [Kritik der amerikanischen Übersetzung: Lob der satirischen Qualitäten], in: *The Times Literary Supplement*, 14.7.1966.
Jürg Federspiel [Ablehnung von Rolf Thieles Film-Version], in: *Die Weltwoche*, 23.3.1967.
anon.? [chines.: Vorspann zur Übersetzung], in: *Waiguo Wenxue Jikan* (Vierteljahresschrift für ausländische Literatur), Peking, 1 (1981). Vgl. *vS 85, S. 116*.

Die Panne (1956, Dramatisierung 1979)

(GB 1960; USA 1960; H 1967 [2], 1981; SF 1982)

anon., »In Jest and Jeopardy« [F. D.: A Dangerous Game; »concise and brilliant story«], in: *The Times Literary Supplement*, 8.7.1960.
Martin Price, »Some Novels from abroad« [über die amerikanische Version der *Panne*: ›Traps‹], in: The Yale Review, 1960, S. 625f.
Anna Vilcsek [ungar.: über die TV-Adaption durch Erika Szántó], in: *Magyar Nemzet*, 26.4.1967.
Tibor Hegedüz [ungar.: über die TV-Adaption. Höchstes Lob des Werks und der Inszenierung], in: *Népszabadság*, 26.4.1967.
(liv.), »La plus belle soirée de ma vie« [Verfilmung durh Ettorre Scola 1972, mit P. Brasseur, M. Simon etc.], in: *NZZ*, 22.6.1977.
E. Y. Meyer, »Unser Jahrhundert ›zäpfelet‹. F. D. inszeniert *Die Panne*« [Bericht über die Ablehnung des Theaterprojekts durch Zürich; über Proben in Frankfurt; Zuversicht], in: *Brückenbauer*, 21.9.1979.
Peter Iden, »Ausgebechert: D. in Wilhelmsbad«, in: *Frankfurter Rundschau* 15.9.1979; *Theater heute* (Verrisse des Monats), 11 (1979), S. 70.
(cbg.), »Von der Todesstrafe zum Freispruch. Bühnenuraufführung von F. D.s *Panne* in Hanau-Wilhelmsbad« [Tourneegastspiel Egon Karter, Basel], in: *NZZ*, 24.9.1979.
Alfred A. Häsler, »D.: Verwundet« [über Mißerfolg der Theaterfassung *Panne*], in: *Die Weltwoche*, 27.12.1979.
Valéria Nádra [ungar.: *Panne* im Sicherheitstheater; Ablehnung der Inszenierung von T. Szirtes], in: *Színház* (Monatsschrift), Mai 1981, S. 21−23.
Katri Veltheim [finn.: *Die Panne* von F. D. im Pikkuteatteri Tampere. Der in der Alpenluft aufgewachsene Moralist zeigt uns seine Ansicht über die heutige Welt und ihre Bewohner], in: *Uusi Suomi* (Helsinki), 7.5.1982.

Der Besuch der alten Dame (1956)

(F 1957 [2], 1976 [2], 1978; J 1957; USA 1958, 1972 [3], 1973 [2]; R 1963; UdSSR 1966 [2], 1976 [2]; PI 1969; A 1971 [2]; GB 1973 [2]; H 1974; PRC 1982 [6], 1985)

Jacques Lemarchand, »La Visite de la vieille dame« (au théâtre Marigny)«, in: *Le Figaro Littéraire*, 9.3.1957. Vgl. *B 76*.
(by.), »D. in Paris« [D.-Stück habe »curieux« gewirkt], in: *NZZ*, 12.3.1957.
Hanns Booten [zur Aufführung in Krefeld, Mönchen-Gladbach], in: *Rheinische Turnerzeitung*, 5.6.1957. Vgl. B 76 und *B 87* (IV, mit weiteren Titeln in Anm. 4).
Isao Onyama [japan.: Stück und Inszenierung seien stellenweise interessant, aber im ganzen bleibe der Eindruck vage], in: *Shingeki* (Neues Theater, Magazin), Oktober 1957, S. 90−93. Vgl. B 87 (IV).
Hans Sahl, »D. in New York« [auch Zitate vom Lob der Ne Yorker Rezensenten], in: *NZZ*, 16.5.1958.
anon. [rumän.: Besprechung einer Aufführung], in: *Utunk* (Klausenburg), Mai 1963. Zitiert in: *Der klare Blick* (Bern), 29.5.1963. Vgl. *B 76*.
Werner Wollenberger, »Der Besuch der kalten Dame« [über Wickis Film, I. Bergmann, D.s Rolle bei der Verfilmung], in: *Zürcher Woche*, 6.11.1964.
N. Toltschenova [russ.: Wie man Gerechtigkeit kauft und verkauft], in: *Ogonëk* (Moskau), 30.11.1966. Vgl. *B 76*.
(E. M.), »Winterbrief aus Moskau«, [hervorragende Aufführung im Theater »Na Maloi Bronnoi«], in: *NZZ*, 23.2.1966.
Alfredo R. Roces, »Meaningful visitation« [über die Aufführung im Dialekt der Tagelen und die aktuelle Bedeutung des Stücks für die Filipinos; ein Zitat in Tagalog], in: *The Sunday Times* (Manila?), 12.10.1969.

(ab.), »*Der Besuch der alten Dame* als Oper. Zur Uraufführung von G. von Einems D.-Vertonung auf den Wiener Festwochen« [Claire wird singend eine andere Frau], in: *NZZ*, 27.5.1971.
Klaus Colberg, »Auch veropert ist D. gut«, in: *St. Galler Tagblatt*, 7.6.1971.
(ab.), »*Der Besuch der alten Dame*. Schweizer Erstaufführung in Zürich« [außer Schluß wohl ebenso gut wie Wiener Aufführung], in: *NZZ*, 7.9.1971.
Heinz W. Koch, »Gesungenes Mord-Vergnügen« [die Oper in Zürich], in: *Stuttgarter Zeitung*, 15.9.1971.
(G. F. B.), »Reine Illustration und vordergründige Schilderei« [kein wichtiger Beitrag zur zeitgenössischen Musikdramatik], in: *Basler Nachrichten*, 17.9.1971.
Alfred Frankenstein, »*Visit of old Lady* staged on Coast« [von Einems Komposition habe einen Trend zur Operette. Aufführung der San Francisco Troupe in S. F.], in: *The New York Times*, 29.10.1972.
Alexander Fried, »*The Visit* a near-sensation«, in: *San Francisco Examiner*, 26.10.1972.
Karen Monson, »San Francisco: *Visit* opera bows. Francis Ford Coppola stages, Miss Resnik stars, but Einem's music has ›no stand of its own‹«, in: *The Christian Science Monitor*, 2.11.1972.
Rudolf Stadler, »Tagebuch einer Inszenierung. *Der Besuch der alten Dame*, berndeutsch [Begründung für die Wahl der Emmentaler Liebhaber-Bühne], in: *Laien-Theater* (Bern), 10 (1972), S. 19.
Ders., »Tagebuch einer Inszenierung II. Textprobe aus der Übertragung«, in: *Laien-Theater* 11 (1972), S. 19.
Peter Müller» Die Heimat entdeckt ihren berühmten Sohn. D.s *Besuch der alten Dame* berndeutsch aufgeführt (in Hasle-Rüegsau)«, in: *Tages-Anzeiger*, 29.3.1973.
C. Cornu, »Emmentaler Liebhaber-Bühne«, in: *Dialog* (Aarau), 4 (1973), S. 2, S. 16 (S. 17 Textvergleich). Vgl. B 76.
William Mann, »*The Visit of the Old Lady*. Glyndebourne (Opera Festival)«, in: *Times*, 1.6.1973.
Desmond Shawe-Taylor, »A Glyndebourne visit« [brillante Aufführung], in: *Sunday Times*, 3.6.1973.
Clive Barnes, »D. play gets brilliant staging« [durch Harold Prince], in: *The New York Times*, 27.11.1973.
Walter Kerr, »*The Visit* chills – and keeps us listening« [Prince, Phoenix Repertory Company], in: *The New York Times*, 2.12.1973.
Hilde Marx, »Glanzvoller D.« [Saisonbeginn im Ethel Barrymore Theater], in: *Aufbau* (New York), 7.12.1973.
Rudolf Klein, »Die Alte Dame besucht Szeged« [v. Einems Oper in Ungarn], in: *NZZ*, 30.4.1974.
Klaus Colberg, »Partnerschaft zwischen Saarbrücken und Tbilissi. Erste westdeutsche Kulturwoche in der Sowjetunion [Aufführungen auf deutsch und georgisch], in: *NZZ*, 14.6.1976.
Ernst O. Maetzke, »D. – georgisch verfremdet« [Theateraustausch mit Tiflis], in: *FAZ*, 16.6.1976.
Pierre Marcabru, »*La Visite de la vieille dame*. Histoire d'un holocauste«, in: *Le Figaro*, 25.10.1976.
Horst Schumacher, »Eine Diva in Güllen. D.s *Besuch der alten Dame* im Pariser Stadttheater«, in: *Die Tat*, 12.11.1976.
Claude Baignières, »D.: l'impitoyable observateur des faiblesses humaines« [»Ce Suisse alémanique est un latin qui s'ignore. Et modest par surcroît«], in: *Le Figaro*, 13.1.1978.
(ab.): Die alte Operndame. Zu G. v. Einems D.-Oper» [Untertitel des Texts: Legitimierung der Opernfassung, Textkürzungen, Fühlen contra Denken, musikeigene Argumentation), in: *NZZ*, 21./22.1.1978.

Ye Tingfang [chines.: D.s Stärke sei Lachen mit Tränen], in: *Guangming Ribao*, 4.4.1982. Vgl. vS 85, S. 115f.
Lan Tianye [der Regisseur: er habe das Stück vor 10 Jahren gelesen, damals im Versteck. Begründung der Aufführung; D. nicht absurd; das Barbarische als Monopolkapitalismus], in: *Beijing Wanbao* (Pekinger Abendzeitung), 16.4.1982. Vgl. vS 85.
Xiao Yu [über die gleiche Aufführung des Pekinger Volkstheaters], in: *Juben* (Theaterrevue) 4 (1982).
He Liangliang [chines.: Das Normale im Abnormalen; daneben über Übersetzungen], in: *Renmin Ribao*, 9.5.1982. Vgl. *B 87 (IV)*.
Hans Boller, »*Der Besuçh der alten Dame* in Peking« [Parallele zu Maos Witwe], in: *Süddeutsche Zeitung*, 14.4.1982. Vgl. *B 87 (IV)*.
Alain Campiotti, »D. joué en chinois« [nicht ein Triumph, aber ein Erfolg des Staatstheaters; 3 Abbildungen], in: *24 heures* (Lausanne), 15.6.1982. Vgl. B 87.
(che.), »Möglichkeiten des Theaters im Fernsehen« (DRS, Bayrischer Rundfunk, Polyphon Hamburg), in: *NZZ*, 24.9.1982.
Harro von Senger, »Zur Rezeption der Schweizerischen Literatur in der Volksrepublik China« [über die Bearbeitung als Comic], in: *Asiatische Studien*, Bern (P. Lang), 1–2 (1985), S. 115f. Vgl. *B 87 (IV)*.

Es geschah am hellichten Tag/Das Versprechen (1958/1959)

(GB 1959; I 1976; C 1977)

Heinrich Burckhardt, »D.-Film an der Berlinale« [Uraufführung *Es geschah am hellichten Tag*. »Gerade das zauberhafte bürgerliche Klima war ein guter Boden für den ausgezeichneten Film], in: *Die Weltwoche*, 11.7.1958.
(bo.), »Premiere des neuen Schweizerfilms der ›Praesens‹«, in: *Die Tat*, 12.7.1958.
Werner Weber, »*Das Versprechen*« [Einführung zum Vorabdruck in der *NZZ*], in: *NZZ*, 3.8.1958 [nicht 2.8.: Hönes].
Werner Weber (Wb.), »F. D.s Roman *Das Versprechen*«, in: *NZZ*, 4.10.1958. Vgl. B 76.
anon., »Thre Faces of Murder« [*The Pledge* und 2 ander Erzählungen *The Pledge*: »short, excellently written«], in: *The Times Literary Supplement*, 25.9.1959.
Fausto Gianfranceschi, »Requiem per il giallo. F. D. ha composto una perfetta trama poliziesca per dimostrare che la vita non combacia mai con la srittura«, in: *Il Tempo* (Roma), 24.1.1976.
Luisa Campuzano, »La esthetica del delito en la narrativa burguesa«, in: *Universidad de la Habana* 206 (Dec. 1977), S. 105.

Frank V. (1959)

(NL 1961; R 1964; F 1973 [3])

Joachim Kaiser [J. K.], »Protest ist kein absoluter Wertmesser. Diskussion über *Frank V.* in den Kammerspielen« [Leitung: Kulturreferent von München], in: *Süddeutsche Zeitung*, 31.10./1.11.1960.
(Kz.), »D.s *Frank V.* in Amsterdam« [in der Schouvburg; Lob der Inszenierung], in: *NZZ*, 26.9.1961.
François Bondy, »Theater in Bukarest« [Ionesco, Frisch, D.s *Frank V.*; im Jüdischen Staatstheater; mehr Humor durch jüdische Srache], in: *NZZ*, 12.11.1964.
Momos, »Aber die elfte Szene ist gut« [Fernsehversion im 1. Programm], in: *Die Zeit*, 24.2.1967.
Jean-Jacques Gautier (de l'Académie), »Théâtre de l'Est« [»Le genre? Mi-tragédie, mi-bouffonnerie«], in: *Le Figaro*, 6.5.1973. Vgl. B 76.
(C.G.), »*Frank V* au TEP«, in: *Le Monde*, 11.5.1973. Vgl. B 76.
Philippe Sénart, »Revue théâtrale« [Zurückhaltung], in: *La Revue des deux Mondes* 7 (1973), S. 174f.

Die Physiker (1962)

(IL 1973; USA 1977 [2], 1982; PRC 1978; SF 1981; ET 1985)

Hans Saner, »D.s Modelle über die Verantwortung der Physiker« [Souveräne Würdigung; am Schluß kleiner Einwand: zuweilen Eindruck des Kunststücks statt Kunstwerks], in: *Neutralität* (Basel), 1 (1972), S. 13–16.
Mendel Kohansky, »Pinter, Fogard and D. openings« [Schweizer Tournee-Theater: »*The Physicists* already appears obsolete in our fast changing times«], in: *The Jerusalem Post*, 1. 6. 1973.
Clive Barnes, »D.s *Physicists* well played at Princeton's McCarter Theater« [zurückhaltend], in: *The New York Times*, 14. 2. 1977.
Jean-R. v. Salis [über J. Carters Anspielung auf die *Physiker* am 4. 10. 1977 vor der Uno-Generalversammlung], in: ders., *Grenzüberschreitungen, 2. Teil*, Zürich (Orell Füssli) 1978, S. 425.
Jiang Nan [chines.: Einleitung zur Übersetzung], in: *Waiguo Wenyi* (Ausländische Literatur und Kunst), 3 (1978). Vgl. *vS 85*, S. 116.
anon. [finn.: D. Stück sei Prophezeiung], in: *Valpas* (Kuopio), 3. 12. 1981.
Mel Gussow, »D.s *Physicians* is revived« [im Kennedy Center, Washington], in: *The New York Times*, 9. 1. 1982.
Amal Choucri Catta, »Diskussion autour de l'œuvre *Les physicians* de F. D.« [Goethe Institut Kairo], in: *Le Progrès Egyptien*, 3. 12. 1985.
Vgl. auch Interview Esslin 1963)

Der Meteor (1966)

(GB 1966 [2], RA 1966; H 1966, 1969 [2], 1974; CSSR 1967; IL 1967 [2]; J 1970 [3]; A 1978 [4])

Otto F. Walter, »D. und der Stier« [Ein Tag mit dem Autor, in Zürich, Proben zum *Meteor*], in: *Die Woche* (Olten), 26. 1. 1966, S. 18ff. Vgl. B 76.
E. M. Landau, »Und nun in die Première«, ebda., S. 50.
Peter Höltschi, »Warum wir auf D. pfiffen« [Erklärung der 4/5 Pfeifenden], in: *Zürcher Woche*, 28. 2. 1966. Vgl. B 76.
(wsp.), »Ärgernis D.. Öffentliche Diskussion des *Meteor*« [mit E. Brock, K. Fehr, P. Vogelsanger u. a.], in: *NZZ*, 28. 2. 1966.
H. Lindenmeyer, K. Weisshaupt u. a., »Gedanken zum *Meteor*«, in: *Reformatio*, April 1966, S. 270–278. Vgl. B 76.
Peter Vogelsanger, »D. und die Auferstehung« [theologische Einwände; D. beschönige seine übermütigen Phantasieprodukte], in: *Kirchenbote für den Kanton Zürich*, 1. 4. 1966.
(Hi.), »D.s *Meteor* in Buenos Aires« (in den Deutschen Kammerspielen in Buenos Aires)], in: *NZZ*, 17. 5. 1966.
Harold Bason, »A richer life at Wembley« [über Londoner Aufführung; außerhalb des Theaters oft interessantere Vorfälle: eher ablehnend], in: *The Sunday Times*, 31. 7. 19766. Vgl. B 87 (IV).
(J. v. L.), »D.s *Meteor* in London [Englische Pressestimmen zur Aufführung des Royal Shakespeare Company], in: *Die Weltwoche*, 26. 8. 1966. Vgl. B 80.
János Pilinszky [ungar.: Bezug auf Abdruck in *Nagyvilág*; auch Beckett. Ein »falsches« Stück: Karikatur des Auferstehungsglaubens], in: *Vigilia*, Oktober 1966.
(jac.) [tschech.: Aufführung im Prager Burian-Theater], in: *Rudé právo*, 24. 2. 1967. Vgl. B 80.
Mendel Kohansky, »Back from the dead« [hebräische Aufführung im Theatron Kameri; das Stück sei maskulin arrogant], in: *The Jerusalem Post*, 27. 10. 1967.
(A. N.), »Von der Kunst und der Ungunst des Überlebens« [Vorbehalte gegenüber derselben Aufführung], in: *Iedioth Chadashoth*, 27. 10. 1967.

Peter Rühmkorf, »Schmierzettel« [Unwille »bei jedem neuen Levitationswunder«], in: *Konkret* 3 (1968), S. 27. Vgl. B 80.

József Cserhát [ungar.: über die Aufführung in Veszprém], in: *Napló* (Veszprém), 23. 2. 1969.

Imre Demeter [ungar.: Meteoreinfall. Über dies. Aufführung], in: *Film, Szinház, Muzsika*, 15. 3. 1969. Vgl. B 80.

anon. [japan.: Das Komische im Stück durch Kabuki-Technik. Über Aufführung in Tokio], in: *Asahi Shimbun* (Zeitung), 2. 9. 1970. Vgl. B 80.

Keizo Miyashita [japan.: Diskurs über den *Meteor*], in: *Programmheft der Inszenierung Lindtberg*, September 1970.

Akira Maruyama [japan.: über Aufführung in Tokio], in: *Theatro* (Tokio), November 1970. Vgl. B 80.

László Németh, »Olmsónapló (Dürrenmattré)« [Lese-Tagebuch 1968/69], in: *Jelenkor*, September 1974, S. 14–16. Auch in GW, letzter Band, Budapest 1980. Vgl. *B 83*.

Hans H. Hahnl, »Halb Totentanz, halb Schwank. D. inszenierte an der Josefstadt Dürrenmatt« [»nichts nützt sich rascher ab als Überraschungen«], in: *Arbeiter-Zeitung* (Wien), 25. 11. 1978.

Hugo Huppert, »Ein eidgenössischer ›Ahasver‹. D.s *Meteor* neuinszeniert«, in: *Volksstimme* (Wien), 25. 11. 1978. Vgl. B 83.

György Sebestyén, »Der Tod ist das einzig Wirkliche« [»Das Premierepublikum fand das Kabarettistische vergnüglich und auch das Philosophische unterhaltend«], in: *Wiener Zeitung*, 25. 11. 1978.

Karin Kathrein: »... und trotzdem leben wir so« [u. a. über Änderungen der Neufassung], in: *Die Presse*, 25./26. 11. 1978.

König Johann (1968)

(CSSR 1968; PL 1970 [2]; A 1970 [3]; R 1978)

(fkf.), »D.s *König Johann* in Prag« [gleicher Regisseur wie in Düsseldorf; Erfolg], in: *NZZ*, 26. 5. 1968.

A. Grodzicki [poln.: aus dem Anti-Feudalismus wird ein Anti-Imperialismus], in: *Zycie Warszawy*, 18. 7. 1970.

Jerzy Koenig [poln.: Shakespeare ein Riese; D. ergänze Schweizer Perspektive], in: *Express Wieczorny*, 21. 7. 1970.

György Sebestyén, »Des Menschen hoffnungsvolles Toben. D. im Volkstheater« [Qualtinger als König Johann], in: *Kronenzeitung* (Wien), 8. 11. 1970.

Liselotte Espenhahn, »Weltgeschichte als böse Posse« [großer Erfolg], in: *Kurier*, 9. 11. 1970.

Otto F. Beer, »Die blutige Posse von *König Johann*« [Zustimmung zur Aufführung in Wien], in: *Süddeutsche Zeitung*, 13. 11. 1970.

Horst Fabritius [Aufführung in Bukarest], in: *Neue Literatur* 4 (1978). Vgl. Teil B in diesem Verzeichnis.

Die Wiedertäufer (1967)

(YU 1967; CSSR 1968 [2])

Aleksandar Reiching [serbo-kroat.: über Aufführung in Zürich], in: *Telegram* (Zagreb), 31. 3. 1967.

(A. S.), »Nach wie vor ein Ärgernis. Vortrag [F. Buri] und Diskussion in Basel«, in: *National-Zeitung* (Basel), 10. 2. 1968.

Alena Stránská [tschech.: Lob der Aufführung des Nationaltheaters], in: *Svobodné slovo* (Prag), 6. 3. 1968.

(F. Kf.), »D.s *Wiedertäufer* in Prag« [keine Streichungen; Höhepunkt der D.-Welle in Prag], in: *NZZ*, 26. 3. 1968.

(S-F), »Die Inszenierung für die Ruhrfestspiele« [Anlehnung an Brecht, ohne dessen lapidare Diktion], in: *FAZ*, 23. 5. 1973.

Play Strindberg (1969)

(E 1970; A 1970 [3]; USA 1971 [2]; F 1972 [4]; UdSSR 1973; GB 1972, 1973 [2]; H 1970/ 1978, 1973; GR 1973)

(use.), »*Play Strindberg*« [über Uraufführung in Basel], in: *NZZ*, 13. 2. 1969.

Werner Ross, »Zimmerschlachten« [Albee, Walser, Anouilh, D., S. 966-970], in: *Merkur*, Oktober 1969, S. 959-971.

Lorenzo L. Sancho, »*Play Strindberg* de D. por el Tübinger Zimmer-Theater«, in: *ABC* (Madrid), 5. 11. 1970.

Paul Blaha, »Ein Jux-Strindberg« [Akademietheater, Dudek inszenierte], in: *Kurier* (Wien), 23. 11. 1970.

György Sebestyén, »Verdammt gemütlich geht's hier zu!« [»ein Beispiel dafür, wie allzu tüchtige Gescheitheit die Kunst zerstört«], in: *Kronenzeitung* (Wien), 23. 11. 1970.

Fritz Walden, »Der Totentanz einer Umstrukturierung« [»Die großen amoralischen Verführer von ehedem sind klein und sittsam geworden: Eidgenössische Biedermänner, stiften sie Hausbrände ...«], in: *Arbeiterzeitung* (Wien), 24. 11. 1970.

Tibor Déry, »Jegyzetek« [Notizen (1970) über D.s *Totentanz*-Variation. Wenn der Mensch einen gerupften Schwan sieht, weint oder lacht er dann?], in: *Botladozás* [Gepolter], Gesammelte Aufsätze, Band 2, Budapest 1978, S. 485-500.

Clive Barnes, »›Dance of Death‹ theme used by D.« [Lincoln Center; »D. has really caught the heart and soul of Strindberg ...«], in: *The New York Times*, 4. 6. 1971. Vgl. *B 76*.

Edith Oliver, »Off Broadway« [eher »Swiss lark« als »Swiss joke«], in: *The New Yorker*, 12. 6. 1971, S. 84.

Jean-J. Gautier [Théâtre des Mathurins, »Je cherche quand une heure et demie m'a semblé aussi longue«], in: *Le Figaro*, 2. 10. 1972. Vgl. *B 76*.

Jacques Lemarchand, »La libre irruption d'un auteur chez un autre« [»Cette façon de traiter une œuvre connue ... plus intelligente«], in: *Le Figaro*, 15. 10. 1972.

André Ransan, »Aux Mathurins, *Play Strindberg*«, in: *L'Aurore*, 3. 10. 1972.

Philippe Sénart [D. bringe keine Überraschungen], in: *La Revue des deux Mondes*, Dec. 1972, S. 684.

Siehe auch *TLS* (Teil B, 1972) in diesem Band.

Nina Pavlova [Nachwort zum russischen Text von B. Zaks], in: *Inostrannaja literatura* IV (1973). Vgl. (fpi.) in *NZZ* vom 18. 7. 1973.

Michael Billington [D. habe Strindberg mißverstanden], in: *Guardian* (Manchester), 4. 7. 1973.

Robert Cushman, »Kitchen sink farce« [D. analysiere Strindbergs Selbstmitleid], in: *The Observer*, 8. 7. 1973.

Tamás Koltai [ungar.: über Aufführung im József-Theater Budapest; das ungarische ›jatszani‹ sei vieldeutiger als ›play‹], in: *Népszabadság*, 24. 10. 1973.

M. K. Georgoussopoulos griech.: über die Aufführung im Theater Kava, Athen; Albee wirke besser, in: *To Vima* (Athen), 26. 10. 1973.

anon., »Ulkig dürrenmatter Strindberg-Verschnitt« [Gastspiel mit B. Rütting, D. Schönherr], in: *Die Welt*, 13. 10. 1976.

Porträt eines Planeten (1970)

(A 1970 [2]; H 1972; GB 1972, 1973 [3])

Knut Federmann,»D. – aber Kabarettverschnitt« [über Aufführung in Düsseldorf], in: *Arbeiterzeitung* (Wien), 14. 11. 1970.
Herbert Leisegang [Aufführung Düsseldorf; zurückhaltend], in: *Die Presse* (Wien), 17. 11. 1970.
Hans Schwab-Felisch,»Komisches Kabarett« [Lob der Aufführung, Ablehnung des Stücks], in: *Die Woche* (Olten), 25. 11. 1970.
Susan Sarcevic [Vergleich mit Wilders *Wir sind noch einmal davongekommen*], in: *Schweizer Rundschau*, Oktober 1972, S. 330–339.
Gábor Mihályi [ungar.: über Aufführung der Festspiele Recklinghausen], in: *Nagyvilág*, Oktober 1972.
Vgl. auch *TLS* (Teil B, 1972) in diesem Band.
John Barber,»D.'s black vision exhilarates« [positiv], in: *Daily Telegraph* (London), 1. 2. 1973.
Benedict Nightingale,»Between Two Stools« [Aufführung Prospect Theatre Company], in: *New Statesman*, 2. 2. 1973.
Harold Hobson,»A ›big bang‹ world on stage« [negativ, über Aufführung in Cambridge desselben Theaters], in: *Christian Science Monitor* (London Edition), 10. 2. 1973.

Der Sturz (1971)

Klaus-U. Ebmeyer,»Plan und Zufall« [»brillantes Porträt des totalitären Machtapparates«], in: *Deutsche Zeitung*, 27. 8. 1971.
Jean Villain,»Der Mythos von der ›Macht an sich‹« [die Hackordnung auf dem Hühnerhof lasse sich beim besten Willen nicht auf irgendwelche politische Sekretariate übertragen], in: *Vorwärts* (Basel), 9. 9. 1981.
Christian Brüer,»Friedrich, deine Klappe!« [Untertitel: Erstens Enthüllung, Zweitens Verhüllung], in: *Zeitbild* (Bern), 1. 12. 1971, S. 6, 7, 12 (außerdem Notiz über Gerichtsverfahren gegen kleines Theater in der CSSR wegen Aufführung *Doppelgänger*).
Siehe auch *TLS* (Teil B, 1972) in diesem Verzeichnis.

Der Mitmacher / Der Mitmacher. Ein Komplex (1973/1976)

(R 1973; GB 1973 [2]; A 1973 [2]; PL 1973; I 1977 [4])

anon.,»O nouă premieră Dürrenmatt«, in: *România Liberă* (Bukarest), 11. 1. 1973.
Thomas Terry,»Debakel mit mit D.« [Kluft zwischen den intellektuellen Ansprüchen und Text], in: *Der Tagesspiegel*, 10. 3. 1973.
Hugo Leber,»›Godfather‹ im fünften Untergeschoss« [auch D. ein Mitmacher], in: *National-Zeitung* (Basel), 10. 3. 1973.
Klaus Colberg,»Ein Biologe läßt Leichen verschwinden«, in: *Münchner Merkur*, 11. 3. 1973.
Steve Chadwick,»*The Collaborator*« [schlechte Variation der *Physiker*], in: *The Guardian* (Manchester), 13. 3. 1973.
Ossia Trilling,»*The Co-operator*« [ganz mißlungen], in: *The Financial Times*, 23. 3. 1973.
Gotthard Böhm,»Konkursmasse eines Dramatikers«, in: *Die Presse* (Wien), 14. 3. 1973.
AZ-Korrespondent Huonker,»Über den korrumpierten Intellekt«, in: *Arbeiterzeitung* (Wien), 15. 3. 1973.
Franck Jotterand,»En sifflant D., Zurich se siffle elle-même«, in: *24 heures* (Lausanne), 18. 3. 1973.

Jean Siehl, »*Le Compère* de F. D.« [zurückhaltend-negativ], in: *La Suisse* (Genf), 20. 3. 1973.
Roman Brodmann, »Wer macht mit?« [Schelte der Intellektuellen wie Ablehnung von Kritik durch die Etablierten], in: *Die Weltwoche*, 4. 4. 1973.
Auguste Grodzicki [poln.: über die Aufführung des *Comparse* im Athénée; das Stück sei besser, als man in Zürich meinte], in: *Zycie Warszawy*, 15. 5. 1973.
François Bondy, »Play Oedipus« [Oedipus=Boss; Anspielung auf Watergate-Skandal], in: *Die Weltwoche*, 23. 5. 1973.
Rudolf Krämer-Badoni, »Lemuren lachen sich ins Fäustchen« [Aufführung in Mannheim], in: *Die Welt*, 2. 11. 1973.
Günther Rühle, »D. rettet sich selbst« [besser als in Zürich], in: *FAZ*, 2. 11. 1973.
(haj.), »*Der Mitmacher* im zweiten Anlauf« [besser als in Zürich, Textveränderung], in: *NZZ*, 3. 11. 1973.
anon., »D. allo ›Stabile‹« (Genua), in: *Corriera della Sera*, 15. 4. 1977.
Alberto Blandi, »Cadaveri nel baule con D.« [Aufführung Genua; zurückhaltend], in: *La Stampa* (Turin), 15. 4. 1977.
Gastone Geron, »Agra ballata di gangsters« [Würdigung ders. Aufführung], in: *Il Giornale nuovo* (Mailand), 15. 4. 1977.
Pasquale Guadagnolo, »Crisi e violenza nell'uomo d'oi«, in: *Avanti* (Rom), 15. 4. 1977.

Zusammenhänge (1976)

Aurel Schmidt, »Der vereinsamte D.« [»hält die Sprache für die Sache selbst«], in: *National-Zeitung* (Basel), 20. 3. 1976.
Dieter Fringeli, »Selbstfindung via Israel« [Vergleich mit Habes Israelbuch], in: *Basler Nachrichten*, 24. 4. 1976.
(A. C.), »D.s Ringen um Israel«, in: *NZZ*, 27. 8. 1976.
Peter Spycher, »F. D.s Essay über Israel: Religiöse Aspekte und persönliche Motive«, in: *Reformatio* 27/9 (1978), S. 496–505.
Fathi El Ebyari [arab.: über das Buch in ägyptischer Sicht; anschließend kurzer Vergleich der Rückkehr der *Alten Dame* mit den Palästinensern], in: *Revue Oktober*, 8. 12. 1985, S. 32. Vgl. B 87 (IV).
Vgl. auch Interviews Bachmann und Riess 1973.

Die Frist (1977)

Hanno Helbling (Hg.), »Mythologische Phantasien« [faszinierender Text, aber kein großer Abend], in: *NZZ*, 8./9. 10. 1977.
Elisabeth Brock-Sulzer, »Ein Engel kommt nach Spanien« [»D.s Wildheit liegt zwar bereit, aber als ausgestopfter Löwe.«], in: *Züri Leu*, 11. 10. 1977.
Dieter Bachmann, »Das Chaos und die Langeweile« [mehr Vorbehalte gegen die Inszenierung als gegen das Stück], in: *Die Weltwoche*, 12. 10. 1977.
Dieter Bachmann, »Als wär's ein Stück von Neuenfels« [»Neuenfels' Spektakel, schön und aufregend in den Details, verpufft wie eine Zirkusnummer«], in: *FAZ*, 31. 10. 1977.
Karl Pestalozzi, »D.s Komödie *Die Frist* – sein Abschied vom Theater«, in: *German Studies in India* (Trivandrum) 6 (March/June 1982), S. 19–24.
Vgl. auch Interviews Bachmann und Meier 1977.

Stoffe I–III (1981)

Susanne Heimgartner, »Das Buch des alten Mannes«, in: *Die Woche* (Olten), 2. 10. 1981, S. 26–29.
Hanno Helbling (Hg.), »Träume und Trümmer«, in: *NZZ*, 9. 10. 1981.
Dieter Bachmann, »Ariadne im Labyrinth seines Universums«, in: *Tages-Anzeiger*, 3. 11. 1981.

Michael Buttler, »In the Labyrinth« [»continues the subtle mixture of the *Mitmacher-Komplex* and the fine Israel Essay of 1976«], in: *The Times Literary Supplement*, 29.10.1982, S.1202.

Jean R. von Salis [das Buch ein Geburtstagsgeschenk von D.; als »Weckruf« verstanden; D.s Mythenbesessenheit], in: ders., *Notizen eines Müssiggängers*, Zürich (Orell Füssli) 1983, S. 343–347.

Achterloo (1983)

Erwin Leiser, »Mutmassungen über *Achterloo*« [mit Äußerungen D.s], in: *Musik & Theater* (St. Gallen), 4.Jg., Extraausgabe, Sommer 1983, S.1, 7.

Hanspeter Vetsch, »Zukunft in der Vergangenheit« [über Proben], in: *Brückenbauer*, 28.9.1983.

Roger Cahn, »Auch D. hat sein Waterloo«, in: *Musik & Theater* (St. Gallen), November 1983, S.19.

anon., »Pressestimmen zu D.s Achterloo« [*Frankfurter Rundschau*, *Spiegel*, *NZZ*, *Welt*, *FAZ*, *Stuttgarter Zeitung*, *Süddeutsche Zeitung*: Auszüge], in: *Tages-Anzeiger*, 11.10.1983.

D. Hubert Orłowski: Friedrich Dürrenmatt in Polen

Artikel, Rezensionen zu Aufführungen einzelner Stücke in Warschau (1956–1978)

Die Angaben der Artikel in *Dialog* konnten Vera Dilberović (Universitätsbibliothek Konstanz) und ich kontrollieren (was leider nötig war), ergänzen und korrigieren, die in *Kultura* nur ausnahmsweise, die anderen nicht. In wenigen Fällen waren auch Annotationen möglich. Für Frau Dilberovićs Hilfe und diejenige Ada Holonas und Grażyna Horodeckas (beide Warschau) bei der Übersetzung der polnischen Titel ins Deutsche danke ich an dieser Stelle bestens. Für den Überblick und die Lücken in der Numerierung (diese entspricht hier allerdings nicht dem Original) gilt das in der Vorbemerkung zu K. Csepregi-Horváths Frisch-Bibliographie Gesagte. (H.B.)

Wenn nicht anders angegeben, ist der Erscheinungsort Warszawa.

In den Artikeln erwähnte Werke: Der Richter u.s. Henker: Nr.78; Romulus: Nr.56, 80; Mississippi: Nr.12, 13; Panne: Nr.78; Besuch d.a. Dame: Nr.12, 13, 15, 16, 19, 45, 65; D. Versprechen: Nr.21, 78; Frank V.: Nr.2, 39; Physiker: Nr.70; Hörspiele: Nr.38, 59; Meteor: Nr.67; Wiedertäufer: Nr.36, 46; König Johann: Nr.32, 60; Play Strindberg: Nr.32; D. Mitmacher: Nr.23.

Artikel

1 an.: Kto odkrył Dürrenmatta? [Wer hat Dürrenmatt entdeckt?], in: Dialog 1959/4, S.168.

2 an.: Motywy dramaturgii Dürrenmatta [Motive der Dürrenmatt-Dramaturgie (u.a. über Frank V.)], in: Dialog 1959/9, S.155–159.

3 an.: Możliwości percepcji Friedrich Dürrenmatt w Polsce [Möglichkeiten des Dürrenmatt-Verständnisses in Polen], in: Kultura i Życie 1959/31, S.2.

4 an.: Współcześni o klasykach [Zeitgenossen über Klassiker (G. Eichs Büchnerpreis, D.s Schillerpreisrede, Zitate daraus)], in: Dialog 1960/5, S.150–153.

5 an.: O religijności Dürrenmatta [Über die Religiosität D.s], in: Dialog 1961/5, S.151f.

6 an.: Literatura szwajcarska 1965 [Schweizer Literatur 1965], Kultura 1966/6, S.2.

7 an.: Szwajcaria nie tylko Dürrenmatt [Schweiz – nicht nur D.], in: Życie Literackie (Kraków) 1966/14, S.15.

8 an.: Pobyt w Polsce [Der Aufenthalt in Polen], in: Biuletyn Związku Literatów Polskich 1967/5, S.35.

9   an.: Pobyt w Polsce [Der Aufenthalt in Polen], Życie Literackie (Kraków) 1967/ 133, S. 6.
10 an.: Pobyt w Polsce [Der Aufenthalt in Polen], in: Trybuna Ludu 1967/152, S. 1.
12 an.: Brecht i Dürrenmatt w Paryżu [Brecht und Dürrenmatt in Paris (Mississippi, Besuch der alten Dame)], in: Dialog 1961/1, S. 137ff.
13 an.: Autor jest również jednym ze współwinnych [Der Autor ist auch ein Komplize (u. a. über Mississippi, Besuch der alten Dame)], in: Dialog 1956/4, S. 143f.
14 an.: Spotkanie z Dürrenmattem [Treffen mit Dürrenmatt], in: Dialog 1957/12, S. 150−152.
15 an.: Sportowcy kontra Dürrenmatt [Die Sportler gegen Dürrenmatt (über den Protest der rheinländischen Turner gegen die Aufführung des »Besuchs der alten Dame«; vgl. Kap. IV dieses Buches)], in: Dialog 1957/11, S. 150f.
16 an.: Wizyta starszej pani [Der Besuch der alten Dame], in: Dialog 1958/5, S. 127−133.
17 an.: Atak na Dürrenmatta [Angriff auf d. (Besprechung des Artikels von André Müller in »Theater der Zeit«)], in: Dialog 1959/3, S. 157−161.
18 Arthur Joseph: Refleksja: dramaturgia [Reflexion: Dramaturgie], in: Forum 1969/9, S. 18.
19 Banaś K.: Wizyta starszej pani [Der Besuch der alten Dame], in: Dziennik Polski 1958/89, S. 3.
20 Będkowski S.: Dürrenmatt i teatr szwajcarski [Dürrenmatt und das Schweizer Theater], in: Dialog 1958/1, S. 158−162.
21 Bialik W.: F. D. requiem dla opowieści kryminalnej [Requiem für die Kriminalgeschichte], in: Nurt (Poznań) 1972/7, S. 34−37.
22 Bialik W.: Potyczki z konwencją [Gefechte mit Konventionen], in: Teksty 1973/6, S. 143−151.
23 Kb. [Białek K.]: [Über A. Wajdas (schlechte) Regie des Stücks »Der Mitmacher« von Dürrenmatt im Schauspielhaus Zürich], in: Dialog 1973/6, S. 157−161.
24 Będkowski S.: Przyjazd do Polski [Die Reise nach Polen], in: Ruch Teatralny 1962/46, S. 5.
25 Bolt Robert: Nowa sztuka czyli angielski »Dürrenmatt« [Die neue Kunst oder der englische Dürrenmatt], in: Teatr 1964/4, S. 13.
26 Braun K.: Notatki reżysera [Notizen eines Regisseurs], in: Theaterprogramm / Teatr im. Horzycy in Toruń, Nr. 32/52.
28 Csato E.: Teatr współczesny w oczach autora dramatycznego [Das zeitgenössische Theater in der Sicht eines Dramaturgen], in: Teatr i Film 1957/1, S. 28.
29 Felisiak E.: Experimenta I we Frankfurcie [Experimenta I in Frankfurt], in: Współczesność 1966/6, S. 11.
30 Frühling J.: Moje spotkanie z Dürrenmattem [Mein Treffen mit Dürrenmatt], in: Zeszyty Teatralne (Zielona Góra) 1967/68/7, S. 14.
31 Garten H. F.: Tragiczna komedia Dürrenmatta [Die tragische Komödie Dürrenmatts], in: Teatr 1960/9, S. 13.
32 Głogowski K.: [Zum Thema der Theaterneubearbeitungen, am Rande auch über Dürrenmatts »Play Strindberg« in Regie von A. Wajda und »Über König Johann« Shakespeares − Dürrenmatts in Regie von L. Rene], in: Wrocławski Tygodnik Katolików 1971/9, S. 8.
33 Grimm R.: Parodia i groteska w dziele Dürrenmatta [Parodie und Groteske im Werk Dürrenmatts], in: Zeszyty Teatralne (Zielona Góra) 1967/68/7, S. 8.
36 Jagorzewski M.: Anabaptyści na scenach łódzkich [Die Wiedertäufer auf den Bühnen von Łódz], in: Dziennik Łódzki 1969/114, S. 3.
37 Karpiński M.: Urodziny szydercy [Die Geburt eines Spötters], in: Sztandar Młodych 1971/4, S. 3.
38 Karst R.: Omówienie słuchowisk radiowych [Besprechung der Hörspiele], in: Teatr 1961/4, S. 152.

39　Kat-Wysińska E.: Od Opery Żebraczej do Opery Bankierskiej [Von der Bettleroper zur Bankiersoper], in: Dialog 1962/5, S. 124—129.
40　Kijowski A.: Tragedia i groteska [Tragödie und Groteske], in: Przegląd Kulturalny 1959/45, S. 6.
41　Kijowski A.: Friedrich Dürrenmatt, in: Przegląd Kulturalny 1959/13, S. 12.
42　Koprowski, J.: Molnar, Dürrenmatt i Szekspir [Molnar, Dürrenmatt und Shakespeare], in: Dziennik Polski 1959/3.
43　Koprowski, J.: Ludzie i książki [Menschen und Bücher], in: Wiadomości Łódzkie 1965, S. 169.
44　Kosińska M.: Kontakty z zagranicą [Kontakte zum Ausland], in: Życie Warszawy 1964/264, S. 4.
45　Kott J., Tarn A., Ważyk A., Toeplitz K.: Rozmowy o dramacie. »Wizyta starszej pani« [Gespräche über das Drama. »Der Besuch der alten Dame« (Stenogramm des Gesprächs vom 21. 3. 1958 in der Redaktion des »Dialog«; über D.s Angst, das Stück könnte in Polen kommunistisch aufgefaßt werden, das Fehlen des klassischen Schemas Sünde-Rache etc.)], in: Dialog 1958/5, S. 118—129.
46　Krawczykowski Z.: Rozważania dramaturgiczne na temat Anabaptystów [Dramaturgische Erwägungen zum Thema Wiedertäufer], in: Theaterprogramme Teatr Dramatyczny Warszawa 1967, Teatr Stary Kraków 1968, Teatr im. Jaracza Łódź 1969.
47　Krawczykowski Z.: Komedia o nieludzkim świecie [Die Komödie über eine unmenschliche Welt], in: Theaterprogramm Teatr im. Jaracza Łódź 1969.
48　Kurowicki J.: Szukajac winy naszej [Auf der Suche nach unserer Schuld], in: Fakty i Myśli (New York) 1971/9, S. 7.
49　Kwiecińska Z., Friedrich Dürrenmatt. In: Trybuna Ludu 1959/42, S. 8.
50　Lübbren R.: Realizm w nowoczesnym dramacie [Der Realismus im modernen Drama], in: Dialog 1958/8, S. 167—171 (Übersetzung aus »Theater und Zeit« Nr. 2—3).
52　Mendalko J.: Groteska w polskim dramacie współczesnym [Die Groteske im zeitgenössischen polnischen Drama], in: Nowa Kultura 1957/7, S. 114.
53　Michalski Cz.: Na przekór Dürrenmatowi [Dürrenmatt zum Trotz], in: RL (Ruch Literacki, Kraków) 1966/3, S. 141.
54　Natanson W.: Ogólne uwagi o twórczości Dürrenmatta [Allgemeine Bemerkungen zum Schaffen Dürrenmatts], in: Życie Literackie (Kraków) 1968/3, S. 3.
56　Oberadzka J.: Metoda i szaleństwo Romulusa [Die Methode und der Wahnsinn des Romulus], in: Gazeta Poznańska 1969/156, S. 3.
57　Orłowski Wł.: Teatr wyobcowania [Theater der Entfremdung], in: Odgłosy (Łódź) 1969/21, S. 6.
58　Padwa Wanda: Teatr Myślący [Das denkende Theater], in: Trybuna Mazowiecka 1959/62, S. 5.
59　Piwińska M.: Słuchowiska Dürrenmatta [Die Hörspiele Dürrenmatts], in: Dialog 1962/2, S. 100—106.
60　Sinko G.: Król Jan na usługach dramaturgów [König Johann, dramaturgisch angepaßt], in: Dialog 1971/1, S. 111—123.
61　Spławiński E.: Porównanie z dramatem Ibsena: Podpory Społeczeństwa [Ein Vergleich mit dem Drama Ibsens: Die Stützen der Gesellschaft], in: RL (Ruch Literacki, Kraków) 1966/3, S. 141.
62　Skwarnicki M.: Jeszcze jeden Szwajcar [Noch ein Schweizer], in: Tygodnik Powszechny (Kraków) 1967/51, S. 6.
63　Siekierski: Dramaturg, moralista, filozof [Ein Dramaturg, ein Moralist, ein Philosoph]. Theaterprogramm Teatr im. Mickiewicza Częstochowa, Januar 1969, S. 5.
65　Tarn A.: O reżyserach i recenzentach [Über Regisseure und Rezensenten (der Aufführungen des »Besuchs der alten Dame« in Kraków, Warszawa, Łódź; im Anhang Bilder davon)], in: Dialog 1958/4, S. 130—134.

66 Ukleja J.: Dürrenmatt w Polsce [Dürrenmatt in Polen], in: Głos Szczeciński – Dodatek Literacki (Sczecin) 1959/116.
67 Vogler H.: Meteor i Teatr Współczesny [Der Meteor und das zeitgenössische Theater]. Theaterprogramm Teatr im. Słowackiego Kraków, Oktober 1968, S. 13.
68 Wilhelmi J.: Zjawisko Dürrenmatt [Die Erscheinung Dürrenmatt], in: Tribuna Ludu 1959/313, S. 5.
69 Wirth A.: Friedrich Dürrenmatt. In: Nowa Kultura 1959/48, S. 6.
70 Wychowska K.: Friedrich Dürrenmatt na próbie »Fizyków« w Teatrze Dramatycznym [Friedrich Dürrenmatt bei der Probe der »Physiker« im Theater Damatyczny], in: Życie Warszawy 1962/260.
71 Wirth A.: Określenie pozycji [Die Bestimmung des Standorts], in: Nowa Kultura 1961/42, S. 4.
72 Wirth A.: Dürrenmatt o roli teatru [Dürrenmatt über die Rolle des Theaters], in: Kultura 1961/1, S. 61.
73 Wirth A.: Od Brechta do Dürrenmatta [Von Brecht bis Dürrenmatt]. Theaterprogramm Teatr im Wyspiańskiego Katowice, 1962.
74 Wirth A.: Uwagi o teatrze w Niemczech [Bemerkungen zum Theater in Deutschland], in: Dialog 1957/10, S. 121–128.
75 Walczak M.: Czysta groteska contra wyolbrzymiona tragedia [Die reine Groteske und die aufgebauschte Komödie], in: Odgłosy (Łódź) 1969/21, S. 7.
76 Wegner J.: Między zbrodnią a przypadkiem [Zwischen Verbrechen und Zufall], in: Km (Kamena, Lublin) 1967/14, S. 5.
77 Wirpsza W.: Friedrich Dürrenmatt. In: Nowa Kultura 1963/12, S. 6.
78 Wydmuch, Marek: Przeciw powieściowym iluzjom [gegen die Illusionen in den Romanen (über »Versprechen«, »Panne«, »Der Richter und sein Henker«)], in: Nowe Książki 1979/13, S. 54f.
79 Zimand: Odgłosy prasy NRF [Stimmen der BRD-Presse], in: Sztandar Młodych 1957/279, S. 5.
80 Żurowski A.: Romulus Wielki [Romulus der Große], in: Współczesność 1969/16, S. 9.

Rezensionen über die Erstaufführungen im Teatr Dramatyczny in Warszawa

Zur Bedeutung des Dramatischen Theaters Warschau und des dort wirkenden Regisseurs und Schauspielers Jan Swiderski (geb. 1914; s. mehrere Titel zu den »Romulus«-Aufführungen) vgl. Edward Csató: Polnisches Theater unserer Zeit (1963, 1969), in: Theater unserer Zeit, Bd. 12, Lampertheim (Schäuble) 1974, S. 48ff. und 81f.

Der Besuch der alten Dame, 7. 3. 1958

1 Beylin K.: I śmierć można kupić [Auch den Tod kann man kaufen], in: Express Wieczorny, Nr. 62, 13. 3. 1958.
2 Czanerle M.: Dwie wizyty starszej pani [Zwei Besuche der alten Dame], in: Teatr i Film, Nr. 15, 30. 4. 1958.
3 Eberhardt K.: Po wizycie starszej pani [Nach dem Besuch der alten Dame], in: Ekran, Nr. 17, 27. 4. 1958.
4 Frühling J.: Wstrząsająca wizyta [Ein erschütternder Besuch], in: Orka, Nr. 12, 1958.
5 Frühling J.: Polskie wizyty starszej pani [Polnische Besuche der alten Dame], in: Kurier Lubelski (Lublin), Nr. 86, 28. 3. 1958.
6 Jaszcz: Nie bójmy się czarnego ludu [Fürchtet nicht den schwarzen Mann], in: Trybuna Ludu, Nr. 69, 10. 3. 1958.
7 Kałużyński Z.: Dürrenmatt czyli fatalizm dobrobytu [Dürrenmatt oder der Fatalismus des Wohlstands], in: Polityka, Nr. 11, 15. 3. 1958.

8 Karczowska-Markiewicz Z.: Gra Mamony i śmierci [Das Spiel des Mammons und des Todes], in: Życie Warszawa, Nr. 62, 13.3.1958.
9 Kott J.: Ile kosztuje nowa para butów [Wieviel kostet ein Paar neue Schuhe], in: Przegląd Kulturalny, Nr. 12, 26.3.1958.
10 Lau J.: Sprawiedliwość za Miliard [Gerechtigkeit für eine Milliarde], in: Argumenty, Nr. 19, 15.4.1958.
11 Natansow W.: Nasz szwajcarski przyjaciel [Unser schweizerischer Freund], in: Ilustrowany Kurier Polski, Nr. 116, 17./18.5.1958.
12 Ośmiałowski M.: W miasteczku pachnącym lasami i krwią [Im Städtchen, das nach Wäldern und Blut roch], in: Współczesność, Nr. 15/5, 30.4.1958.
13 Polanica St.: Wizyta starszej pani [Der Besuch der alten Dame], in: Słowo Powszechne, Nr. 58, 10.3.1958.
14 Pomianowski J.: Rosołek z babci [Omabouillon], in: Swiat, Nr. 19, 11.1958.
15 Sieradzka Zofia: O zbrodniczej sile pieniądza, tym razem nie schematycznie [Über die verbrecherische Macht des Geldes, diesmal nicht schematisch], in: Głos Pracy, Nr.-259, 11.3.1958.
16 Syga T.: Sodoma w szwajcarskim wydaniu [Sodom in der schweizer Version], in: Stolica, Nr. 44, 6.4.1958.
17 Zagórski J.: Ważna sztuka [Ein wichtiges Theaterstück], in: Kurier Polski, Nr. 67, 28.3.1958.

Romulus der Große, 21.2.1959

1 Alban: Romulus Wielki − sędzia Rzymu [Romulus der Große − der Richter Roms], in: Trybuna Robotnicza (Katowice), Nr. 147, 22.6.1959.
2 Beylin K.: Zdrajca, bohater czy hodowca kur [Verräter, Held oder Geflügelzüchter], in: Express Wieczorny, Nr. 50, 27.2.1959.
3 Czanerla M.: O cesarzu, który chciał być człowiekiem − czyli Romulus Wielki Dürrenmatta i Świderskiego [Über den Kaiser, der ein Mensch sein wollte − oder Romulus der Große von Dürrenmatt und Swiderski], in: Teatr, Nr. 7, 15.4.1959.
4 Fleischer-Wysińska E.: Romulus, a inscenizacje [Romulus und die Inszenierungen], in: Dialog, Nr. 4, 1959.
5 Frühling J.: Nowa sztuka Dürrenmatta [Das neue Stück Dürrenmatts], in: Gazeta Krakowska, Nr. 11, 24.3.1959.
6 Frühling J.: Nowy Dürrenmatt [Ein neuer Dürrenmatt], in: Tygodnik Demokratyczny, Nr. 11, 24.3.1959.
7 Jarecki, A.: Rzym jest wieczny [Rom ist ewig], in: Sztandar Młodych, Nr. 49, 26.3.1959.
8 Jasińska Z.: Świderski Wielki [Swiderski der Große], in: Tygodnik Powszechny (Kraków), Nr. 17, 22.3.1959.
9 Jaszcz: Dzień zdycha na Zachodzie [Der Tag krepiert im Westen], in: Trybuna Ludu, Nr. 57, 26.2.1959.
10 Karczewska-Markiewicz: Imperator w kurniku [Der Imperator im Hühnerstall], in: Życie Warszawy, Nr. 49, 26.2.1959.
11 Kijowski A.: Chwała i hańba filistra [Ruhm und Schmach des Philisters], in: Przegląd Kulturalny, Nr. 13, 26.3.1959.
12 Lau J.: Historia o rzymskiej todze [Geschichte der römischen Toga], in: Argumenty, Nr. 12, 22.3.1959.
13 Padwa W.: Cesarz Romulus hoduje kury [Der Kaiser Romulus züchtet Hühner], in: Trybuna Mazowiecka, Nr. 62, 14.3.1959.
14 Polanica St.: »Romulus Wielki« Dürrenmatta [Romulus der Große von Dürrenmatt], in: Słowo Powszechne, Nr. 49, 27.2.1959.
15 Sieradzka Z.: Romulus − sztuka o współczesności [Romulus − ein Theaterstück über die Gegenwart], in: Głos Pracy, Nr. 49, 26.2.1959.

17 Syga T.: Romans z historią [Ein Flirt mit der Geschichte], in: Stolica, Nr.-11, 15.3.1959.
18 Ukleja J.: Dürrenmatt w Polsce [Dürrenmatt in Polen], in: Głos Szczeciński, Nr. 116, 17.5.1959.
19 Vir: Szarganie świętości [Verhöhnung der Heiligkeit], in: Elcran, Nr. 12, 22.3.1959.
20 Wirth S.: Krytyka czystego determinizmu [Kritik des reinen Determinismus], in: Nowa Kultura, Nr. 10, 8.3.1959.
21 Zagórski J.: Sprawa straszliwie niemiecka [Eine deutsche Angelegenheit], in. Kurier Polski, Nr. 51, 28.2.1959.

Romulus der Große, 1.3.1966

1 Beylin K.: Od Romulusa do Romulusa [Von Romulus bis Romulus], in: Express Wieczorny, Nr. 4, 3.3.1966.
2 Czanerle M.: Irracjonalna powiastka Dürrenmatta [Dürrenmatts irrationale Geschichte], in: Teatr, Nr. 10, 21.5.1966.
3 Kosińska M.: Romulus Świderskiego [Der Romulus von Swiderski], in: Życie Warszawy, Nr. 53, 3.3.1966.
4 Misiany M.: Romulus Wielki [Romulus der Große], in: Litery (Gdańsk), Nr. 4, 1966.
5 Polanica St.: Romulus Wielki [Romulus der Große], in: Słowo Powszechne, Nr. 53, 3.3.1966.
6 Syski J.: Żarty i prawda [Scherz und Wahrheit], in: Argumenty, Nr. 12, 20.3.1966.
7 Szydłowski R.: Benefis Jana Świderskiego [Das Benefiz von Jan Swiderski], in: Trybuna Ludu, Nr. 62, 3.3.1966.

Ein Engel kommt nach Babylon, 23.2.1961

1 Beylin K.: Gorzka baśń o tym świecie [Ein finsteres Märchen über diese Welt], in: Express Wieczorny, Nr. 4, 3.3.1961.
2 Jarecki A.: Ludowe widowisko [Ein Volksschauspiel], in: Sztandar Młodych, Nr. 53, 3.3.1961.
3 Jasińska Z.: Anioł zstąpił do Babilonu [Ein Engel kommt nach Babylon], in: Tygodnik Powszechny, Nr. 15, 9.4.1961.
4 Jaszcz: Anioł buja w przestworzach [Ein Engel schwebt in den Lüften], in: Trybuna Ludu, Nr. 62, 3.3.1961.
5 Karczewska-Markiewicz Z.: Mistyfikacja pod znakiem Anioła [Mystifikation unter dem Zeichen eines Engels], in: Życie Warszawy, Nr. 53, 3.3.1966.
6 Piwińska M.: Anarchistyczny Anioł [Der anarchistische Engel], in: Teatr, Nr. 8, 30.4.1961.
7 Polanica S.: Anioł zstąpił do Babilonu [Ein Engel kommt nach Babylon], in: Słowo Powszechne, Nr. 56, 6.3.1966.
8 Szczawiński J.: Hieronim Bosch współczesnego teatru [Hieronymos Bosch des zeitgenössischen Theaters], in: Kierunki, 11.10.1962.
9 Wirth A.: Zdementowanie Anioła [Das Dementieren eines Engels], in: Nowa Kultura, Nr. 11, 12.3.1961.
10 Wojdowski: Reńskie gazowane [Rheinischer Schaumwein], in: Współczesność, Nr. 6, 31.3.1961.
11 Zagórski J.: Jeszcze jeden Dürrenmatt [Noch ein Dürrenmatt], in: Kurier Polski, Nr. 54, 3.3.1961.

Frank V, 6.5.1962

2 Grodzicki A.: Makabra finansowa [Makabre Finanziers], in: Życie Warszawy, Nr. 110, 10.5.1962.

3 Jaszcz: Opera za wiele milionów [Eine Oper für viele Millionen], in: Trybuna Ludu, Nr. 128, 10. 5. 1962.
4 Krall A.: Opera Dürrenmatta w Dramatycznym [Die Oper Dürrenmatts im Dramatischen Theater], in: Przegląd Kulturalny, Nr. 20, 17. 5. 1962.
5 Polanica S.: Frank V Dürrenmatta, in: Słowo Powszechne, Nr. 111, 10. 5. 1962.
6 Radgowski Michał: I ty możesz zostać gangsterem [Auch du kannst ein Gangster werden], in: Polityka, Nr. 25, 23. 6. 1962.
7 Sito J.: Ciężkie dziedzictwo [Schwierige Erbschaft], in: Teatr, Nr. 14, 31. 7. 1962.
8 Wirth A.: Od Brechta do Dürrenmatta – Teatr jaki mógłby być [Von Brecht bis Dürrenmatt – ein Theater, wie es sein könnte], in: Nowa Kultura, Nr. 20, 20. 5. 1962.
9 Wysińska E.: Dürrenmatt z wariacjami [Dürrenmatt mit Variationen], in: Dialog, Nr. 8, 1962.

Fizycy, 23. 1. 1963

1 Binkowski i Mazur: Friedrich Dürrenmatt. In: Dookoła świata, Nr. 47, 25. 9. 1962.
2 Czanerle M.: Komedia o końcu świata [Komödie über den Weltuntergang], in: Teatr, Nr. 25, 25. 3. 1963.
3 Filler W.: Fizycy – świat [Die Physiker – die Welt], in: Polityka, Nr. 8, 9. 2. 1963.
4 Jasińska Z.: Grymasy i pochwały [Grimmassen und Lob], in: Tygodnik Powszechny (Kraków), Nr. 9, 3. 3. 1963.
5 Jaszcz: Wielki niepokój [Die große Unruhe], in: Trybuna Ludu, Nr. 25, 25. 1. 1963.
6 Koenig J.: Świat, który wyszedł z formy [Die Welt, die aus den Fugen geraten ist], in: Przegląd Kulturalny, Nr. 8, 20. 3. 1963.
7 Miller, J. M.: Poznanie to tryumf życia, czy zagłady [Die Erkenntnis – ein Triumph des Lebens oder des Untergangs], in: Głos Nauczycielsi, Nr. 10, 10. 3. 1963.
8 Polanica S.: Fizycy Dürrenmatta, in: Słowo Powszechne (Warszawa), Nr. 222, 25. 1. 1963.
9 Rozmowa F.: Dürrenmatta z zespołem Teatru Dramatycznego na temat »Fizyków« z dnia 30. 10. 1962 [Ein Gespräch Dürrenmatts mit den Schauspielern des Dramatischen Theaters über »Die Physiker« am 30. 10. 1962]. Programm »Fizyków«.
10 Szczawiński J.: Między fizyką a etyką [Zwischen Physik und Ethik], in: Kierunki, Nr. 3, 24. 2. 1963.
12 Tatarkiewicz A.: Na marginesie »Fizyków« [Am Rande der Physiker], in: Dialog, Nr. 2, 1963, S. 122ff.
13 Wilhelmi J.: Zjawisko – Dürrenmatt [Die Erscheinung – Dürrenmatt], in: Trybuna Ludu, Nr. 313, 11. 11. 1959.
14 Wirth A.: Od Brechta do Dürrenmatta [Von Brecht bis Dürrenmatt], in: Nowa Kultura, Nr. 20, 20. 5. 1962.
15 Wirth A.: Fizycy czyli przekreślenie – Teatr, jaki mógłby być [Die Physiker oder die Annulierung – ein Theater, wie es sein könnte], in: Nowa Kultura, Nr. 25, 3. 2. 1963.
16 Wojdowski B.: Do młodego Niemca [An die jungen Deutschen], in: Współczesność, Nr. 5, 15. 3. 1963.
17 Zaworska H.: Zabawa w miarę śmieszna [Ein Spiel – einigermaßen amüsant], in: Nowe Książki, Nr. 18, 25. 9. 1959.
18 Zaworska H.: Helwecki Arystofanes [Der helvetische Aristophanes], in: Panorama (Katowice?), Nr. 44, 11. 11. 1959.
19 Żmij D.: »Fizycy«, czyli rezygnacja [»Die Physiker« oder der Verzicht], in: Dialog, Nr. 2, 1963, S. 117.

Die Wiedertäufer, November 1967

1. Beylin K.: Gdy tragedia jest komedią [Wenn die Tragödie eine Komödie ist], in: Express Wieczorny, Nr. 277, 21.11.1967.
2. Filler W.: Dürrenmatt [Vergleich mit Sartre, Weiss, Lob der Aufführung]. In: Kultura, Nr. 51 (Dez. 1967), S. 14.
3. Gogolewski I.: Antryrecenzja – Za kulisami [Antirezension – hinter den Kulissen], in: Życie Warszawy, Nr. 290, 26./27.11.1967.
4. Grodzicki A.: Historia wyreżyserowana [Die Geschichte nach Regie], in: Życie Warszawy, Nr. 276, 21.11.1967.
5. Jablonkówna L.: Epicka czarna komedia [Eine epische schwarze Komödie], in: Teatr, Nr. 215, 31.1.1968.
6. Jaszcz: Anabaptyści [Die Wiedertäufer], in: Trybuna Ludu, Nr. 323, 21.11.1967.
7. Natamsen W.: O dwóch sceptyzmach [Über zwei Arten von Skepsis], in: Życie Literackie (Kraków), Nr. 3, 21.1.1968.
8. Padwa W.: Teatr Myślący [Das denkende Theater], in: Trybuna Mazowiecka, Nr. 5, 6./7.1.1968.
9. Polanica S.: Anabaptyści [Die Wiedertäufer], in: Słowo Powszechne, Nr. 7, 9.1.1968.
10. Stawińska I.: Anabaptyści Dürrenmatta w Teatrze Dramatycznym / rozmowa z tłumaczem Z. Krawczykowskim i reżyserem L. René [Die Wiedertäufer von Dürrenmatt im dramatischen Theater. Ein Gespräch mit dem Übersetzer Z. Krawczykowski und dem Regisseur L. René], in: Trybuna Ludu, Nr. 319, 17.11.1967.

Meteor, 25.11.1966

1. Beylin K.: Rzecz o długim umieraniu [Das lange Sterben], in: Express Wieczorny, Nr. 283, 28.11.1966.
2. Czanerle M.: Dürrenmatta kłopoty z życiem i śmiercią [Dürrenmatts Probleme mit Leben und Tod], in: Teatr, Nr. 215, 31.1.1967.
3. Filler W.: Friedricha Dürrenmatta flirt ze śmiercią [Friedrich Dürrenmatts Flirt mit dem Tod], in: Kultura, Nr. 51, 25.12.1966.
4. Frühling J.: Nowy Dürrenmatt [Ein neuer Dürrenmatt], in: Tygodnik Demokratyczny, Nr. 51, 20.12.1966.
5. Grodzicki A.: Komedia o umieraniu [Eine Komödie über das Sterben], in: Życie Warszawy, Nr. 286, 29.11.1966.
6. Jarecki A.: Znowu Dürrenmatt [Wieder Dürrenmatt], in: Sztandar Młodych, Nr. 284, 29.11.1966.
7. Jasińska Z.: Meteor, in: Tygodnik Powszechny (Kraków), 1.1.1967.
8. Zbigniew Krawczykowski: Kilka słów o teatrze [Einige Worte über das Theater]. Theaterprogramm Teatr Dramatyczny Warszawa.
10. Polanica S.: Meteor, in: Słowo Powszechne, Nr. 286, 30.11.1966.
11. Szczawiński J.: Przes śmierć wypluwany [Vom Tode gezeichnet], in: Kierunki, Nr. 58, 11.12.1966

Frisch und Dürrenmatt

(GB, 1950, 1963; USA 1960, 1962, 1976; F 1960, 1973; UdSSR 1970; H 1974, 1981; PL 1980; ET 1985)

Maria Bindschedler, »Letter from Switzerland« [politische Nachkriegsbedeutung der frühen Stücke], in: *German Life & Letters* IV (1950/51), S. 123f.

Michel Dentan, »Notes sur la littérature suisse allemande« [D. »plus irrégulier, mais plus percutant« als F.], in: *Rencontre* (Lausanne), 9–10 (1951), S. 88f.

Hugo Loetscher, »M. F. und F. D.« [Unterschied in Bezug auf Religiosität], in: *Madame* (München), Mai 1958, S. 14, S. 149f. Vgl. *B 76*.

Peter Seidmann, »Modern Swiss Drama: Frisch und Dürrenmatt«, in: *Books Abroad*, Spring 1960.

Georges Schlocker, »Schweizer Theatererfolge« [in Frankreich], in: *St. Galler Tagblatt*, 23. 12. 1960.

Werner Wollenberger, »Das Attentat« [Kritik des Angriffs Kurt Guggenheims auf F. und D., der allerdings keine Namen nenne], in: Nebelspalter (Rorschach), 9. 8. 1961.

Johannes Jacobi, »Keine politische Botschaft Schweiz«, in: *Die Zeit*, 9. 3. 1962.

George E. Wellwarth, »F. D. and M. F.: Two Views of the Drama«, in: *The Tulane Drama Review* VI/3 (1962), S. 14−42.

anon., »Morality Plays« [F. »possesses a strong sense of balance«, D. »with his exuberant fantasy ... throws up ever-new grotesque situations«], in: *The Times Literary Supplement*, 11. 1. 1963.

Hans Gmür, »Hausierer D. (unwahre Geschichten)« [mögliche schwarze Listen mit Grass, D., F.], in: *Die Weltwoche*, 5. 11. 1965.

Kurt L. Tank, »Von Fall zu Fall« [über *Andorra*, D.s Schillerpreis-Rede], in: *Sonntagsblatt*, 28. 8. 1966.

Felix Ph. Ingold, »D. und F. in der UdSSR« [Pavlova, Fradkin, Sedelnik], in: *National-Zeitung* (Basel), 31. 3. 1970.

Hellmuth Karasek, »Brechts Mittel ohne Brechts Konsequenzen. Über die Fluchtversuche vor der Wirklichkeit bei D. und F.« [F., D.: Folgen und Wirkung; Brecht: Ursachen und Gründe], in: *Theater heute*, Oktober 1970, S. 43−45.

Fred Luchsinger [F. L.], »Nicht verteidigungswürdig?« [F.s Aufsatz nach den Zürcher Krawallen, D.s »Schweizerpsalm«], in: *NZZ*, 27. 10. 1973.

Carl J. Becher, »Schauspiel in Paris« [F., D., Pinget], in: *NZZ*, 27. 10. 1973.

Eva Haldimann, »Interesse an grossen Namen« [György Gábor über F., Péter Veres über D.], in: *NZZ*, 19. 5. 1974.

Marianne Burkhard, »Scrutinizing a Giant: F.'s and D.'s Views of America«, in: *Newsletter* (Swiss American Historical Society) XII/1 (1976), S. 11−32.

Kurt Marti, »Notizen und Details« [Vergleich; Rolle als Außenseiter D.s für seine Kreativität wohl leichter], in: *Reformatio*, September 1976, S. 504−506.

Heinz L. Arnold, »Kastor oder Pollux?« [These: F. literarisiert Erlebnisse, D. Erkenntnisse], in: *Basler Nachrichten*, 19. 1. 1977, S. 6f.

Klaus Haberkamm, »Die alte Dame in Andorra. Zwei Schweizer Parabeln des nationalsozialistischen Antisemitismus«, in: *Gegenwartsliteratur und Drittes Reich*, hg. von Hans Wagener, Stuttgart (Reclam) 1977, S. 95−110.

anon., »Frisch-Lob für D.« (F. besucht Bilderausstellung D.s], in: *Schweizer Illustrierte*, 2. 10. 1978.

Heinz L. Arnold, »M. F. und F. D. − Zwei Möglichkeiten literarischer Artikulation«, in: *Germanica Wratislaviensia* 36 (1980), S. 3−19.

anon., »Se Dürrenmatt, se Max Frisch« [Weder D. noch M. F.: Übersetzung des Berichts aus der *Schweizer Illustrierten* über ETH (Dr. h. c.)], in: *Új Tükör* (Budapest), 14. 6. 1981.

anon., »M. F., Schweizer Nr. 1« [Nr. 2, Bundesrat Furgler; Nr. 6, D.], in: *Die Woche* (Olten), 19. 2. 1982.

Peter Noll [wird mit F. durch D. bekannt; Wegzug F.s aus New York, seine Frau; Vergleich mit D.], in: ders., *Diktate über Sterben und Tod*, Zürich (pendo) 1984, S. 92f., S. 100ff. Vgl. *B 87 (VI)*.

Ahmed Kamel Abdel-Rehim [arab.: über Schweizer Literatur], in: *Al Hilal*, Oktober 1985.

Walter Schmitz, »*Andorra* [...]« (und F. D.s *Besuch der alten Dame*), in: ders., *M. F. Das Werk (1931−1961)*, Bern (Lang) 1985, S. 325−341. Vgl. *B 87 (VI)*

Namenregister

Verzeichnet werden nur die für den Arbeitsprozeß thematisch oder bibliographisch wichtigen Namen, z.B. nicht Racine, Haacks; keine Herausgeber, ferner natürlich nicht die behandelten Hauptautoren, Publikationsorgane bloß ausnahmsweise. Seitenzahlen in Klammern verweißen auf Fußnoten.

Achard, Marcel 123
Ackermann, Irmgard (61)
Adenauer, Konrad 16, 26
Alewyn, Richard 102
Allemann, Fritz R. 6, 35, 115
Améry, Jean (84), 95
Andersch, Alfred (33), 41
Aristophanes (65), 70
Aristoteles 53, 54, 69, 101
Arnold, Armin (77)
Arnold, Heinz L. (13), 50
Aubert, Pierre (Bundesrat) (94)
Auerbach, Erich 62

Bachmann, Ingeborg 48, 63, 64
Bakunin, Michael A. 3
Barth, Karl 5, 98, (99)
Bausinger, Hermann (113)
Beck, Marcel 5, 6
Beckett, Samuel (113)
Berghahn, Klaus L. (114)
Bichsel, Peter 2, 27, (33), (99), (109)
Bienek, Horst 40
Bieri, Ernst 17f., 23, 25, 26, (43)
Bigler, Rolf 6, 34
Binder, Wolfgang 51, 54
Birchler, Linus 19, 20
Bloch, Ernst 54
Bochenski, Joseph M. 54
Böll, Heinrich 41, (104), 109
Bode, Joachim J. (60)
Boller, Hans 90
Booten, Hans (82)
Bradley, Brigitte L. 53
Bräker, Ulrich 113
Brecht, Bertolt 16, 69–71, 76, 78, 91, 104, 107, 113, (113)
Bredsdorff, Jan (91)
Brenner, Paul A. 60
Bretscher, Willy 2, 5, 18, 43
Brock, Elisabeth 38
Büchner, Georg 51, 96, 98, 113
Burckhardt, Jacob 23, 49, 87

Burckhardt, Lucius 22
Bürki, G. (Regierungspräsident) (95)
Bütler, Hugo (33)
Burger, Hermann 29
Butler, Michael (99), (111)

Calderon de la Barca 69
Calvin, Johann 98
Campiotti, Alain 89
Camus, Albert 41
Carol, Hans 23
Carossa, Hans (15), 48
Carter, Jimmy 92, 97
Casanova, Giacomo 13
Chan, Sylvia (90)
Churchill, Sir Winston L. 20
Chatterton, Thomas (69)
Claudel, Paul 91
Clerc, Charly (15), (49)
Cornu, C. (94)
Crébillon, Claude P. de 102

Doderer, Heimito 109
Dumas, Alexander 69
Dunant, Henri 98
Dürr, Emil (93)
Dürrenmatt, Ueli 3, 4, 113
Duttweiler, Gottlieb (35)

Ebyari, Fathi El (97)
Einstein, Albert 98, 111
Eisenhower, Dwight D. 20
Endres, Elisabeth 27
Ermatinger, Emil 9
Escarpit, Robert 96, 97

Faesi, Robert 9, 10, 25
Falckenberg, Otto 77, 78
Farner, Konrad 25, 43
Faulkner, William (113)
Feyerabend, Paul 111
Finck, Werner (104)

181

Földényi, László (110)
Fontane, Theodor 70, 71
Freud, Sigmund 106
Fringeli, Dieter (70)
Fromm, Erich 37
Fry, Christopher 41
Furgler, Kurt (Bundesrat) 33, (112)

Gadamer, Hans-G. 75
Gaiser, Gerd 41
Gaiser, Konrad 101
Geiser, Christoph (31)
Genet, Jean 41
Gilgen, Alfred (Regierungsrat) (33)
Ginsberg, Ernst 123
Gitermann, Valentin 25
Gockel, Heinz (56), (64)
Goethe, Johann W. 21, 46, 48, 49, 50, 51, 74, 75, 95, 96, 102, (109), 117
Gontscharow, Iwan A. 102
Gotthelf, Jeremias 115, 117
Greene, Graham (65)
Grand Guignol 65
Grass, Günter 37, 39, 103, (109)
Greiner, Ulrich 116
Guggenheim,. Kurt 10

Häsler, Alfred A. (99)
Hagen, Petra (24)
Haller, Albrecht v. 98
Hamori, Tibor (84)
Hartung, Harald 29
He Liangling 89
Hebbel, Friedrich 124
Hebel, Johann P. 96, 113
»Hediger, Karl« (43)
Heer, Jakob C. 7, 10
Heidegger, Martin 66
Heidsieck, Arnold 83
Heine, Heinrich 51, 113
Heisenberg, Werner (53)
Helbling, Hanno 7, 22, (24), 25, (28), 30, (33), 43
Hemingway, Ernest 88
Hermand, Jost (16)
Hesse, Hermann 10, 48
Heydrich, Reinhard 18
Hiltbrunner, Hermann (19)
Hitler, Adolf 2, (15), (99)
Hirschfeld, Kurt 25
Hochhuth, Rolf (109)
Hochwälder, Fritz (109)
Hölderlin, Friedrich 113
Hofe, Gerhard vom (61)

Hoffmann, Kurt 100
Hofmannsthal, Hugo v. 27, 48, 71, 102
Hohl, Ludwig 8, 19
Homer 49, 51, 93
Hürlimann, Martin 25
Humm, Rudolf J. 19
Huonker, Gustav (7), (21)

Idriss, Youssef (97)
Ionesco, Eugène 41

Jaeckle, Erwin 22, 24
Jaeggi, Urs 1
Jahn, Friedrich L. 87
Jahnn, Hans H. 113
Jauslin, Christian M. (77)
Jenny, Urs (106)
Joyce, James (113)
Jünger, Ernst 76, 100
Jung, Carl G. 111
Jurgensen, Manfred (111)

Kaegi, Werner 43
Kägi, Ulrich (112)
Kästner, Erich 65
Kafka, Franz 58, 100, 102, (113)
Kant, Immanuel 70, (99)
Keller, Gottfried 4, 48, 115, 117
Kempf, Franz R. (100)
Kennan, George (15)
Kerr, Alfred 71
Kerr, Charlotte (70), (101), (117)
Kierkegaard, Sören 54, (55), 60, (99), 107, 108, 122
Kieser, Rolf (109)
King, Martin L. 31
Kipphoff, Petra 28
Kleist, Heinrich v. 8, (104), 113
Klunker, Heinz (32)
Knobel, Bruno (32), s. auch *Nebelspalter*
Korn, Karl 29
Korrodi, Eduard 5, 7, 10, 14, 19, 20, 21, 22
Kraus, Karl 60, (70)
Kuby, Erich 5
Kübler, Arnold 10
Kuhn, Rudolf 10
Kutter, Markus 22, 23

Lautensack, Heinrich 78
Leisi, Ernst 32, (33)
Leutenegger, Gertrud 29
Lem, Stanislaw 74
Lenin 98
Lenz, Siegfried 85, 109

Lessing, Ephraim 99
Liechti, Hans (94)
Lienert, Meinrad (10)
Lienhard, Toni (31)
Lope, siehe Vega
Luchsinger, Fred 2, 5, 29, (32), (35), 42
Lüthy, Herbert 5, (60)
Luft, Friedrich 65, 87

Maher, Moustafa 90
Mann, Thomas 48, 69, 72, 74, 85, 86
Maos Witwe, Siehe Tschiang Tsching
Maotsetung 88−92
Martens, Kurt 78, (79)
Marti, Fritz 7
Matt, Peter v. 29
Maupassant, Guy de 104
Mayer, Hans (60), 68, 109
McCarthy, Joseph 15
Melchinger, Siegfried F. 91
Meyenburg, Constance v. 10
Meyer, Conrad F. 117
Meyer, Karl 15
Meyer, Michael (70)
Meyer, Peter 26
Miller, Arthur 41
Mörike, Eduard 56, 58, 59, (61), 64, 113
Molière, Jean B. 69, 114
Montaigne, Michael E. de 39, 48, 56, 59−64
Mosebach, Martin (104)
Moses 119
Mozart, Wolfgang A. 8, 21
Muschg, Adolf (109), 111, (112)
Muschg, Walter 9, 25
Musil, Robert 109, 113
Myashita, Keizo (92)

Nebelspalter (19)
Nestroy, Johann 70, (101), 114, 123
Noelte, Rudolf 72
Noll, Peter (33), 43, 109

Obermüller, Klara 61
Okuno, Tako (92)
Orłowski, Hubert (82)

Pavel, Hans Y. (66)
Peppard, Murray B. (106)
Pestalozzi, Heinrich 98
Pestalozzi, Karl (117)
Peyre, Henri (96)
Plato 63, 100, (101)
Playboy 110

Pound, Ezra 48
Proust, Marcel (113)
Pulver, Elsbeth 37

Quercu, Matthias (69)

Raddatz, Fritz 2, (39), (60), 62
Radowitz, Joseph M. v. 60
Ramuz, Charles F. 6
Reich-Ranicki, Marcel 85
Rilke, Rainer M. 69, 85, 103, (113)
Ringelnatz, Joachim 51
Rogoff, Gordon (46)
Ross, Werner (46)
Roth, Gerhard 13
Roth, Philip 57, 58
Rousseau 98
Rühle, Günther 112
Rundstedt, Gerd v. 20
Rychner, Max 7, 27, 38, 66

Sade, Marquis de 76, 122
Sagan, Françoise 102
Saleh, Mohammed (89)
Salis, Jean R. v. 5, 92, 111
Salmony, George (65)
Salomo 102
Sartre, Jean-P. 16, (65)
Schaefer, Heide-L. (48)
Scheuter, Claire (66)
Schiller, Friedrich 40, 41, 78, 96, 99, (109), 114, 117
Schillerpreis, siehe Schiller
Schmid, Karl 25, (33), 40, 41, 111
Schmid, Peter 20
Schmidt, Arno 41
Schmidt, Erich 7
Schmitz, Walter (9), 10, 15, (19), (21), 46, (47), (48), (50), (57), 115, 116
Schnitzler, Arthur 72
Schürch, Gerhart 29
Schwab, Gustav 86
Schwarz, Karl (85)
Schweikart, Hans 65, 77, 78
Seehaus, Günter (77), (79)
Seiler, Alexander J. 26, (111)
Seiler, Jan J. (73)
Senger, Harro v. (89)
Shakespeare, William 69, 93, 114
Shaw, Bernhard (77), 87, (88)
Sieburg, Friedrich 27
Sommer, Theo (91)
Sophokles 116
Spiegel, Der 5, (65)

Spitteler, Carl 7
Stadler, Peter (34)
Stadler, Rudolf (94)
Staiger, Emil 24−27, (39), (70)
Stämpfli, Jakob 3
Starobinski, Jean 75
Steiger, Robert (41)
Steinmetz, Horst (113)
Stephan, Alexander (32)
Sternheim, Carl 65, 77
Stich, Otto, (Bundesrat) (34)
Stine, Linda (64)
Swift, Jonathan (65)

Thomas v. Aquin (Thomisten) 53, 54
Tiusanen, Timo (77)
Torberg, Friedrich (109)
Truman, Henry S. 15
Tschechow, Anton P. 60
Tschiang Tsching 80, 88−92, 94, 96

Uchtenhagen, Lilian 33
Usteri, Johann M. 8

Vega, Lope de 69
Villard, Arthur 98
Vin, Daniel de (9), (28)

Vogel, Paul I. (16), 25, 40
Vogt, Walter 95
Wälterlin, Oskar 25
Walpole, Horace (69)
Walser, Robert 7, 8
Wapneski, Peter 55
Warminski, Andrzey (103)
Weber, Werner 7, 19, 24, 25, 27, 30, (39), (41)
Wedekind, Frank 65−79, 86, 87, 120
Wedekind, Kadidja (66), (67)
Wedekind, Tilly 65−79
Wehrli, Max 110f.
Weigel, Hans (109)
Welti, August 2, (8)
Welti, Jakob 16, 17
Werfel, Franz 10
Wieland, Christoph M. 70, 71
Wilder, Thornton 91
Williams, Tennessee 41
Wiskemann, Elisabeth (15)
Witton, Kenneth (106)

Ye Fengzhi (89)

Zhou Lin 90
Zimmermann, Arthur 38
Zollinger, Albin 5, 6, 8, 42
Zwingli, Huldrych 98